碳达峰碳中和

目标约束下重点行业的煤炭消费总量控制路线图研究

曹东　张静　薛英岚　赵静　张鸿宇　等 著

中国环境出版集团·北京

图书在版编目（CIP）数据

碳达峰碳中和目标约束下重点行业的煤炭消费总量控制路线图研究 / 曹东等著 . —北京：中国环境出版集团，2023.2

ISBN 978-7-5111-5439-2

Ⅰ.①碳…　Ⅱ.①曹…　Ⅲ.①煤炭—能源消费—研究—中国　Ⅳ.①F426.21

中国国家版本馆 CIP 数据核字（2023）第 029477 号

出 版 人　武德凯
责任编辑　葛　莉
封面设计　宋　瑞

出版发行　中国环境出版集团
（100062　北京市东城区广渠门内大街 16 号）
网　　址：http：//www.cesp.com.cn
电子邮箱：bjgl@cesp.com.cn
联系电话：010-67112765（编辑管理部）
010-67112739（第二分社）
发行热线：010-67125803，010-67113405（传真）

印　　刷　玖龙（天津）印刷有限公司
经　　销　各地新华书店
版　　次　2023 年 2 月第 1 版
印　　次　2023 年 2 月第 1 次印刷
开　　本　787 × 1092　1/16
印　　张　13.5
字　　数　240 千字
定　　价　95.00 元

前　言

FOREWORD

2020 年 12 月气候雄心峰会上，中国宣布提高国家自主贡献度，二氧化碳排放力争于 2030 年前达到峰值，努力争取 2060 年前实现碳中和的目标承诺。二氧化碳排放主要来自化石能源消费，碳达峰和碳中和的关键是实施能源消费和能源生产革命，减少化石能源消费。对于我国而言，煤炭是化石能源消费的主体，煤炭燃烧产生的二氧化碳占我国二氧化碳排放总量的 70% 以上，严格控制煤炭消费是我国近期能源结构转型的重点。作为我国主要的煤炭消费和碳排放部门，电力、钢铁、水泥、煤化工行业控煤对于实现二氧化碳排放尽早达峰并大力降碳具有重要意义。我国电力、钢铁、水泥、煤化工四大行业煤炭消费和二氧化碳排放量均占全社会的 70% 以上，开展“双碳”背景下的电力、钢铁、水泥、煤化工行业煤炭控制策略研究，对于实现重点行业碳排放控制目标、推动行业生产方式与能源结构绿色转型具有指导意义，不仅是国家“碳达峰碳中和”工作顶层设计的需要，也是全面落实和系统部署国家承诺和远景目标的必然选择。

在自然资源保护协会（NRDC）的支持下，生态环境部环境规划院采用自主开发的碳排放－能源集成模型（Integrated Carbon and Energy Model，iCEM），考虑国家“碳达峰碳中和”目标约束，聚焦电力、钢铁、水泥、煤化工四大重点煤炭消费行业，分析其在不同控煤降碳措施下的煤炭消费与碳排放，提出行业的煤控目标及关键措施，评估控煤降碳的社会影响、经济影响和环境影响，最终提出“双碳”目标约束下的重点行业煤炭消费控制与碳达峰路线图。

本书共分为 9 章。第 1 章分析了我国电力、钢铁、水泥、煤化工四个行业煤炭消费量和碳排放现状；第 2 章提出了本书的研究思路、研究方法并预测了我国的宏观经济社会发展趋势；第 3～第 6 章分别提出了电力、钢铁、水泥和煤化工四大重点耗煤行业的控煤降碳目标及不同阶段路线图；第 7 章提出了四大重点耗煤行业总的控煤降碳目标、路线图，分析了行业间措施的协同作用；第 8 章开展了控煤降碳措施的社会影响、经济影响和环境影响分析；第 9 章提出可支撑实现重点行业煤炭控制目标的重点配套政策。

全书由生态环境部环境规划院、自然资源保护协会（NRDC）等单位相关人员共同编著。曹东研究员负责总体框架设计，张静博士负责统稿。第 1 章由张鸿宇、张静、薛英岚、赵静等撰写；第 2 章由张静、赵静、曹东、薛英岚、张鸿宇、蒋洪强、张伟、李新等撰写；第 3 章由张静、王丽娟、曹东、赵静、王扬等撰写；第 4 章由薛英岚、曹东、杜唯、张鸿宇、张静、汪旭颖等撰写；第 5 章由赵静、曹东、贺晋瑜、杜唯、张静等撰写；第 6 章由张鸿宇、曹东、金玲、杜唯、薛英岚等撰写；第 7 章由张静、赵静、薛英岚、张鸿宇、曹东等撰写；第 8 章由薛英岚、张静、赵静、张鸿宇、张伟等撰写；第 9 章由赵静、龙凤、毕粉粉、张静、薛英岚、张鸿宇等撰写。本研究成果得到了生态环境部有关司局的大力支持，王金南院士、张洁清主任、万军总工程师、严刚副院长对本研究成果提出了宝贵意见和建议。中国环境出版集团的编辑为本书的出版付出了大量心血。在研究过程中，得到了电力规划设计总院、中国电力企业联合会、国网电力科学研究院、冶金工业规划研究院、中国建筑材料科学研究总院、中国水泥协会、煤炭工业规划设计研究院有限公司等单位专家的大力支持。生态环境部环境规划院国家环境保护环境规划与政策模拟重点实验室同事蒋洪强、张伟、李勃、程曦、胡溪、吴文俊、刘年磊、段扬、卢亚灵、刘洁、王建童、高月明、钟灵佳等在工作中给予了帮助。在此，对以上人员表示衷心感谢。由于作者水平有限，书中不足与错误在所难免，恳请读者批评指正。

作　者

2022 年 5 月 6 日

目　录

CONTENTS

执行摘要

2019年，我国电力、钢铁、水泥、煤化工四大重点行业煤炭消费总量为24.1亿t标准煤当量（tce），占全国煤炭消费总量的86%。其中，电力行业煤炭消费占比最大，达到54%；然后依次是钢铁、水泥和煤化工行业[①]，占比分别达到17%、9%和6%。

2019年，四大行业排放二氧化碳77.6亿t（含过程排放，下同），约占全国二氧化碳排放总量的72%，其中，电力、钢铁、水泥和煤化工行业占比分别为42%、14%、12%和4%。加上净购入电力的间接排放，钢铁、水泥和煤化工行业碳排放量分别占全国二氧化碳排放总量的15%、12%和5%。

因此，开展“双碳”背景下的重点行业煤炭控制策略研究，对于推进实现国家“碳达峰碳中和”目标、推动行业生产方式与能源结构绿色转型具有重要意义。本书采用自主开发的碳排放－能源集成模型（Integrated Carbon and Energy Model，iCEM），在“双碳”目标约束下，考虑到控煤降碳措施力度不同，从小到大依次设置基准、政策、强化三个情景，提出了电力、钢铁、水泥和煤化工四大重点耗煤行业的控煤降碳目标及不同阶段路线图，并开展了控煤降碳的社会影响、经济影响和环境影响分析。

一、电力、钢铁、水泥和煤化工四大重点行业煤炭消费总体将于2025年达峰，峰值为24.9亿tce

综合考虑目标可达性、措施可行性和投入经济性，本研究采用政策情景作为推荐情景。在推荐情景下，四大重点行业总体的煤炭消费量将在2025年达到峰值，峰值为24.9亿tce，达峰前后有5～6年的平台期；碳排放将于同年达峰，峰值为80.1亿t。

具体到分行业层面，钢铁行业煤炭消费量极有可能已于2020年达峰，水泥行业可能在2021年达峰，煤化工行业将于2024年达峰，而受电力需求增长驱动，电力行业将在2028年达峰（图1）。钢铁、煤化工行业碳排放与煤炭消费量同年达峰，电力、水泥行业碳排放分别于2029年和2022年达峰。

---

① 本研究在重点行业整体分析中考虑了行业之间的耦合关系，包括钢铁行业用焦耗煤已从煤化工炼焦耗煤中剔除，钢铁、水泥、煤化工行业的电力使用所带来碳排放算在电力行业并从其他行业剔除。在分行业的碳达峰分析中，不考虑上述行业间耦合的扣除，以充分体现行业自身的情况。

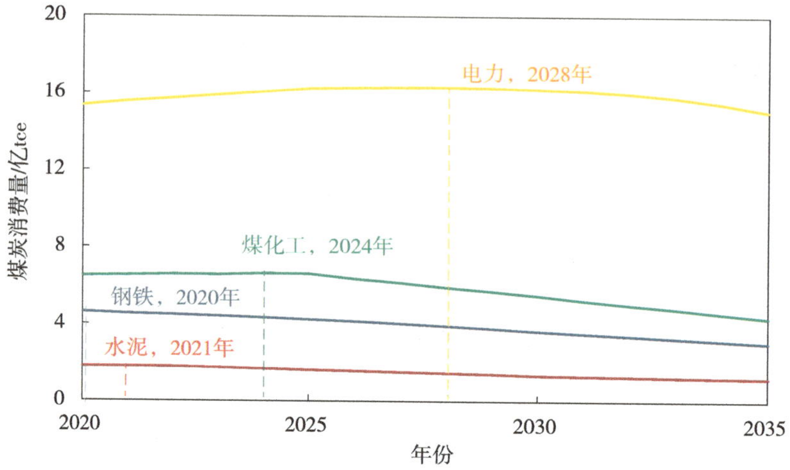

图 1　分行业的煤炭消费量及达峰年

二、四大重点行业实现煤炭消费达峰需要从能源结构调整、产业结构优化、节能技术改造和资源循环利用四类措施入手。在推荐情景下，未来 15 年总投入资金（以 2020 年为基准）将达到 19.6 万亿元，年均可带动 GDP 增长 3 627 亿元，并实现大气污染物的协同减排

大力推进清洁能源使用，加强行业产能调控与结构调整，推广能效提升技术和加快循环体系构建是四大行业减少煤炭消费量的有效措施。相较基准情景，政策情景在 2021—2035 年减少煤炭消费 9.2%。其中，产品产量减少带动煤炭消费减少约占 17%；能源结构调整、产业结构优化、节能技术改造、资源循环利用四项措施带来的减煤贡献率分别为 54%、13%、10%、6%；分行业贡献率来看，电力、钢铁、水泥、煤化工减煤贡献率分别为 50%、33%、3%、14%（图 2）。

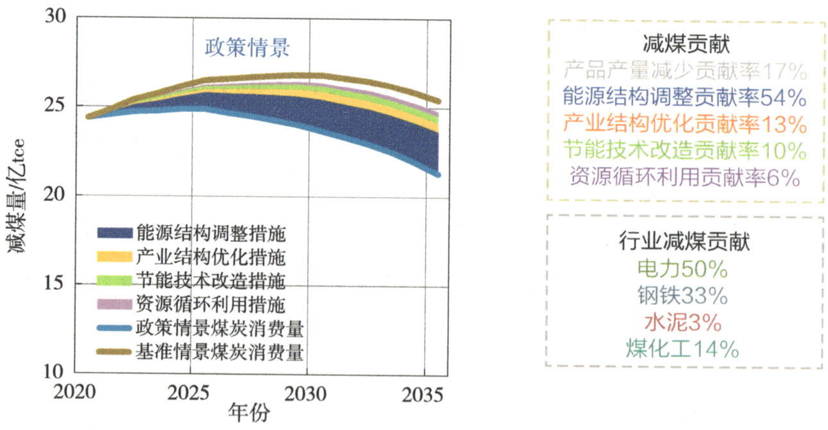

图 2　四大重点行业政策情景较基准情景的减煤量

为了推动四大行业煤炭消费尽早达峰，累计需要在2021—2035年投资19.6万亿元，年均投资约1.3万亿元，其中90%以上为电力行业的投资。投资将刺激经济高质量增长，带动GDP年均增长3 627亿元。

四大行业煤炭消费控制还将带来显著的环境效益，二氧化硫（SO_2）、氮氧化物（NO_x）、颗粒物（PM）等大气污染物年均分别协同减排29万t、65万t和10万t。分行业来看，钢铁和电力为年均协同减排量最多的行业，尤其是钢铁行业，对NO_x和PM的协同减排量远高于其他行业（图3）。

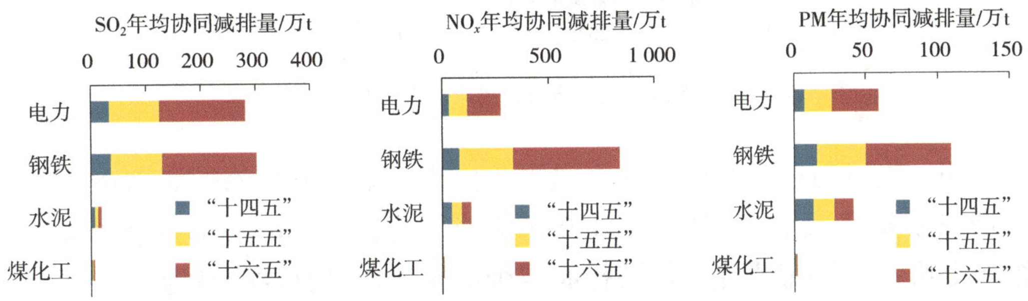

图3　大气污染物年均协同减排量

三、电力行业煤炭消费将在2028年达峰，峰值为16.3亿tce；大力发展风电和太阳能发电是电力行业减少煤炭消费最有效的措施

随着经济结构调整，电力需求增速趋缓。未来工业部门、居民生活、5G基站和大数据中心等将是我国电力增长的主要推动因素。基于电力需求预测，综合考虑电源结构优化和技术进步等措施，以及发电标准煤耗的变化、热电联产供热增加的耗煤量，我国电力行业煤炭消费量将于2028年达峰，峰值为16.3亿tce（24.6亿t原煤）。由于天然气发电还有一定增长，电力行业碳排放将于2029年达峰，峰值为50.0亿t。

政策情景相较基准情景，在2021—2035年累计减煤7.0%。提高太阳能装机、提高气电装机、提高风电装机、加强煤电节能改造和提高生物质能装机等措施将分别贡献约43%、19%、16%、14%和8%（图4）。

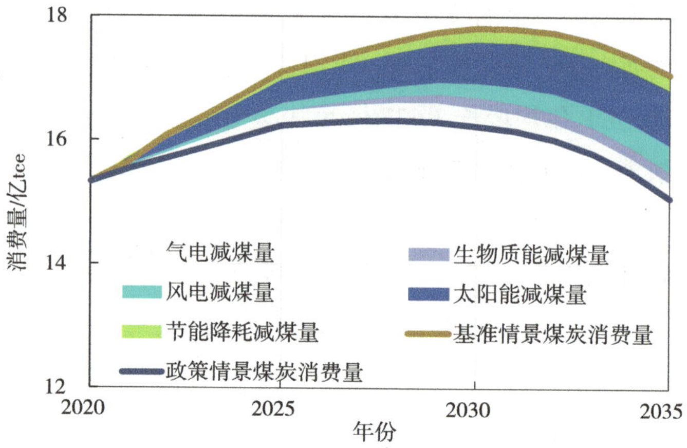

图 4　电力行业各措施减煤情况

四、钢铁行业煤炭消费受产量影响巨大，如未来严格控制粗钢产量，行业煤炭消费极有可能已于 2020 年达峰，峰值为 4.6 亿 tce（含焦炭）；推进全废钢电炉短流程是钢铁行业减少煤炭消费最有效的措施

随着我国工业化和城镇化达到发达国家水平，结合国家对粗钢产量的管控政策导向，粗钢产量将在近年达到峰值，并在中远期呈下降趋势。综合考虑产量控制政策及推进电炉短流程炼钢和加大废钢利用等措施，我国钢铁行业煤炭消费量极有可能已于 2020 年达峰，峰值为 4.6 亿 tce（含焦炭）；碳排放于同年达峰，峰值为 16.4 亿 t。

政策情景相较基准情景，在 2021—2035 年累计减煤 16.8%。其中，粗钢产量差异影响、推进电炉短流程、加大废钢利用、高炉炉料结构优化和节能技术改造的累计减煤贡献分别为 48%、26%、17%、4% 和 5%（图 5）。

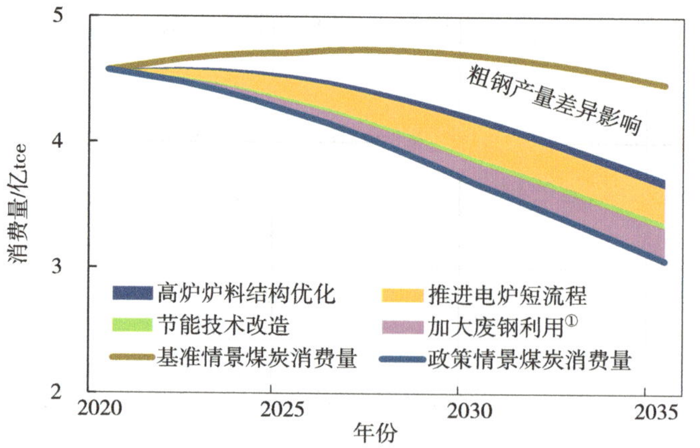

图 5　钢铁行业各措施减煤情况

① 加大废钢利用：对应废钢用于长流程炼钢的减煤效益，不包括废钢用于电炉短流程带来的减煤效益。

五、水泥行业煤炭消费可能在2021年达峰，峰值为1.8亿tce；能源结构调整是水泥行业控煤降碳的有效措施，需要积极推广水泥窑协同处置生活垃圾的应用

我国已经进入典型的水泥消费峰值平台区，水泥熟料产量将在“十四五”期间达到消费和产量峰值。综合考虑水泥的需求变化、水泥窑协同处置生活垃圾、淘汰落后产能、产能置换、先进烧成技术改造、钢渣替代石灰石和二氧化碳捕获、利用与封存技术，水泥行业煤炭消费已在2021年达到峰值，峰值为1.8亿tce；碳排放在2022年达峰，峰值为13.7亿t。

相较基准情景，政策情景在2021—2035年累计减煤5.2%，其中，产量减少、淘汰落后产能和产能置换、水泥窑协同处置生活垃圾、水泥窑节能技术改造和钢渣替代石灰石的累计减煤量分别占比约81%、8%、4%、4%和3%（图6）。

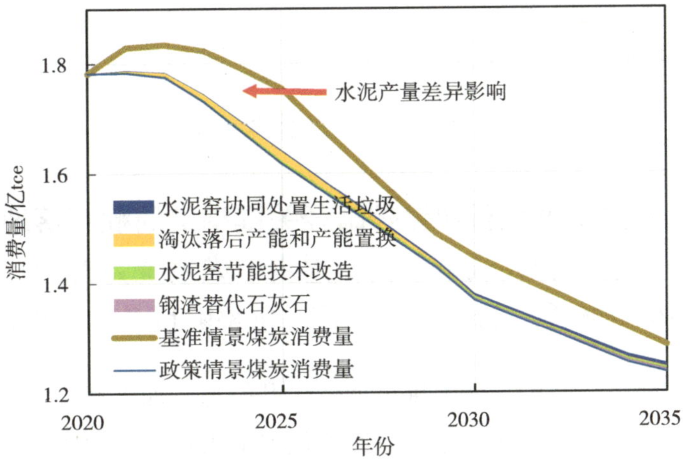

图6 水泥行业各措施减煤情况

六、煤化工行业煤炭消费将在2024年达峰，峰值为6.6亿tce（含煤焦化）。控制新型煤化工项目建设规模、挖掘原料替代的空间以及节能技术改造是减少煤化工行业煤炭消费的重要手段

未来传统煤化工行业中，煤制焦炭随着粗钢产量下降，需求逐渐下降，煤制甲醇随着下游烯烃需求的增长而增长，煤制合成氨产量稳中有降；现代煤化工行业中，除煤制烯烃有较快发展外，煤制油、煤制天然气、煤制乙二醇增长缓慢。基于煤化工子产品需求变化，结合控煤降碳措施应用，煤化工行业煤炭消费量将于2024年达峰，峰值为6.6亿tce（9.3亿t原煤）；碳排放将在2024年达峰，峰值为

5.7 亿 t。

相较基准情景，政策情景在 2021—2035 年累计减煤 5.5%，其中，原料结构调整、产业结构调整、节能技术改造和燃料结构调整等措施的累计减煤量分别占总减煤量的 54%、25%、13% 和 8%（图 7）。

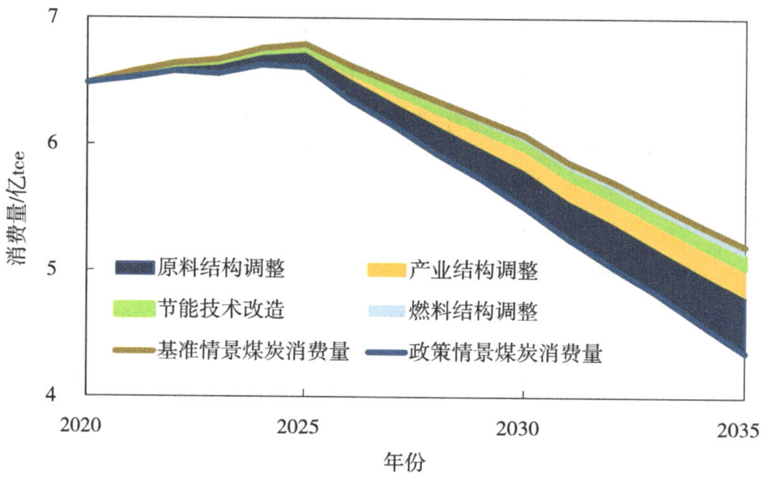

图 7　煤化工各措施减煤情况

七、为有效推动重点行业煤控路径关键举措的顺利落地，应采取积极有效的措施，全面加大政策创新，逐步形成系统完善的碳交易市场机制、绿色低碳标准体系、行业准入政策、价格财税及投融资机制等

一是坚持节能优先战略，大力推广能效提升技术。加大现有机组的节能改造，积极推进高效、清洁火电技术研发，持续降低发电煤耗。加快重点行业节能改造，加大节能低碳技术的应用与创新，加快构建循环工业体系。

二是大力推进清洁能源使用，统筹优化煤电布局，合理配置调峰机组，提高电力平衡支撑能力。优化钢铁、水泥、煤化工行业原燃料结构，研究建立基于企业低碳绩效水平的差别化电价机制，要求自备电厂全面承担公用电厂义务。

三是强化源头降碳，深入推进钢铁行业供给侧结构性改革，提高水泥行业熟料落后产能和过剩产能淘汰标准，制定煤化工行业高碳 / 低碳产业或产品限制类和淘汰类名录，严格行业准入。

四是全面强化物料循环回收利用体系建设，推动废钢资源回收利用，提高炼钢废钢比，综合利用钢渣、粉煤灰等固体废物开展水泥原料燃料替代，利用生活垃圾等替代水泥窑燃料。

五是加大政策创新，完善产业结构调整政策、短流程置换长流程政策、水泥窑协同处置废弃物的保障政策，健全企业节能降耗奖惩机制，完善煤电退出和调峰的市场机制，推动建立“碳达峰碳中和”目标约束下的总量交易市场，完善重点行业低碳标准体系、价格财税及投融资机制等。

“双碳”约束下重点行业煤炭总量控制路线图，如图 8 所示。

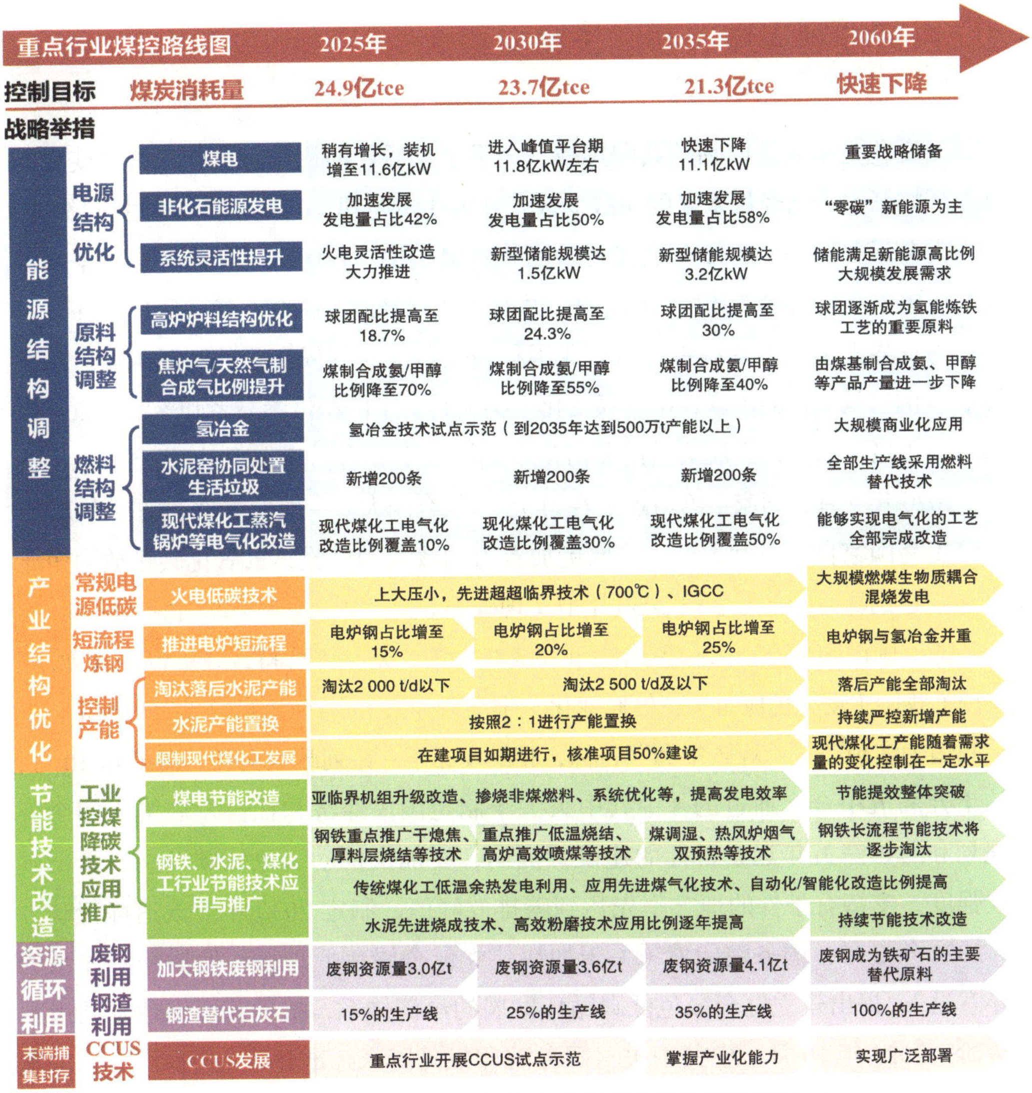

图 8　“双碳”约束下重点行业煤炭总量控制路线图

第 1 章　研究背景

1.1　合理控制煤炭消费增长意义重大

气候变化是全人类面临的共同挑战，关乎子孙后代的福祉。当前，气候变化问题日趋严峻紧迫，已经从未来的挑战变成正在发生的危机，迫切需要全球共同努力，构建人类命运共同体。2015 年通过的《巴黎协定》中，各国政府承诺将全球平均温度控制在比工业化前水平升高 2℃以内，并努力达到升温控制在 1.5℃以内的目标。

作为世界上最大的发展中国家，我国积极践行应对气候变化的国际承诺。过去 30 年，我国已从最初的《联合国气候变化框架公约》下的积极参与者和落实《京都议定书》的积极贡献者，发展为《巴黎协定》的积极引领者。为实现升温 1.5℃以内的目标，2020 年 9 月，国家主席习近平在第 75 届联合国大会一般性辩论上进一步提出，我国将提高国家自主贡献力度，采取更加有力的政策和措施，二氧化碳排放力争于 2030 年前达到峰值，努力争取 2060 年前实现碳中和。实现碳达峰和碳中和是党中央、国务院统筹国内国际两个大局做出的重大战略决策，是我国可持续发展的内在要求，也体现了我国主动承担应对全球气候变化、推动构建人类命运共同体的责任担当。

我国为实现“碳达峰碳中和”目标，相继发布了一系列政策文件。2020 年 10 月，党的十九届五中全会通过的《中共中央关于制定国民经济和社会发展第十四个五年规划和二〇三五年远景目标的建议》提出，要加快推动绿色低碳发展，降低碳排放强度，支持有条件的地方率先达到碳排放峰值，制定 2030 年前碳达峰行动方案。2021 年 2 月，国务院印发《关于加快建立健全绿色低碳循环发展经济体系的指导意见》，提出建立健全绿色低碳循环发展的经济体系，推动我国绿色发展迈上新台阶。2021 年 10 月，中共中央、国务院印发《国家标准化发展纲要》，提出建立健全碳达峰、碳中和标准。随后，习近平在《生物多样性公约》第十五次缔约方大会领导人峰会上发表重要讲话，为推动实现碳达峰、碳中和目标，中国将陆续发布重点领域和行业碳达峰实施方案和一系列支撑保障措施，构建起碳达峰、碳中和“1+*N*”政策体系。

煤炭是我国能源体系最重要的组成部分，也是我国二氧化碳排放的最大来源。

为实现“双碳”目标，2021 年 10 月下旬发布的《中共中央 国务院关于完整准确全面贯彻新发展理念做好碳达峰碳中和工作的意见》《国务院关于印发 2030 年前碳达峰行动方案的通知》，明确提出，我国要加快煤炭减量步伐，“十四五”时期严控煤炭消费增长，“十五五”时期逐步减少煤炭消费；推进煤炭消费替代和转型升级，推动重点用煤行业减煤限煤，大力推动煤炭清洁利用。在“碳达峰碳中和”背景下，提出重点用煤行业控煤降碳措施、绘制煤炭消费总量控制路线图，对于我国实现“双碳”目标、积极践行气候变化国际承诺具有重要意义。

1.2 我国煤炭消费和碳排放情况

我国是世界煤炭消费第一大国，2020 年能源消费总量达到 49.8 亿 tce，其中，煤炭占能源消费总量的 56.8%，是近十年来占比最低点。然而，我国资源禀赋是富煤、贫油、少气，原油（72%）和天然气（43%）对外依存度较高，使我国以煤炭为主的能源结构短期内很难改变，煤炭始终是我国经济高速发展的重要引擎。我国国内生产总值（GDP）从 2010 年的 41.2 万亿元增长到 2020 年的 101.6 万亿元，按不变价计算，增长了 0.9 倍①。经济的快速发展同时带动煤炭消费量的上涨。2010 年，我国煤炭消费量为 25.0 亿 tce，到 2020 年煤炭消费量达到 28.3 亿 tce，增长了 13.2%；从煤炭消费总量上看，呈现先增长后下降、再增长的波动态势，而我国煤炭消费占能源消费总量比重呈现缓慢下降趋势（图 1-1）。未来随着经济的发展，若没有突破性的能源替代技术，煤炭消费量仍将保持一定程度的上涨。

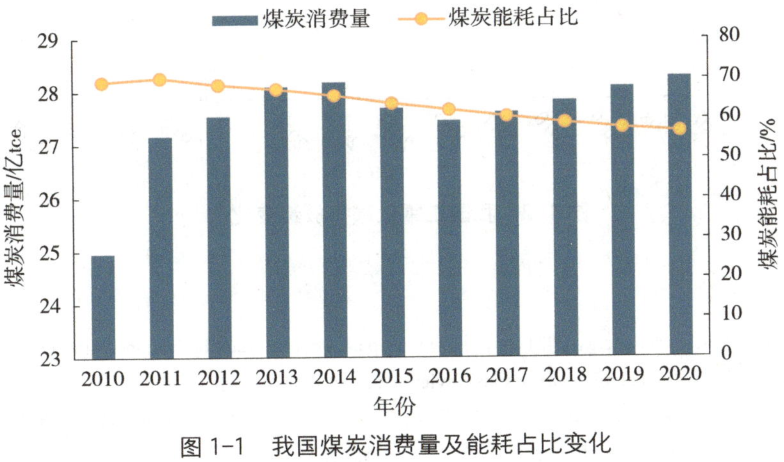

图 1-1 我国煤炭消费量及能耗占比变化

① 数据来自《中国统计年鉴 2021》。

碳排放方面，我国是世界上二氧化碳排放第一大国，2020 年，我国二氧化碳排放量近 100 亿 t，约占全世界二氧化碳排放量的 31%①。我国官方公布的二氧化碳排放数据可以从《中华人民共和国气候变化初始国家信息通报》《中华人民共和国气候变化第二次国家信息通报》《中华人民共和国气候变化第三次国家信息通报》中获取，内容涵盖 1994 年、2005 年和 2012 年国家温室气体清单。但数据和发布时间相对滞后，如 2019 年第三次国家信息通报对外发布的是我国 2012 年温室气体清单数据。鉴于我国二氧化碳排放的体量及增长趋势，近 10 年来，已有 20 余家国内外机构对我国能源消费结构、部门消费结构、排放因子以及温室气体排放清单等开展实时核算与研究。从二氧化碳排放变化趋势来看（图 1-2），我国二氧化碳排放量呈现先快速增长后平稳、再缓慢增长的态势。2007—2013 年，我国二氧化碳排放量始终保持快速增长，从 2007 年的 70.9 亿 t 增长到 2013 年的 90.8 亿 t，增长 28.1%；2013—2016 年，我国二氧化碳排放量保持相对稳定②，2016 年，约为 91.9 亿 t。2016—2020 年，我国二氧化碳排放量开始缓慢增长，到 2020 年，达到 98.5 亿 t③。相比于 2016 年，增长 7.2%。若不采取有效的降碳技术，随着煤炭等能源的消费，我国二氧化碳排放量在短期内仍将保持增长态势。

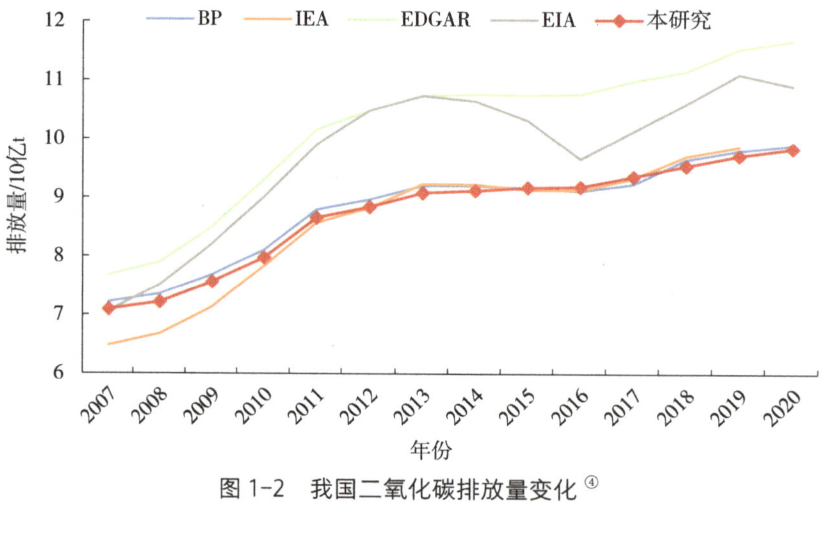

图 1-2　我国二氧化碳排放量变化④

① Statistical review of world energy 2021. https：//www.bp.com/content/dam/bp/business-sites/en/global/corporate/pdfs/energy-economics/statistical-review/bp-stats-review-2021-full-report.pdf.

② 境外机构，如英国石油公司（BP）、国际能源署（IEA）、美国能源信息署（EIA）等研究测算有下降趋势。

③ 基于国家统计局能源消费量（煤、石油和天然气）计算得出。

④ 图中研究机构为英国石油公司（BP）、国际能源署（IEA）、全球大气研究排放数据库（EDGAR）、美国能源信息署（EIA）。

1.3　重点行业煤炭消费和碳排放情况

我国产业结构偏重，工业部门是我国最主要的能源消费和煤炭消费部门。2019 年，工业部门能源消费占能源消费总量的 66.2%，工业部门煤炭消费占煤炭消费总量的 96.4%[①]。其中，工业部门中电力、钢铁、水泥、煤化工等行业是煤耗大户。经研究测算，2015—2019 年，电力、钢铁、水泥、煤化工四大行业煤炭消费总量逐年增加（图 1-3），从 2015 年的 20.8 亿 tce 增至 2019 年的 24.1 亿 tce，增长了 15.9%；四大行业煤炭消费量占我国煤炭消费总量比重逐年增加，从 2015 年的 75.1% 增至 2019 年的 85.8%。其中，2019 年电力行业煤炭消费占比最大，达到 53.9%；然后依次是钢铁、水泥和煤化工行业，占比分别达到 16.5%、9.2% 和 6.2%。钢铁行业的焦炭消费量占焦炭行业总消费量比重高达 85% 左右，若煤化工行业不扣减与钢铁重复的焦炭部分，则煤化工行业煤炭消费总量占我国煤炭消费总量的 22%。

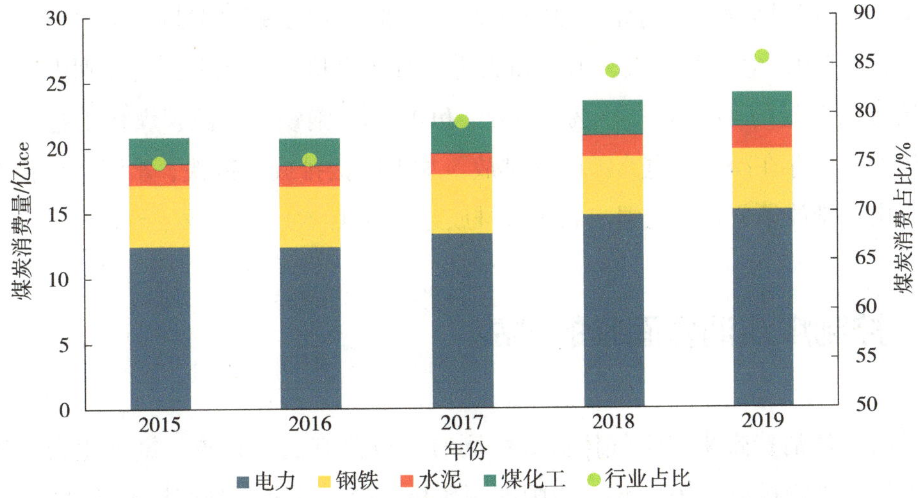

图 1-3　我国重点行业煤炭消费量

同时，电力、钢铁、水泥、煤化工行业也是碳排放大户。2015—2019 年，四大行业能源活动二氧化碳排放逐年增加（图 1-4），从 2015 年的 57.3 亿 tce 到 2019 年的 67.4 亿 t，增长了 17.6%；四大行业二氧化碳排放量占我国能源活动二氧化碳排放总量比重，除 2016 年略微下降外，整体呈现增长趋势，从 2015 年的 62.5% 增长到 2019 年的 69.3%。其中，2019 年电力行业二氧化碳排放量最大，占全国二氧化碳能源活动排放总量的 46.4%；其次是钢铁、煤化工和水泥行业，二氧化碳排放占

① 数据来自《中国统计年鉴 2021》。

比分别为 13.3%、4.9% 和 4.7%。

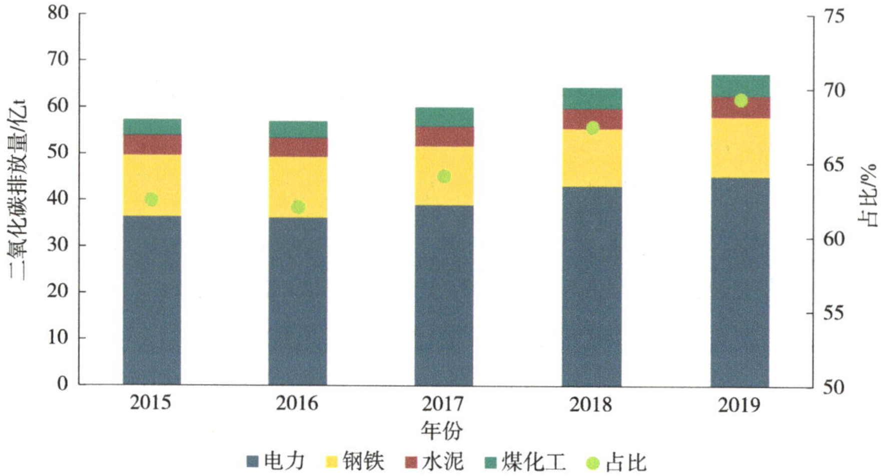

图 1-4　我国重点行业二氧化碳排放量及占比

钢铁、水泥直接排放，不仅有化石燃料燃烧产生的能源活动排放，还存在大量工业生产过程的排放。经测算，2019 年四大行业直接二氧化碳排放（含过程排放）77.6 亿 t，其中，电力、钢铁、水泥和煤化工行业直接二氧化碳排放分别占全国二氧化碳排放总量的 41.8%、14.0%、11.6% 和 4.4%。钢铁、水泥、煤化工行业除直接排放外，还存在净购入电力的间接排放。加上间接排放，钢铁、水泥、煤化工行业二氧化碳排放量分别占全国二氧化碳排放总量的 15.5%、12.3%、5.0%。

1.4　控制煤炭消费面临的挑战

煤炭大量消费带来温室气体排放的同时，也伴有二氧化硫、氮氧化物、颗粒物等大气污染物排放。2020 年，我国细颗粒物（$PM_{2.5}$）年均质量浓度为 33 μg/m^3，是世界卫生组织（WHO）空气质量指导值（2021 年版）的 6.6 倍[①]。控制煤炭消费总量、开展煤炭清洁高效利用，不仅事关国家能源安全，对改善空气质量，促进碳达峰、碳中和目标实现，也十分重要。我国是世界上最大的发展中国家，未来人口和经济将持续增长，实现煤炭清洁高效利用、碳达峰碳中和目标，面临能源系统转型、产业结构转型、技术进步转型等一系列压力与挑战。

以煤为主能源转型难度大。煤炭是我国经济发展的重要引擎，也是我国能源消

① 资料来源：https：//www.who.int/zh/news-room/fact-sheets/detail/ambient-（outdoor）-air-quality-and-health.

费最重要的组成部分。2020 年，我国煤炭消费占一次能源消费比重下降至 56.8%，产生的二氧化碳排放占我国能源活动二氧化碳排放的 76.4%。以煤为主的能源结构使我国单位能源碳排放强度比世界平均水平高出 30% 以上，给我国的碳减排工作带来重大挑战。尤其是电力行业，截至 2019 年年底，我国煤电装机容量高达 10.4 亿 kW，占全球煤电总装机的 50%，消费了我国约 54% 的煤炭使用量，导致全国约 43% 的二氧化碳排放。未来面对能源需求和碳减排压力，我国能源转型需要采取更加全面、系统、具有前瞻性的应对措施。

偏重产业转型升级难度大。我国整体处于工业化发展中后期，高污染、高耗能的电力、钢铁、水泥、煤化工等产业占比仍较高。2020 年，我国第二产业增加值占 GDP 比重下降至 37.8%，但与发达国家相比，我国产业结构偏重，资源和能源利用效率偏低，高新技术产业发展相对滞后、关键技术研发能力有限、创新能力不足等问题需要逐步得到解决；同时，要转变建立在化石能源基础上的工业体系以及依靠资源和劳动力等要素驱动的传统增长模式，在理念、规划、技术、机制等方面进行深层次、系统性、根本性变革。

煤炭清洁高效利用技术门槛高。煤炭引发的环境问题日趋严峻，煤炭清洁高效利用亟待提升各项技术指标。其中，现代煤化工产业化成套技术与装备亟待突破；低阶煤提质利用亟须规模化；煤基固体废物无害化利用研究亟待开展；面对雾霾频现、重金属排放严重的形势，清洁燃烧亟待加强；碳减排压力巨大，碳捕集、利用与封存（CCUS）等新兴模式的研究与推广亟待深入开展。

第 2 章　研究方法及基本设定

2.1　研究思路

2.1.1　研究范围

本研究以电力、钢铁、水泥、煤化工行业为重点，系统开展全国四大重点行业煤控路径研究。研究的基准年为 2020 年（部分行业因数据缺失，基准年为 2019 年），时间跨度从 2021 年至 2035 年，展望到 2060 年。煤炭消费核算范围包括原料煤和燃料煤的消费，碳排放核算包含化石燃料燃烧产生的能源活动排放、工业过程排放与外购电力、热力间接排放。碳排放具体关系界定如下：

总碳排放 = 直接碳排放 + 间接碳排放

直接碳排放 = 能源活动碳排放 + 工业过程碳排放

间接碳排放 = 净双购入电力、热力排放（除电力外的其他行业）

关于行业重复部分的说明：

1）因钢铁与煤化工存在焦炭重复的部分，在分行业章节中，钢铁、煤化工均包含了焦炭，均未扣除重复部分。而在汇总章节中，从煤化工行业扣减了与钢铁重复计算的部分。

2）钢铁、水泥、煤化工的间接碳排放与电力行业碳排放存在重复。在分行业章节中，钢铁、水泥、煤化工的碳排放均包含间接碳排放。在汇总章节中，从钢铁、水泥、煤化工行业扣减了与电力重复计算的间接碳排放部分。

2.1.2　研究内容

基于重点行业在煤控和碳排放中的重要作用，预测 2021—2035 年四大行业在“双碳”背景下的煤炭消费量和碳排放量，评估碳达峰约束下重点行业煤控的社会经济影响，提出重点行业的煤炭消费总量控制目标和煤控路线图，并为决策者提出相关控煤降碳配套政策。研究内容如下：

（1）分析梳理行业发展现状

1）行业煤炭消费与碳排放现状。分析行业煤炭消费量、能源消费结构和单位产品能耗现状，测算行业历史碳排放量，包括燃料燃烧排放、工业生产过程排放等直接排放，净购入使用的电力间接排放，为行业发展和煤耗趋势分析提供基础。

2）行业煤炭消费与碳排放控制措施现状。参考国内外先进经验与案例，分析国内外先进技术及控煤降碳措施发展趋势，全面分析各类现有节能、控煤和降碳技术及政策的应用情况及效果，识别推动行业煤炭消费与碳排放协同控制的重大技术、革命性节能降耗技术与举措，分析不同措施的应用前景、降碳潜力、协同效益与成本等。

（2）碳达峰约束下重点行业煤炭消费量预测

1）情景分析。结合对经济社会发展趋势的研判开展行业消费需求测算，综合考虑下游行业需求、国内外市场竞争等因素，预测 2021—2035 年行业主要产品的产能、产量变化情况，设置不同的行业发展情景。

2）碳达峰约束下煤炭消费控制目标研究。针对每个行业发展情景进行研究。首先，对行业碳排放峰值出现的时间及达峰前后的碳排放变化情况进行预测；其次，结合资源现实基础、技术成熟度、经济可行性等因素进行系统研判，提出满足国家碳达峰总体要求的、基于不同政策措施强度下的行业煤炭控制目标。

（3）评估碳达峰约束下重点行业煤控的社会经济影响

对每个行业发展情景下各煤炭控制目标实施的费用进行核算并进一步评估碳达峰碳中和约束下，各情景中不同煤炭控制目标对环境、社会、经济的影响：评估大气污染物协同效应等对环境的影响，定量测算行业煤控措施的实施对宏观经济、相关行业（如新能源产业、装备制造业和建筑业）的拉动、就业岗位的增加等经济社会影响。

（4）提出碳中和愿景下分行业分阶段的煤控路线图

结合煤炭消费与碳排放协同控制措施研究以及煤炭控制措施效果的分析，研究提出可支撑实现行业碳排放和煤炭控制目标的关键举措，以及低碳技术创新、严控新增产能、将重点行业纳入碳排放市场，电价、税收、金融等重点配套政策。其中，电力行业应考虑从供给端和需求端开展研究，钢铁、水泥、煤化工等行业应考虑革命性技术措施的提前谋划。在此基础上，形成碳达峰碳中和目标约束下分行业、分阶段的煤炭消费控制和碳达峰路线图。

2.1.3　技术路线

本研究采用生态环境部环境规划院开发的碳排放－能源集成模型，充分考虑社会经济发展、全国 2030 年前实现碳达峰目标、技术可达性、措施可行性等因素。

行业煤控路径研究注重行业自身发展规律与先进技术变革，统筹行业发展技术和关键举措、行业之间产业链上下游供需关系、国内外进出口变化等。通过反复迭代优化，最终形成电力、钢铁、水泥和煤化工四大重点行业的煤炭消费总量控制路径（图 2-1）。

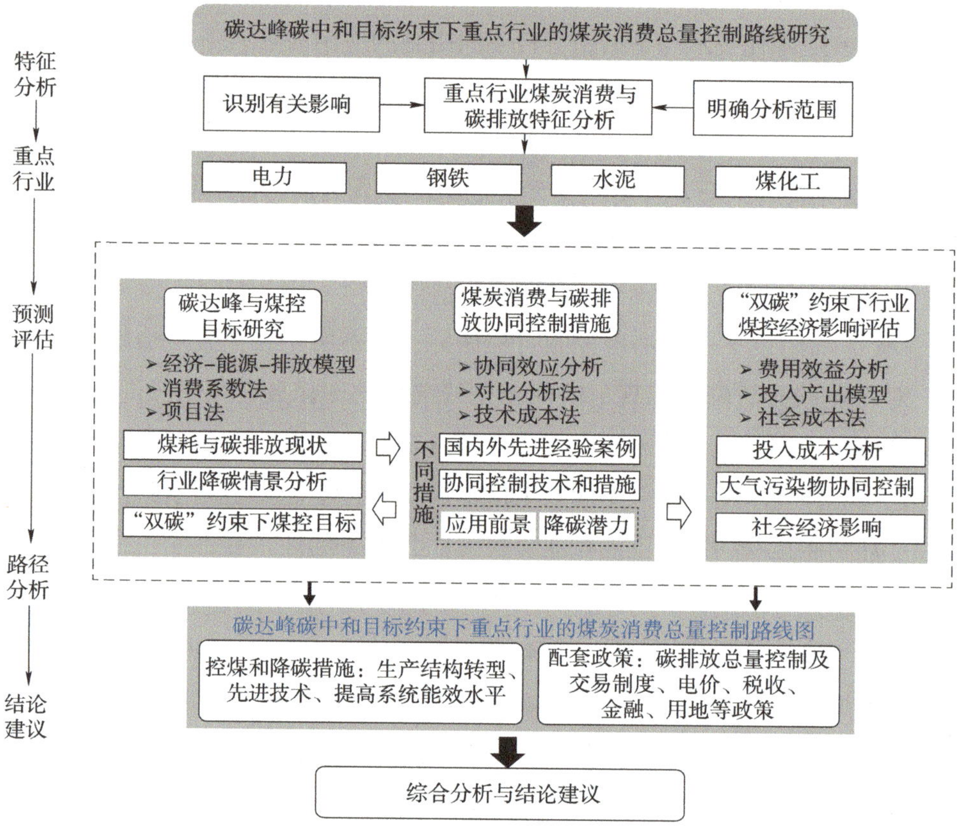

图 2-1　技术路线图

2.1.4　数据来源

社会、经济、能源数据主要来自历年的《中国统计年鉴》《中国能源统计年鉴》等；电力行业数据主要来自《全国电力工业统计快报》《中国电力统计年鉴》《电力工业统计资料汇编》；钢铁行业的发展水平数据主要来自历年的《中国钢铁工业年鉴》，世界钢铁数据主要来自国际钢铁协会（World Steel Association）历年出版的《世界钢铁统计数据》（*WORLD STEEL IN FIGURES*）；水泥行业的水泥、水泥熟料产量、进出口量、碳酸盐分解系数、单位能耗等历史数据来自中国水泥协会官方数据；煤化工各子行业的活动水平根据中国氮肥工业协会、中国炼焦行业协会、中国煤炭加工利用协会等官方数据测算得出。煤化工各子行业的煤耗、碳排放和大气污染物排放数据，参考《煤化工单位产品能源消耗限额》、《第一次全国污染源普查工业污染源产排污系数手册》、控煤项目可研报告、相关文献和研究团队现场调查研究成果。

2.2 iCEM 模型

本报告采用生态环境部环境规划院开发的碳排放 - 能源集成模型，构建了以行业发展需求、措施政策分析、煤炭消费、二氧化碳排放、经济效益分析为主要内容的研究框架。iCEM 以社会经济高质量发展为背景，以碳达峰碳中和目标为约束，以技术可达性和经济可行性为条件，反复迭代优化，最终得到能源消费和碳减排路线图。模型涵盖了能源生产、工业（包括各行业）、建筑（包括居民生活和第三产业）、交通等全社会用能和碳排放部门。模型运行机理为：由人口、国民经济部门等社会经济驱动因子决定各类能源（煤、石油、天然气、电力等）和原材料（粗钢、水泥焦炭、氮肥等）需求，在不同情景下确定未来技术扩散率和技术组合，基于终端用能部门（或工序）的用能（耗煤、耗电等）强度和碳排放强度，得到行业和领域的能源消费量和碳排放量。

iCEM 包括行业发展模块、技术措施模块、减煤降碳分析模块、社会经济影响评估模块（图 2-2），主要研究方法如图 2-3 所示。

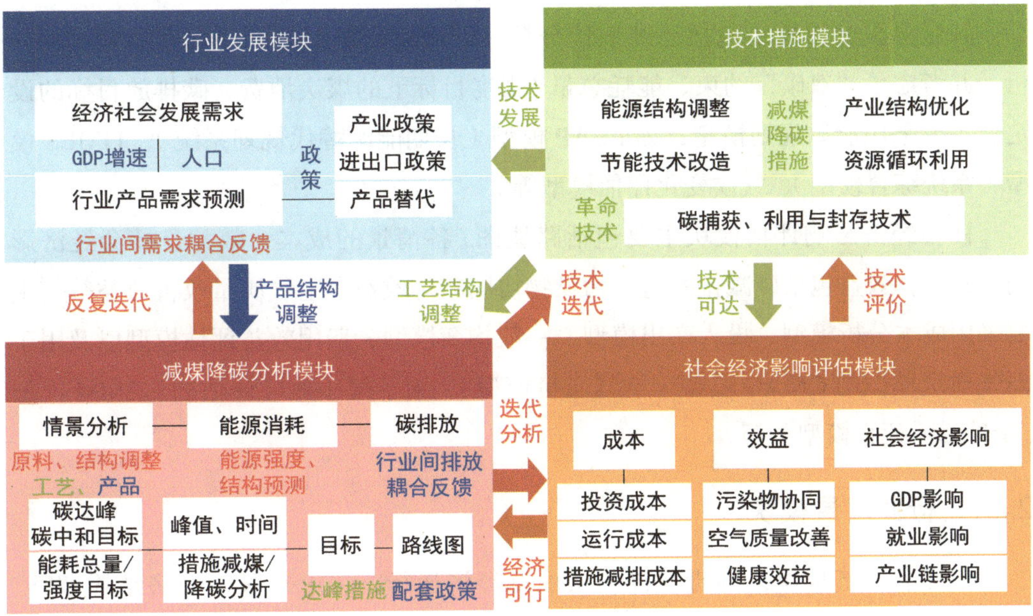

图 2-2 iCEM 模型框架

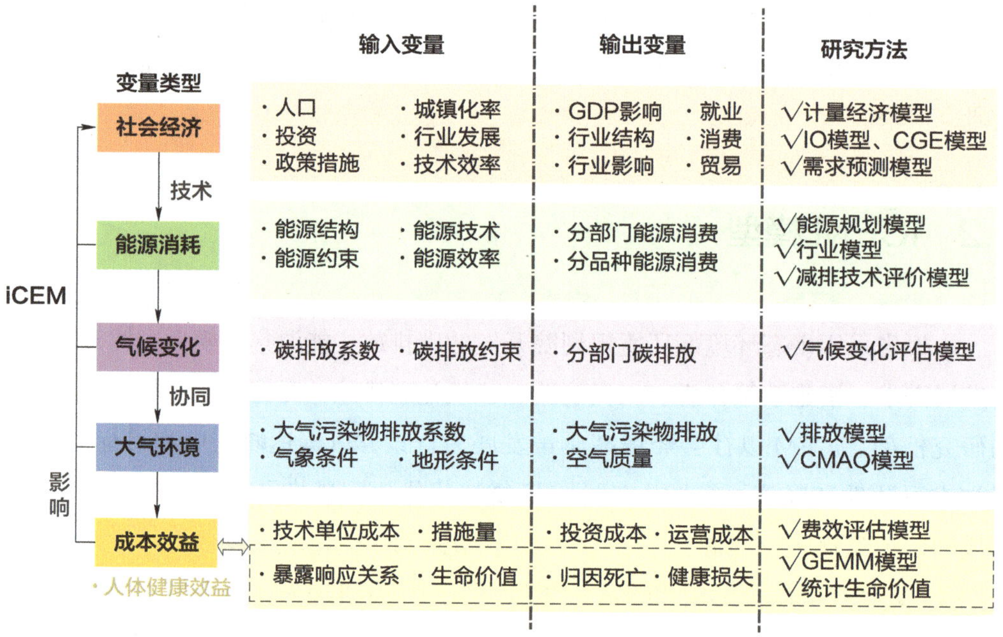

图 2-3 iCEM 模型主要研究方法

行业发展模块考虑了全国中长期社会经济发展，包括各行业的产品需求、结构预测变化，行业和行业之间的耦合。主要采用了需求预测模型和计量经济学模型等。

技术措施模块包括能源结构调整、产业结构优化、节能技术改造、资源循环利用和碳捕获、利用与封存技术 5 大类减煤降碳关键举措及革命性技术的评价与分析。主要采用减排技术评价模型等。

减煤降碳分析模块包括能源消费分析、碳排放分析、各措施减煤降碳贡献分析，并考虑了“双碳”约束、能耗总量 / 强度目标下的煤炭消费、碳排放目标的设定。主要采用能源规划模型，如 LEAP 模型（长期能源替代规划系统）、TIMES 模型（系统综合模型）、气候变化评估模型等。

社会经济影响评估模块主要包括路线图 / 各情景的成本、效益、社会经济影响。其中，效益包括碳减排效益、污染物协同减排效益、空气质量改善效益等。主要采用成本分析模型、投入产出模型、一般均衡模型、费用效益评估模型以及用于空气质量模拟的 CMAQ 模型（空气质量模型）、用于健康效应评估的 GEMM 模型（全球暴露死亡模型）等。

2.2.1 行业发展模块

在社会经济板块，本研究首先从国民经济运行、GDP 增长、经济结构调整、产业结构变革、贸易结构变化、城乡发展和区域协调发展角度回顾了我国经济发展状况，分析了目前新冠肺炎疫情影响、世界格局演变加剧、国内供需总量和结构面临调整、老龄化问题严重等一系列社会发展面临的挑战，综合美丽中国、“十四五”规划等研究，同时结合国内外权威研究机构的分析，预测中国中长期社会经济形势，得到中国中长期经济、人口、产业结构、城镇化率等关键指标。

采用弹性系数、需求预测、能源规划预测、固定资产投资趋势预测、需求方法等，基于重点行业现状分析，通过分析未来社会经济发展及产业链上下游发展等因素，结合各产业发展政策、进出口政策及产品之间替代等预期，预测电力、钢铁、水泥、石化及其他行业的发展。

（1）弹性系数法

弹性系数法是在对一个因素发展变化预测的基础上，通过弹性系数对另一个因素的发展变化做出预测的一种间接预测方法，是电力行业预测分析的重要手段。我国的用电需求与经济增长的相关性很强，通过类比经济结构相似国家的电力消费弹性系数发展规律，预计我国电力消费弹性系数，按照相应阶段 GDP 增速计算每年的电力消费增速和全社会用电量。

$$Y_{t+l}=Y_t(1+i)^l$$

$$i=\frac{i'}{q'}q$$

式中：Y_{t+l} 表示预测未来 l 年的电力消费，kW · h；Y_t 表示电力消费基年值；i' 表示电力消费历史年增长率，%；i 表示电力消费未来年平均增长率，%；q' 表示 GDP 历史年增长率，%；q 表示 GDP 未来年平均增长率，%。

（2）部门需求预测法

部门需求预测法是通过分析下游主要行业发展趋势、技术进步、产品替代等因素，分部门进行产品需求预测，最后进行汇总整合。一般用于电力和钢铁行业预测。对于电力需求预测，将用电部门分为高耗能行业，其他工业行业，电力、热力、燃气及水生产供应业（简称“电力与热力供应业”），居民生活行业，“三产”服务业，交通运输业和其他部门。高耗能行业用电需求是通过对接有色金属、钢铁、水泥、化工等高耗能行业发展情景，根据各行业不同阶段产量预测结果，采用产品单耗法进行预测。其他工业行业根据各历史年份中，金属制品、纺织、电子设备制造、橡胶塑料等 13 个主要工业行业产品产量、产品单耗的变化趋势，综合考虑未来产业发展形势及能效提升等因素，采用产品单耗法预测各行业用电需求。电力与热力供应业的用电量主要来自发电厂自用电、线路损失及抽水蓄能耗电等，根据全社会总用电量变化趋势进行预测。居民生活用电需求根据历史年份我国人均居民生活用电量与人均 GDP 的关系，综合考虑新型城镇化和乡村振兴发展战略，参比发达国家主要城市人均用电水平，预测居民生活用电需求。“三产”服务业用电需求综合考虑 5G 基站、大数据中心建设规模及能效变化等因素，预测新型基础设施的用电需求。交通运输领域用电主要包括电气化铁路、电动汽车、水上运输业、航空运输业等用电，按照《新能源汽车产业发展规划（2021—2035 年）》等规划预测用电需求。其他部门用电量根据历史年份增长趋势，采用趋势外推法进行预测。

$$Y_{E,t}=Y_{\mathrm{ei},t}+Y_{\mathrm{oi},t}+Y_{\mathrm{pi},t}+Y_{\mathrm{rl},t}+Y_{\mathrm{ti},t}+Y_{\mathrm{tr},t}+Y_{\mathrm{ot},t}$$

$$Y_{\mathrm{ei},t}=\sum_{i=0}^{n}f(x_{\mathrm{ei},t})$$

$$Y_{\mathrm{oi},t}=\sum_{i=0}^{m}(P_i\times\partial_{i,t})\times(C_i\times\beta_{i,t})$$

$$Y_{\mathrm{rl},t}=\text{人均居民用电量（kW·h / 人）}\times\left(1+\frac{\text{人均用电量历史增长率（\%）}}{\text{GDP历史增长率（\%）}}\times\text{GDP平均增长率（\%）}\right)\times\mathrm{POP}$$

$$Y_{\mathrm{ti},t}=\sum_{i=0}^{v}(\mathrm{VN}_{v,t}\times\gamma_{v,t}\times\mathrm{VE}_{v,t})$$

式中：Y_E 表示全社会用电量；Y_{ei}、Y_{oi}、Y_{pi}、Y_{rl}、Y_{ti}、Y_{tr} 和 Y_{ot} 分别表示高耗能行业，其他工业行业，电力与热力供应业，居民生活行业，“三产”服务业，交通运输业和其他部门用电量，kW·h；t 表示预测年份；n、m 表示细分行业；P_i 表示基年产品产量，t；$\partial_{i,t}$表示产品产量 t 年增长率，%；C_i 表示产品基年耗电量，kW；$\beta_{i,t}$ 表示 t 年单位用电量增长率，%；POP 表示人口总量；v 表示车辆类型；$\mathrm{V}N_{v,t}$ 表示 v 车型车辆数量，辆；γ 表示车辆新能源率，%；$\mathrm{VE}_{v,t}$ 表示 t 年 v 车型年平均电耗，kW·h/ 辆。

对于钢铁行业，将钢铁需求下游部门分为房屋建筑、机械、汽车、基建、家电、能源等，对钢材消费需求分别开展预测。

$$Y_{\mathrm{Ir},t}=Y_{\mathrm{HC},t}+Y_{\mathrm{Me},t}+Y_{\mathrm{Ve},t}+Y_{\mathrm{In},t}+Y_{\mathrm{Ha},t}+Y_{\mathrm{EA},t}$$

式中：Y_{Ir} 表示钢材消费需求；Y_{HC}、Y_{Me}、Y_{Ve}、Y_{In}、Y_{Ha} 和 Y_{EA} 分别表示房屋建筑、机械、汽车、基建、家电、能源行业的钢铁消费量；t 表示预测年份。

（3）多因素拟合分析预测法

多因素拟合分析是同时对观察对象的两个或两个以上的变量进行分析，常用的统计分析方法有多元线性回归、逻辑斯谛回归（Logistic 回归）、比例风险回归模型（proportional hazards model）、因子分析、主成分分析等，可用于预测水泥行业的发展。经济发展模式和结构变化对水泥熟料需求会产生很大影响，主要的影响因素包括城镇化率、人均 GDP、固定资本形成总额、三次产业结构、固定资产投资结构等。分析水泥熟料消费与上述影响因素之间的关系，建立关系模型。

$$Y=\sum_{n=1}^{5}A_n f(X_n)=A_1 f(X_1)+A_2 f(X_2)+A_3 f(X_3)+A_4 f(X_4)+A_5 f(X_5)$$

式中：Y 表示水泥熟料消费量，t；A_n 表示模型赋权，%；X_n 表示影响因素与水泥熟料消费量的关系。

$$f(X_1)=a_1(X_1)^2+b_1X_1-c_1$$

$$f(X_2)=[a_2\ln(X_2)-b_2]Q$$

$$f(X_3)=a_3\ln(X_3)-b_3$$

$$f(X_4)=a_4X_{41}+b_4X_{42}+c_4X_{43}$$

$$f(X_5)=a_5X_{51}+b_5X_{52}+c_5X_{53}$$

式中：X_1 表示城镇化率，%；X_2 表示人均 GDP，万元；X_3 表示固定资产形成总额，万元；Q 表示人口数量，人；X_{41} 表示第一产业对 GDP 的贡献，%；X_{42} 表示第二产业对 GDP 的贡献，%；X_{43} 表示第三产业对 GDP 的贡献，%；X_{51} 表示房地产投资额，万元；X_{52} 表示基础设施投资额，万元；X_{53} 表示其他固定资产投资额，万元；a、b、c 表示影响系数。

（4）消费系数法

钢铁工业属于基础工业，也是被动增长型工业，其生产和消费与国民经济发展密切相关。粗钢消费系数预测法是根据 GDP、固定资产投资等宏观经济指标与粗钢表观消费量的回归关系，预测未来的粗钢产量。

$$Y_t=\text{GDP}_t\cdot\text{CSC}_t$$

式中：t 表示预测年份；Y_t 表示粗钢产量，t；GDP 表示国内生产总值，万元；CSC 表示粗钢消费系数，t/ 万元。

（5）项目预测法

项目预测法是基于行业发展规划，考虑国家总体调控要求，根据行业立项、备案等情况进行预测，适用于煤化工部分子行业，如煤制油、煤制天然气、煤制烯烃、煤制乙二醇行业的大型项目，项目建设、达产的周期较长，通常为 5 年以上，采用项目预测法核算，分类统计试运行、在建和核准项目。在此基础上，综合考虑国内外产品市场竞争、能源安全和资源环境约束等因素，预测其发展趋势。

$$Y_t = \sum_{i=0}^{n} f(x_{\mathrm{tr},\partial,t,n}) + f(x_{\mathrm{cp},\beta,s_1,t,n}) + f(x_{\mathrm{ap},\gamma,s_2,t,n})$$

式中：Y表示煤化工产量；n表示煤化工子行业；$f(x_{\mathrm{tr},\partial,t,n})$表示试运行项目$t$年的产量，t；$f(x_{\mathrm{cp},\beta,s_1,t,n})$表示在建产品产量，t；$f(x_{\mathrm{ap},\gamma,s_2,t,n})$表示核准项目产品产量，t；$\partial$、$\beta$、$\gamma$表示项目产能利用率，%；$s_1$、$s_2$表示达产周期，a。

2.2.2 技术措施模块

行业减煤降碳技术措施清单是建立碳达峰、碳中和路径的基础。本研究通过专家咨询、技术目录调研、文献调研和实地走访等方式，研究建立电力、钢铁、水泥、煤化工行业广泛应用、技术成熟、有较大推广潜力的重要碳减排措施和革命性技术，形成覆盖能源结构调整、产业结构优化、节能技术改造、资源循环利用、末端捕集封存5类措施的技术清单（表2-1），深度识别各项措施的碳减排作用机制和减煤降碳潜力，收集关键参数，编制技术措施数据集及技术措施参数集。

表2-1　主要技术措施

措施类型	措施的主要内容		碳减排作用机制
能源结构调整	电源结构优化	控制煤电装机、发展非化石能源发电、电力系统灵活性改造（火电灵活性改造、发展新型储能技术）	通过清洁低碳能源替代传统化石燃料作为行业生产的能源投入，降低能源消费的碳排放系数
	原料结构调整	钢铁高炉炉料结构优化、焦炉气/天然气制合成气比例提升	
	燃料结构调整	氢冶金、水泥窑协同处置生活垃圾、现代煤化工蒸汽锅炉等电气化改造	
产业结构优化	常规电源低碳	火电低碳技术	通过优化产业结构，提高产业的能效，降低碳排放
	短流程炼钢	推进电炉短流程	
	控制产能	淘汰落后水泥产能、水泥产能置换、限制传统煤化工发展	
节能技术改造	电力行业碳技术应用推广	煤电节能改造（通过亚临界机组升级改造、掺烧非煤燃料、系统优化等，提高发电效率）	采用高能效、低排放的先进设备，改进生产过程的能源利用方式，依托工业互联网等方式提高生产效率，实现碳减排
	工业节能技术应用与推广	钢铁行业推广干熄焦、厚料层烧结等技术，低温烧结、高炉高效喷煤等技术，煤调湿、热风炉烟气双预热等技术；传统煤化工低温余热发电利用技术、应用先进煤气化技术、自动化/智能化改造；水泥先进烧成技术、高效粉磨技术	

续表

措施类型	措施的主要内容		碳减排作用机制
资源循环利用	废物循环利用	钢铁废钢利用、钢渣替代石灰石	将废弃物循环利用，减少一次能源和原料的投入，从而减少开采、加工、使用环节的碳排放
末端捕集封存	CCUS 发展	各行业部署 CCUS 技术项目	将二氧化碳从工业排放源中分离，或直接加以利用或封存，避免二氧化碳排入环境的工业过程

技术模块中构建了逐年的技术参数数据库。包括技术应用流程、投入、产出、技术效率、燃料类型、燃料用量、电力消耗、技术减煤潜力、污染物排放、年运行时间、年度可利用性、单位初始投资成本、单位固定运营和维护成本、单位变动成本、技术寿命、技术普及率。

技术措施的减煤潜力：

$$\Delta C_{i,y,t}=(1-\mathrm{CE}_{i,y,t})\times(\mathrm{App}_{i,y,t}-\mathrm{CurApp}_{i,y,t})\times C_{i,y,\mathrm{not}}$$

式中：i、y、t 分别表示行业、产品、减排技术；$\Delta C_{i,y,t}$ 表示减煤量，t；$\mathrm{CE}_{i,y,t}$ 表示技术的减煤率，%；$\mathrm{App}_{i,y,t}$ 表示控制技术的应用比例，%；$\mathrm{CurApp}_{i,y,t}$ 表示当前控制技术应用比例，%；$C_{i,y,\mathrm{not}}$ 表示没有控制技术的煤炭消费量，t。

措施的减排潜力：针对技术带来碳减排和大气污染物的减排量，按如下公式计算：

$$\Delta\mathrm{CE}_{i,y,t}=(1-\mathrm{CE}_{i,y,t})\times(\mathrm{App}_{i,y,t}-\mathrm{CurApp}_{i,y,t})\times\mathrm{CE}_{i,y,\mathrm{not}}$$

式中：i、y、t 分别表示行业、产品、减排技术；$\Delta\mathrm{CE}_{i,y,t}$ 表示减排量，t；$\mathrm{CE}_{i,y,t}$ 表示减排率，%；$\mathrm{CurApp}_{i,y,t}$ 表示当前控制技术下应用比例，%；$\mathrm{App}_{i,y,t}$ 表示控制技术的应用比例，%；$\mathrm{CE}_{i,y,\mathrm{not}}$ 表示没有控制技术情景的排放量，t。

技术措施的减排费用：通过调研获得多行业应用的控制技术及其固定投资成本、运行维护成本等数据，参考已有研究及经济学理论，计算减排费用：

$$\mathrm{TCost}_{i,y,t}=\mathrm{CC}_{i,y,t}+\mathrm{FOM}_{i,y,t}+\mathrm{FUEL}_{i,y,t}$$

式中：TCost 表示技术措施减排费用；$\mathrm{CC}_{i,y,t}$ 表示技术的投资成本，万元；$\mathrm{FOM}_{i,y,t}$ 表示运行成本，万元；$\mathrm{FUEL}_{i,y,t}$ 表示燃料能源成本，万元。

投资成本 $CC_{i,y,t}$ 是一次性投资，根据下式进行成本折旧及年均化计算。

$$CC_{i,y,t}=Cost_{i,y,t}\frac{\alpha(1+\alpha)^{ta}}{(1+\alpha)^{ta}-1}$$

式中：$Cost_{i,y,t}$ 表示一次性总投资，万元，根据文献及实地调研获得；ta 表示寿命，a；α 表示折旧系数，取 0.1。

2.2.3 减煤降碳分析模块

2.2.3.1 煤炭消费总量核算方法

考虑重点行业特点，核算作为燃料的煤炭消费和作为原辅材料的煤炭消费。计算公式如下：

$$Co=Cof+Com$$

式中：Co 表示煤炭消费总量，t；Cof 表示作为燃料的消费总量，t；Com 表示作为原辅材料的消耗总量，t。

$$Co_{i,y}=\sum Y_{i,y}\times A_{i,\text{base}}\times TC_{i,y}$$

式中：$Co_{i,y}$ 表示 i 行业 y 产品的煤炭燃料原辅料消费量，t；Y 表示产品产量，t；A 表示活动水平，t 煤 /t 产品；TC 表示控煤降碳措施的减煤系数，%；base 表示行业的基准年。

$$TC_{i,y}=1-\left(\frac{\Delta C_{i,y,t}}{CE_{i,y,\text{not}}}\right)$$

式中：$\Delta C_{i,y,t}$ 表示减煤量，t；$CE_{i,y,\text{not}}$ 表示没有控制技术的煤炭消费量，t。

2.2.3.2 碳排放量核算方法

依据目前已发布的行业温室气体核算指南进行核算。参考《2006 年 IPCC 国家温室气体清单指南》《IPCC 2006 年国家温室气体清单指南 2019 修订版》《中国 2005 年温室气体清单研究》《中国 2008 年温室气体清单研究》《省级温室气体清单编制指南（试行）》《省级二氧化碳排放达峰行动方案编制指南》。考虑四大行业特点，计算公式如下：

$$CE=Cd+Cp+Ce$$

式中：CE 表示行业碳排放量，t；Cd 表示能源燃烧排放量，t；Cp 表示工业过程排放量，t；Ce 表示净购入电力导致的间接排放量，t。

$$Cd_{i,y} = \sum E_{i,y,g} \times \mathrm{EF}_g$$

式中：$E_{i,y,g}$ 表示 i 行业，y 产品 g 能源的消费量，t/m^3；EF_g 表示 g 能源的碳排放系数，$t\ CO_2/(t \cdot m^3)$。各品种的能源消费量计算方法同煤炭消费量计算方法。

$$Cp_{i,y} = \sum P_{i,y,h} \times \mathrm{EF}_h$$

式中：$P_{i,y,h}$ 表示产品 y 的原材料 h 的消费量，t；EF_h 表示其原材料排放因子，$t\ CO_2/t$ 原材料。

$$Ce_{i,y} = \mathrm{El}_{i,y} \times \mathrm{EF}_{\mathrm{el}}$$

式中：$\mathrm{El}_{i,y}$ 表示净外购电力的使用量，kW·h；$\mathrm{EF}_{\mathrm{el}}$ 表示外购电力的平均碳排放因子，$t\ CO_2/(kW \cdot h)$。

行业基年排放因子主要依据四大行业企业温室气体排放核算方法、报告指南及各行业专家的研究结论，包括《中国发电企业温室气体排放核算方法与报告指南（试行）》《中国钢铁生产企业温室气体排放核算方法与报告指南（试行）》《中国水泥生产企业温室气体排放核算方法与报告指南（试行）》《中国独立焦化企业温室气体排放核算方法与报告指南（试行）》等，煤化工行业排放因子、活动水平采用实地调研、第二次污染源普查等数据。

2.2.4　社会经济影响评估模块

2.2.4.1　成本评估方法

通过对重点行业原燃料结构调整、产业结构优化、技术改造升级、资源循环利用和末端捕集封存五类控煤降碳措施的梳理，成本部分主要涉及政府的补贴、企业的投资、运行以及公众的投入成本等。

（1）政府成本

政府成本主要包含政府对各项减煤降碳措施的补贴，如对钢铁和水泥企业淘汰落后产能的补贴、对新能源发电的补贴等。计算公式如下：

$$\mathrm{Cost}_{\mathrm{go}} = \sum \mathrm{GCost}_{i,y,t,\mathrm{go}} \times Q_{i,y,t,\mathrm{go}}$$

式中：$\mathrm{Cost}_{\mathrm{go}}$ 表示政府补贴的成本，万元；$\mathrm{GCost}_{i,y,t,\mathrm{go}}$ 表示政府对 i 行业 y 产品（工艺）t 减排措施（技术）的补贴单价，万元；$Q_{i,y,t,\mathrm{go}}$ 表示政府补贴数量，个 / 线（套）。

（2）企业成本

企业成本主要包含各项措施建设投资、运行中燃料（能源）成本、运维成本等。

$$\text{Cost}_{\text{en}} = \sum (\text{TCost}_{i,y,t} \times Q_{i,y,t}) - (\text{GCost}_{i,y,t,\text{go}} \times Q_{i,y,t,\text{go}})$$

式中：Cost_{en}表示企业的成本，万元；$\text{TCost}_{i,y,t}$表示i行业y产品（工艺）t减排措施（技术）的成本，万元；$Q_{i,y,t}$表示技术的推广量，个/线（套）；$\text{GCost}_{i,y,t,\text{go}}$表示政府对$i$行业$y$产品$t$减排措施（技术）的补贴单价，万元；$Q_{i,y,t,\text{go}}$表示政府补贴数量，个/线（套）。

（3）公众成本

公众成本主要包含各项措施建设投资、运行中燃料（能源）成本、运维成本等。

$$\text{Cost}_{\text{pb}} = \sum (\text{PCost}_{i,y,t} \times Q_{i,y,t}) - (\text{GCost}_{i,y,t,\text{go}} \times Q_{i,y,t,\text{go}})$$

式中：Cost_{pb}表示公众的投资成本，万元；$\text{PCost}_{i,y,t}$表示i行业y措施（技术、产品）t减排措施（技术）的成本，万元。

2.2.4.2 效益评估方法

（1）污染物协同减排效益

重点行业大气污染物和温室气体的排放大多来自化石燃料的燃烧，二者的同源性、同时性使大气污染控制和温室气体减排相互交织和影响。情境中各行业的控煤降碳措施，在降低能源消耗和碳排放的同时，也具有控制行业大气污染物排放的协同作用。

本研究采取减煤降碳协同思路，依据各行业污染物排放现状，通过文献调研、实地测量及统计数据分析，得到分行业分措施的大气污染物协同减排潜力。

$$\text{CEP}_{i,y,\text{pul}} = \sum_{t} \text{CE}_{i,y,t,\text{pul}} \times (\text{App}_{i,y,t} - \text{CurApp}_{i,y,t}) \times \text{CE}_{i,y,\text{not},\text{pul}}$$

式中：$\text{CEP}_{i,y,\text{pul}}$表示$i$行业$y$产品带来的pul污染物的协同减排量，t；$\text{CE}_{i,y,t,\text{pul}}$表示$i$行业$y$产品$t$技术对pul污染物的减排率，%；$\text{CurApp}_{i,y,t}$表示$i$行业$y$产品$t$技术的应用比例，%；$\text{App}_{i,y,t}$表示当前$i$行业$y$产品$t$技术的应用比例，%；$\text{CE}_{i,y,\text{not},\text{pul}}$表示$i$行业$y$产品不采用$t$技术时pul污染物的排放量，t。

（2）空气质量改善效益

采用第三代空气质量模型——通用多尺度空气质量模型（CMAQ）进行环境质

量改善效益估算，环境质量改善效益为基准情景下的空气质量与措施情景下的空气质量的差值。Model3/CMAQ 模型是美国国家环保局推广使用的空气质量模型系统，该模型系统的设计思想是基于“一个大气”（即“one atmosphere”）的理念，在“一个大气”的理念下考虑复杂的空气污染情况，如对流层的臭氧、颗粒物（PM）、酸沉降及能见度等问题进行综合处理。此外，CMAQ 模型被设计为多层次网格模式。多层次网格就是将模拟的区域分成大小不同的网格范围来分别模拟计算，空间尺度从区域到城市，包含所有可表达的大气物理、化学现象。CMAQ 模型基本组成包括边界条件处理器 BCON、初始条件处理器 ICON、光解速率处理器 JPROC、气象 - 化学预处理（MCIP）模块及化学传输（CCTM）主模块。其中，MCIP 模块的主要功能是，从天气研究和预报模型（Weather Research and Forecast Model，WRF）中提取风压温湿及网格等基本气象要素信息。CMAQ 模型需要输入的数据包括满足模型格式要求的排放清单、三维气象场。三维气象场由 WRF 提供，由 MCIP 模块转化为 CMAQ 模型所需格式。

首先，进行基准情景下的空气质量模拟。利用环境统计数据构建基于基准情景的网格化排放清单；其次，基于更新后的排放清单，利用三维空气质量数值模型开展数值模拟，得到主要污染物的浓度分布；最后，进行措施情景下的空气质量模拟。利用主要污染物减排量更新基准情景下排放清单，利用三维空气质量数值模型开展数值模拟。模拟精度为 0.25° × 0.25°，范围覆盖全国。

（3）健康效益评估方法

健康效益评估是判断大气环境污染治理成效的重要手段，健康效益通过大气环境污染损失的减少来计算，主要采用 $PM_{2.5}$ 作为大气污染因子，进行人体健康影响评价。在大气污染导致过早死亡人数价值量核算时，主要采用支付意愿法进行核算。

本研究应用全球暴露死亡模型（Global Exposure Mortality Model，GEMM）来计算室外 $PM_{2.5}$ 暴露而造成的过早死亡（即 $PM_{2.5}$ 归因死亡）人数，并由此进一步核算出过早死亡导致的大气环境退化损失。GEMM 由 Burnett 等创建，通过纳入清洁地区（如欧洲和北美洲）和污染地区（如中国）的环境 $PM_{2.5}$ 暴露队列研究结果，为大范围的室外环境 $PM_{2.5}$ 浓度分布提供了更为准确的浓度响应（concentration-response，*C-R*）关系。由于中国的 $PM_{2.5}$ 暴露浓度较高，而 GEMM 在高浓度下的结果更为可靠，因此更适合在我国应用。GEMM 选取 5 种典型的循环系统和呼吸系统疾病导致的过早死亡作为健康结局，包括缺血性心脏病（ischemic heart disease，IHD）、慢性阻塞性肺病（chronic obstructive pulmonary disease，COPD）、肺癌（lung cancer，LC）、中风（stroke）和下呼吸道疾病（lower respiratory illnesses）。

GEMM 的过早死亡风险，如下式所示：

$$\mathrm{RR}_{i,j}(c)=\exp\left[\frac{\theta_{i,j}\cdot \lg\left(\frac{z}{\propto}+1\right)}{1+\exp\left(-\frac{z-\mu_{i,j}}{v_{i,j}}\right)}\right], z=\max(0, C-2.4)$$

式中：$\mathrm{RR}_{i,j}(c)$ 表示在浓度 c 下，年龄组 j、健康结局 i 的相对风险。当浓度低于阈值时，相对风险为 1，意味着人群没有健康损失；当浓度高于阈值时，相对风险随浓度升高而增大；$PM_{2.5}$ 质量浓度阈值为 2.4 μg/m^3；θ、$\propto$、μ 和 v 分别表示描述不同疾病的 C–R 曲线形状分布的参数；z 表示产生健康影响的浓度。

基于过早死亡风险，采用下式核算过早死亡人数：

$$M_{i,j}=P_j\cdot\overline{I_{i,j}}\cdot[\mathrm{RR}_{i,j}(c)-1]$$

$$\overline{I_{i,j}}=I_{i,j}/\overline{\mathrm{RR}_{i,j}}$$

$$\overline{\mathrm{RR}_{i,j}}=\sum_{i=1}^{N}P_j\cdot \mathrm{RR}_{i,j}(c)/\sum_{i=1}^{N}P_j$$

式中：$M_{i,j}$ 表示年龄组 j、健康结局 i 的 $PM_{2.5}$ 归因死亡人数；$I_{i,j}$ 表示基准死亡率；P_j 表示年龄组 j 的人口数量；其他参数含义同前文。

在确定归因 $PM_{2.5}$ 的过早死亡人数后，本研究采用统计生命价值（VSL）将归因死亡进行货币化，表示健康效应的经济损失。

2.2.4.3 社会经济影响评估方法

社会经济影响分析采用可计算一般均衡（Computable General Equilibrium，CGE）模型进行碳达峰、碳中和背景下电力行业减煤降碳的社会经济影响分析。CGE 模型能够刻画不同经济组成部分之间的数量关系，从而考察政策扰动对经济系统的影响。在构建模型时，可根据所要研究的具体问题设计模型。本模型在构建时尽可能考虑中国经济运行的特殊性，构建能够反映中国真实经济运行的 CGE 模型（图 2-4）。模型的主要模块包含生产、国内需求、国际贸易和碳排放模块。

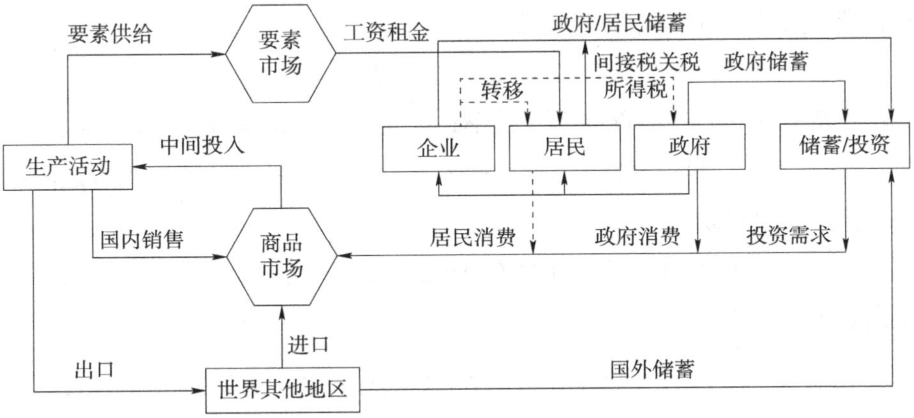

图 2-4　CGE 模型内在经济学逻辑示意图

（1）生产模块

模型采用嵌套的 CES（constant elasticity substitution）生产函数刻画生产行为：

$$X_i = \min(A_{Z_{ji}} Z_{ji}, A_{Q_i} Q_i)$$

$$Q_i = [\alpha_{L_i}(A_{L_i} L_i)^{(\sigma Q_i - 1)/\sigma Q_i} + (1-\alpha_{L_i})(A_{N_i} N_i)^{(\sigma Q_i - 1)/\sigma Q_i}]^{\sigma Q_i/(\sigma Q_i - 1)}$$

$$N_i = [\alpha_{K_i}(A_{K_i} K_i)^{(\sigma N_i - 1)/\sigma N_i} + (1-\alpha_{K_i})(A_{F_i} F_i)^{(\sigma N_i - 1)/\sigma N_i}]^{\sigma N_i/(\sigma N_i - 1)}$$

$$F_i = \{\textstyle\sum_j [\alpha_{Z_{bji}}(A_{Z_{bji}} Z_{bji})^{(\sigma F_i - 1)/\sigma F_i}]\}^{\sigma F_i/(\sigma F_i - 1)} (j = n-m+1, \cdots, n)$$

式中：X_i 为中间投入产品数量；i 为投入产出表中的行业编号；Z_{ji} 表示第 j 类中间合成投入；Q_i 表示劳动－资本－能源的合成投入；Z_{bji} 表示重点行业 i 终端消费的第 b 类化石能源；N_i 表示资本－能源合成投入；L_i、K_i 和 F_i 分别表示劳动、资本和能源合成品；A 表示各种投入的效率，α 和 σ 分别表示份额系数和替代弹性系数。

（2）国内需求模块

国内需求包括消费（居民消费和政府消费）和投资（固定资本形成和存货）。居民消费在支出预算约束下追求效用最大化：

$$\begin{cases} \max \prod_i (Z_{Hi} - z_{Hsubi}\psi)^{\beta_{luxi}} \\ s.t. P_{ZHi} Z_{Hi} \leqslant (1-s) Y_H \end{cases}$$

式中：Z_{Hi} 表示国内产品需求；z_{Hsubi} 表示合成消费商品 i 的人均基本需求量；ψ 表示人口总数；P_{ZHi} 表示居民消费的合成商品价格；β_{luxi} 表示各种商品的支出在总消费中的份额系数；s 表示储蓄率；Y_H 表示居民可支配总收入。

关于固定资本形成，本研究价格各部门依据各自资本存量 K_i 和预期相对收益

率获得投资 Z_{Vi}，则投资需求方程设置为：

$$Z_{Vi}=\alpha_{Vi}(R_i/\Omega)^{\delta_i}K_i$$

式中：R_i 表示部门 i 的资本净收益率；Ω 为利率；R_i/Ω 表示部门 i 的静态预期相对收益率；α_{Vi} 表示投资规模系数；δ_i 表示投资弹性系数；K_i 表示投资边际效率。

（3）国际贸易模块

假定国产商品和进口商品之间具有 Amington 替代弹性关系，第 i 类进口品 M_i 的需求函数可表示为：

$$M_i=(1-\alpha_{D_i})^{\sigma_i}(P_{Z_i}/P_{M_i})^{\sigma_i}Z_i$$

式中：Z_i 表示本国对第 i 类合成产品的需求总量，P_{Z_i} 和 P_{M_i} 分别表示国内和国外产品的价格；α_{D_i} 表示份额系数；σ_i（$\sigma_i>0$）表示国产商品与进口商品的替代弹性系数。

（4）碳排放模块

分别为生产部门的碳排放量 C_I 和居民消费碳排放量 C_H，如下式所示：

$$\begin{cases} C_I=\sum_i\sum_j\delta_{ji}Z_{bji}(j=n-m+1,\cdots,n;\ i=1,\ \cdots,\ n) \\ C_H=\sum_i\sum_{Hi}\delta_{Hi}Z_{Hi}(j=n-m+1,\cdots,n;\ i=1,\ \cdots,\ n) \end{cases}$$

式中：δ_{ji} 表示生产部门 j 燃烧第 i 种化石能源的碳排放系数；δ_{Hi} 表示居民燃烧第 i 种化石能源的碳排放系数。

2.2.5 模块传导与模型优化

iCEM 是自上而下与自下而上相结合的模型。自下而上的行业发展模块、技术措施模块、减煤降碳分析模块为自上而下的社会经济影响评估模块提供社会经济发展参数、产品需求参数、技术发展参数、能源需求参数、碳排放参数和污染物参数；自上而下的社会经济影响评估模块通过对成本、效益、社会经济影响的分析，对自下而上模块部分的产品替代、技术可行性、技术推广进行优化。四个模块间存在关键信息交互，对模型的关键参数构成相互影响，优化结果共同支撑行业碳达峰路线图的形成。

iCEM 通过建立优化耦合关联机制，迭代运算求得重点行业碳达峰综合优化路径，并分析关键措施及风险因素，加强重点行业碳达峰、碳中和的决策支撑。四个模块间通过“社会经济发展约束”“技术约束”“减排约束”和“社会经济影响约束”四个主要的约束条件来实现优化。

$$\begin{cases} \mathrm{CurApp}_{i,y,t} \leqslant \mathrm{App}_{i,y,t} \leqslant \max \mathrm{App}_{i,y,t} \\ \mathrm{ta} \leqslant \max \mathrm{ta} \\ \mathrm{CE}_t \leqslant \mathrm{CE}_p, p < 2030 \\ \mathrm{CE}_t \leqslant \mathrm{CE}_{ne}, \mathrm{ne} < 2060 \\ \cdots \end{cases}$$

式中：$\mathrm{CurApp}_{i,y,t}$ 表示当前 i 行业 y 产品 t 技术的应用比例，%；$\mathrm{App}_{i,y,t}$ 表示 i 行业 y 产品 t 技术的应用比例，%；$\max \mathrm{App}_{i,y,t}$ 表示 i 行业 y 产品 t 技术的最大应用潜力，%；ta 表示技术使用寿命，a；max ta 表示技术最大使用寿命，a；CE_t 表示 t 年碳排放量，t CO_2；CE_p 表示峰值年 p 的碳排放量，t CO_2；CE_{ne} 表示碳中和第 ne 年碳排放量，t CO_2。

社会经济发展约束主要包括 GDP、人口、各项管理调控政策实施力度、产品替代等关键因素。技术应用需要与经济社会发展和产品需求相匹配，即重点行业各项约束措施需符合社会发展水平，如钢铁、水泥、电力等产品产量要与下游建筑、生活等领域需求相匹配，技术模块中产业结构优化措施要与国家宏观经济和产业布局相匹配，社会经济影响中税收的设置应当与国家整体行业产品进出口水平相匹配。

技术约束主要包含技术进步速率、技术普及率、技术的能源消费强度、技术的碳排放强度、技术成本、技术间替代和制约等关键因素。技术模块将减排技术各项参数传递给其他三个模块，用于调控技术进步程度与行业发展速度，如技术进步速率应符合社会发展规律，技术普及程度要与能源、资源分布等相匹配。同时，平衡各类措施的应用情况对其他措施应用效果的影响。

减排约束包括能源消费总量、能源消费结构、碳排放强度、碳排放总量、碳排放趋势等。行业发展模块和技术措施模块为减煤降碳分析模块提供产品、原料、工艺、能源结构、碳排放系数等重要参数，减煤降碳分析模块输出的能源消费结构、碳排放路径需符合行业发展模块的基本假设。

社会经济影响约束主要包括成本、效益和社会经济影响。行业发展模块、技术措施模块和减煤降碳分析模块的输入及输出参数都将进入社会经济影响评估模块，以社会经济影响最小为求解目标，输出优化结果。

“社会经济发展约束”“技术约束”“减排约束”和“社会经济影响约束”分别对应行业发展模块、技术措施模块、减煤降碳分析模块和社会经济影响评估模块，将模块间输入和输出反复迭代，最终使四个约束条件同时满足。

2.3 宏观经济社会发展设定

2.3.1 宏观经济形势现状与挑战

（1）经济社会发展现状

一是经济运行持续稳定，综合国力进一步提升。“十三五”时期，我国经济社会发展成效显著，2016—2019 年 GDP 年均增速为 6.7%，但新冠肺炎疫情暴发导致经济增速大幅放缓，2020 年全年 GDP 增速为 2.3%，GDP 规模迈上百万亿元新台阶，为 2010 年的 2.4 倍左右；人均国内生产总值突破 1 万美元。

二是经济结构深刻调整，服务业主导产业结构变革。通过深入推进供给侧结构性改革，我国经济结构加速变革。第一产业保持稳步增长，粮食产量连续多年保持在 0.65 万亿 kg 以上；第二产业在总产出保持合理增速的情况下，通过淘汰落后产能，促使生产效率明显提升，制造业增加值多年位居世界首位，2020 年规模以上高新技术产业增加值占比为 15.1%；第三产业快速发展，2020 年服务业增加值占 GDP 比重达 54.5%，主导地位明显加强，信息传输、软件和信息技术服务业等新兴服务业“十三五”期间年均增速高达 19%。

三是新型城镇化质量稳步提高，人民生活水平与质量全面提高。中心城市和城市群人口集聚能力逐步提升，2020 年年末常住人口城镇化率超过 60%，比 2015 年提高 4 个百分点左右。“十三五”时期，城镇新增就业累计达 6 564 万人。居民生活质量显著提升，2020 年全国居民恩格尔系数降至 30.2%，家电全面普及。

（2）经济社会发展面临的挑战

一是受新冠肺炎疫情影响，世界各国经济面临衰退危机。疫情的全球蔓延可能造成企业大面积推迟复工时间、工厂关停、物流受阻，对全球制造业的生产、运输、用工等都将造成负面影响。全球各大经济金融智库对世界经济的预期普遍不乐观。

二是我国经济将继续保持正增长，但外需收缩会成为常态。2020 年我国由于疫情防控有力，经济韧性强，是全球唯一实现货物贸易正增长的主要经济体，外贸进出口同比增长 1.9%。但在全球化的大背景下，中国出口紧缩与国内去产能、去杠杆等产生叠加效应，将给我国经济高质量发展带来较大压力，部分对外依存度较高的地区、园区和企业面临的转型压力与风险加大，中小微企业面临着严峻的生存危机。

2.3.2　中长期经济社会形势判断与展望

2.3.2.1　经济形势分析

（1）国内外权威机构预测

据国内外权威研究机构研究结果，我国 GDP 增速在 2021 年恢复至正常水平以上，普遍预测经济增长在 7.5%～9%（表 2-2 和表 2-3）。

表 2-2　疫情影响下短期 GDP 增速预测　　单位：%

研究机构	区域	2019 年	2020 年	2021 年（预测）	2022 年（预测）
国际货币基金组织（IMF）	全球	2.80	-4.40	5.20	—
	中国	6.00	2.30	8.20	—
世界银行	全球	2.30	-4.30	4.00	3.80
	中国	6.00	2.30	7.90	5.20
摩根士丹利	全球	—	-3.50	6.40	4.40
	中国	—	2.30	9.00	5.40
日本经济研究中心（JCER）	中国	—	2.30	9.40	6.40
高盛集团	中国	—	—	7.50	—

表 2-3　国内外研究机构及专家对中国基于疫情影响的 GDP 增速预测　　单位：%

研究机构	“十四五”	“十五五”	“十六五”
国际货币基金组织（IMF）	5.5	—	—
中国石油集团经济技术研究院	5.5	—	—
英国经济与商业研究中心（CEBR）	5.7	4.5	—
中信证券	4.7～5.2 （2022—2025 年）	4.6	3.9
白重恩（清华大学）	5.8	5.0	4.0
刘元春（中国人民大学）	2020—2025 年：5.0 2020—2035 年：4.8		

（2）经济发展趋势预判

从中长期尺度来看，我国经济增速将逐渐放缓，高质量发展将成为我国经济发展的基本导向。考虑到 2020 年我国经济增长进一步放缓，随着 2021 年新冠肺炎疫情形势缓解，经济增长将有一定的补涨（主要研究机构预期在 8% 左右）。从发展动力看，“十四五”时期，受新冠肺炎疫情影响，外部拉动和国内投资总体偏弱，但国内消费需求持续释放，“世界市场”培育更加壮观，大国规模效应更加显现，成为中国经济增长的主动力和压舱石。预计2021—2025年GDP增速保持在5.0%～5.5%。在此期间，我国可能从中等偏上收入国家开始跨入高收入国家行列（世界银行标准）。2026—2030年、2031—3035年经济潜在增长率将呈下降趋势，平均增速分别为4.8%～5.2%、3.9%～4.5%；在此期间，我国经济总量或可超过美国，成为世界第一大经济体。

2.3.2.2 产业结构形势分析

2021—2035年是产业结构调整升级快速推进的时期。“十四五”时期，传统产业尤其是传统工业加快技术改造和升级，先进制造业、高新技术产业的规模和水平持续提升，创新能力显著增强，第三产业比重继续呈稳步上升趋势。到2025年，三次产业结构调整为6.9∶33.1∶60.0，到2035年调整为5.4∶28.1∶66.5。

2.3.2.3 人口及城镇化发展形势分析

综合有关机构研究成果，近期到2025年，我国人口将保持微增长态势，人口数量增长至14.25亿人左右。预计到2029年前后，人口总量将迎来14.3亿人左右的峰值。到2035年，人口规模保持在14.3亿人左右（表2-4）。到2035年，老年人口将从2017年的2.4亿人上升到4亿人左右，“银发时代”下社会负担明显加重，“人口红利”逐步衰减，“人力资本红利”有望持续得到释放。

表2-4 各主要研究机构对中国人口增长预期　　单位：亿人

机构	2020年	2030年	2050年	峰值年/人口	报告年
联合国	14.33	14.53	13.85	2030/14.53	2013
世界银行	14.08	—	13.51	2028/14.29	2014
中国人民大学社会与人口学院	14.20	—	14.00	2028/14.50	2016
国家卫健委	14.20	14.5	14.00	2030/14.50	2017
中国社会科学研究院	—	14.42	13.64	2029/14.42	2018
国家信息中心	14.16	14.50	13.95	2030/14.50	2018
生态环境部环境规划院	14.20	14.3	13.48	2030/14.30	2018

2019年，我国常住人口城镇化率达到60.6%，城镇化进程总体进入后期。当前至2035年是我国城镇化由后期迈向成熟期的关键阶段。预期到2025年，我国常住人口城镇化率将达到65%左右，进入中级城市型社会；到2030年、2035年，城镇

化率分别约达到 69%、72%，城镇化率进入成熟阶段。

2.3.3　社会经济关键指标

我国已经进入全面建成小康社会、开启全面建设社会主义现代化新征程、转向高质量发展的新阶段。经济实力、科技实力、综合国力和人民生活水平已跃上新的大台阶，经济社会发展有诸多有利条件，但国际环境不稳定、不确定性明显增加，新冠肺炎疫情影响广泛深远，国内经济发展面临的不平衡、不充分问题依然突出。预计未来，我国经济社会仍将保持平稳发展，经济发展质量将持续提升，产业结构优化升级，人口峰值将在 2030 年前到来，城镇化水平逐步进入成熟阶段，总体至 2035 年稳步达到中等发达国家水平（表 2-6）。

表 2-6　中长期我国主要经济社会关键指标分析预测

年份	人口 / 亿人	城镇化率 / %	GDP/ 万亿元	GDP 年均增速 /%	人均 GDP/ 万元	三次产业结构
2019	14.00	60.6	99	6.0	7.1	7.1：38.6：54.3
2020	14.05	61.5	102	2.3	7.2	7.6：37.8：54.6
2025	14.25	65	133	5.5	9.3	6.9：33.1：60.0
2030	14.3	69	169	5.0	11.8	6.2：30.3：63.5
2035	14.3	72	208	4.2	14.5	5.4：28.1：66.5

第 3 章　电力行业控煤降碳措施及情景分析

3.1　电力行业发展现状

3.1.1　我国电力行业发展现状

（1）我国电力装机与发电量增长迅速

我国电力装机容量、发电量以及电力消费量多年位居世界第一。截至 2020 年年底，我国电力总装机容量达到 22 亿 kW，火力发电装机容量为 12.5 亿 kW，全国总发电量和火力发电量分别为 7.6 万亿 kW·h、5.2 万亿 kW·h（图 3-1）。“十三五”期间，全国电力装机容量、总发电量分别增长 44.3%、32.8%，年均增速分别为 7.6%、5.8%，分别比“十二五”期间下降 2.8 个百分点、0.5 个百分点。随着我国城市供热热化率的提高、新建筑的增加和供热范围的不断扩大，热电联产装机由 2011 年的 2.0 亿 kW 增长到 2019 年的 5.2 亿 kW。

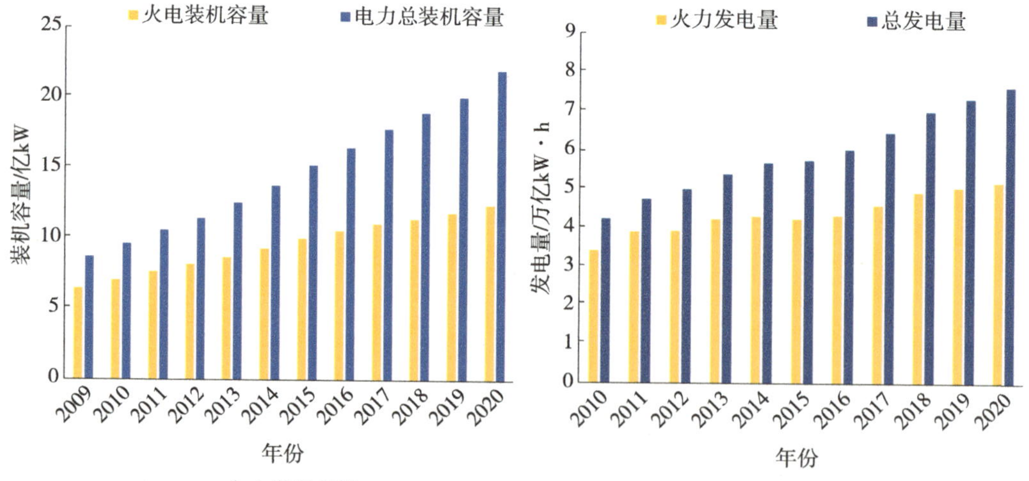

（a）装机规模　　（b）发电量

图 3-1　我国电力装机规模和发电量变化情况

（2）电源结构以煤电为主，非化石能源发电增长迅速

我国电源结构以煤电为主，2020 年，煤电装机容量为 10.8 亿 kW、发电量为

4.6 万亿 kW·h，占全行业比重分别为 48%、61%（图 3-2），煤电发电量约占全球煤电发电量的 50%。我国非化石能源发电比重持续上升，2020 年，全国水电（含抽水蓄能）、核电、生物质发电、风电、太阳能发电等非化石能源装机容量达 9.8 亿 kW，占发电总装机的 46%，比 2010 年提高 18.1 个百分点（图 3-3）；发电量为 2.6 万亿 kW·h，占比由 2010 年的 19% 上升至 36%。

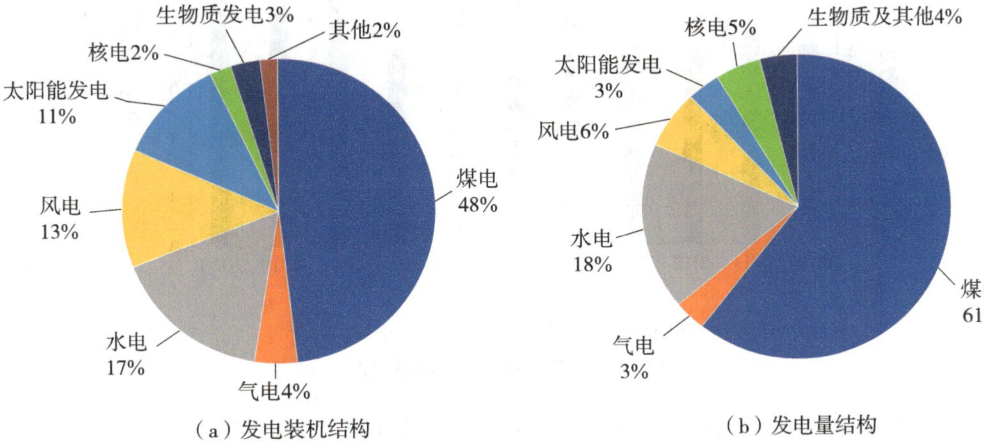

图 3-2 2020 年我国发电结构

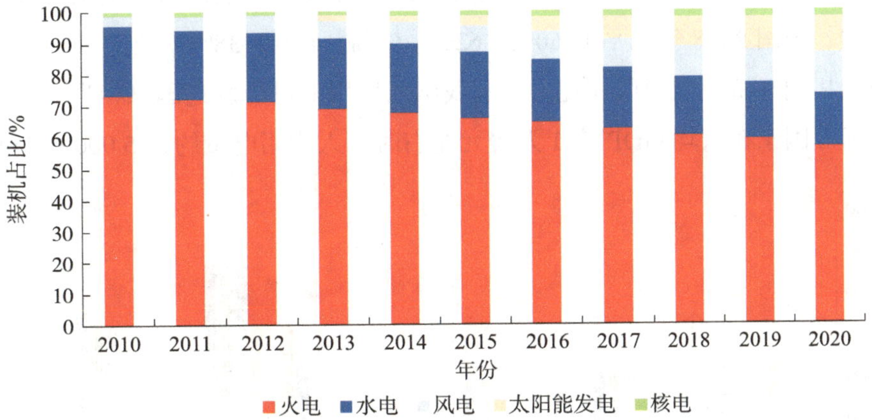

图 3-3 2010—2020 年我国分类型发电装机占比

（3）全社会用电量增速趋缓，制造业是最大的用电部门

2020 年，我国用电量为 7.5 万亿 kW·h，较 2015 年增长 31.9%，年均增速为 5.7%，比“十二五”期间下降 0.6 个百分点（图 3-4）。经济结构调整使得电力需求结构发生调整，需求增速趋缓。从用电结构看，我国工业、居民、交通、农林牧渔、建筑部门分别占全社会用电量的 67.7%、14.2%、2.3%、1.8%、1.3%。工业领域中，制造业是最大的用电部门，占全社会用电量的 50%。其中，有色金属冶炼和

压延工业、黑色金属冶炼和压延加工业、化学原料和化学制品制造业、非金属矿物制品业、金属制品业等行业分别占制造业用电量的 17%、16%、12%、10%、6%。

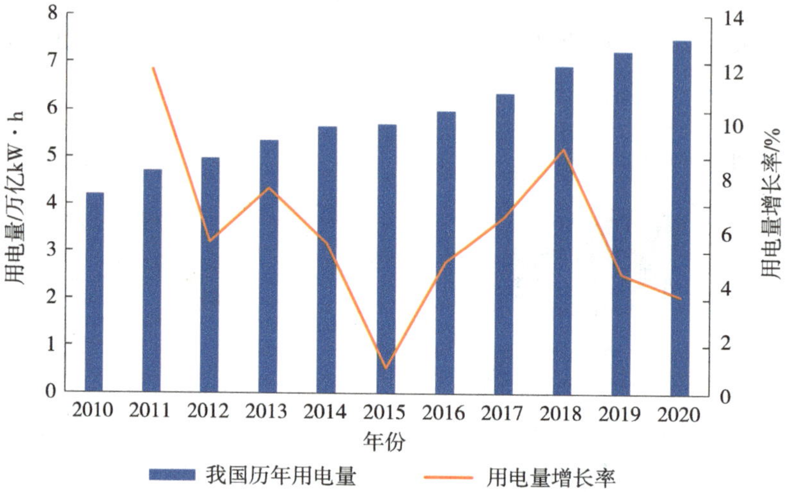

图 3-4　我国用电量历年变化

（4）与当前发达国家相比，我国人均用电量仍有较大增长空间

目前，我国经济工业化阶段基本完成，逐渐向后工业化阶段过渡。2019 年，我国人均用电量为 5 186 kW·h，与当前发达国家有较大差距，约为法国、日本、德国、韩国、美国 2018 年水平的 60%、62%、67%、45%、38%（图 3-5）。与发达国家历史上相同经济发展阶段相比，当前我国人均用电量与发达国家相当。英国、法国、韩国等国家在人均 GDP 为 1 万美元左右时，人均用电量约为 5 000 kW·h。

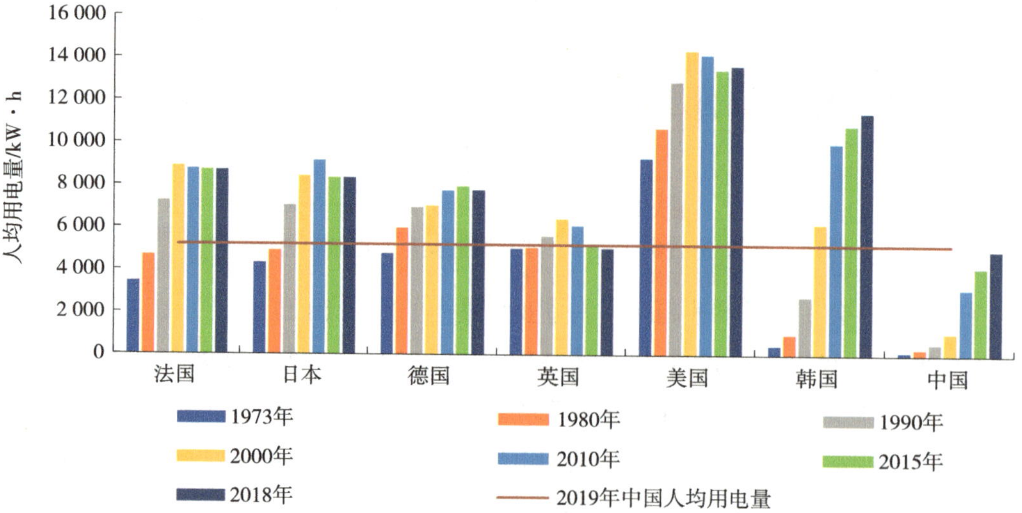

图 3-5　部分国家人均用电量比较

3.1.2　我国电力行业煤炭消费和碳排放现状

（1）电力煤炭消费量占全国煤炭消费总量比重稳步上升，单位发电煤耗逐年下降

电力生产中的煤炭消费主要为发电和供热过程中的化石燃料燃烧。我国发电煤炭消费量占全国煤炭消费总量比重呈上升趋势。根据《中国电力统计年鉴 2020》，2019 年，6 000 kW 及以上电厂发电和供热消费标煤量为 15.1 亿 t，占全国煤炭消费总量的 54%，2020 年预计[①]电力行业消费标煤量增加 0.2 亿 t（图 3-6）。单位供电煤耗、单位发电煤耗逐年下降，6 000 kW 及以上电厂供电标准煤耗 307 g/（kW·h），单位发电标准煤耗 288.5 g/（kW·h），供电标准煤耗和发电标准煤耗十年累计均下降了 23.5 g/（kW·h）（图 3-7）。

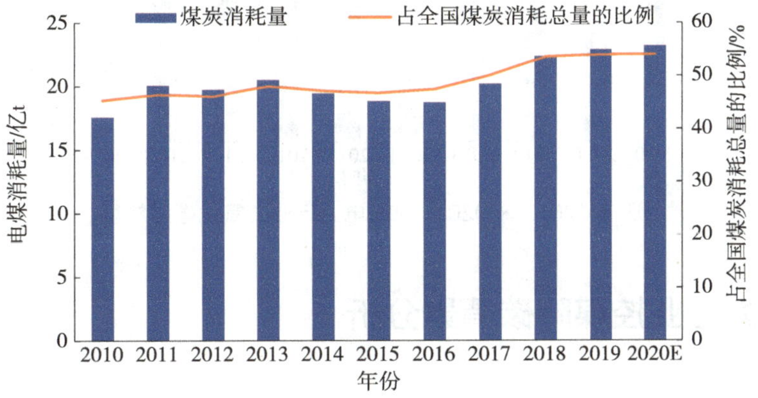

图 3-6　2010—2019 年我国电力煤炭消费量及占比情况

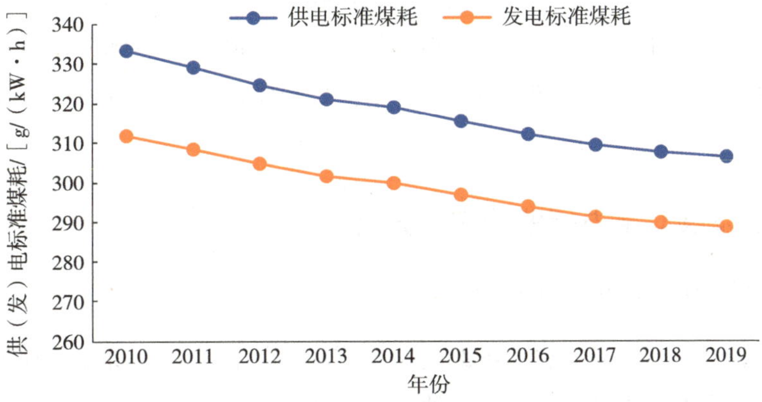

图 3-7　2010—2019 年全国供电标准煤耗、发电标准煤耗情况

（2）我国电力行业二氧化碳排放量逐渐增长，碳排放强度逐年下降

我国电力行业二氧化碳排放量逐渐增长，2019 年，电力行业二氧化碳排放量为 45.1 亿 t（含热电联产供热部分）（图 3-8），占全国能源活动总排放量的 46% 左

① 本研究在 2020 年以前，此处为预测值。

右，占全国二氧化碳排放量（含工艺过程）的42%。电力行业是我国最大的碳排放部门。2020年，电力行业增加碳排放0.7亿t，其达峰时间直接影响全国碳达峰进程。从排放结构来看，二氧化碳排放以煤炭排放为主，燃煤、燃气、燃油二氧化碳排放量分别占电力行业总排放量的97.7%、2.3%和0.01%。我国过去十年的发电碳排放系数[①]总体呈下降趋势，但我国碳排放强度仍高于欧美等发达国家和地区，分别为欧洲、美国、日本的2.0倍、1.5倍、1.1倍。

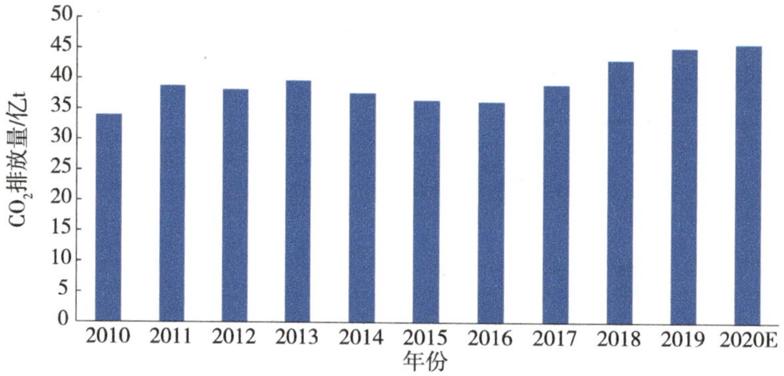

图3-8　2010—2020年我国电力行业二氧化碳排放量

3.2　电力行业控煤降碳情景分析

研究范围包括煤电、气电、水电、核电、生物质发电、风电、光伏发电等。煤炭消费核算范围包括发电煤耗、供热煤耗，碳排放核算范围包括燃煤、燃气、燃油等火电厂（含企业自备电厂）化石燃料燃烧（含热电联产供热部分燃料消费）产生的二氧化碳排放。研究的基准年为2020年，时间跨度从2021年至2035年，展望到2060年。

3.2.1　经济发展对电力行业的需求分析

3.2.1.1　分部门电力需求预测方法

电力需求与社会经济发展、各部门用电需求密切相关。本研究分别采用能源规划预测、弹性系数、部门需求预测三种方法，开展电力需求预测。

能源规划预测法。根据国家发改委《中长期能源发展战略规划纲要（2021—2035年）》（征求意见稿）的发展情景计算。

弹性系数法。基于我国经济发展增速、电力消费弹性系数演变规律等，预测全

① 我国发电碳排放系数＝全国发电碳排放量／全国发电总量。

社会用电量。类比经济结构相似国家的电力消费弹性系数发展规律进行计算。

部门需求预测法。基于部门的用电规模和特征，结合各行业产品产量、电耗变化趋势及用电规律，综合采用产品单耗法、趋势外推法等预测不同部门的用电需求，自下而上核算全社会用电需求（图 3-9）。

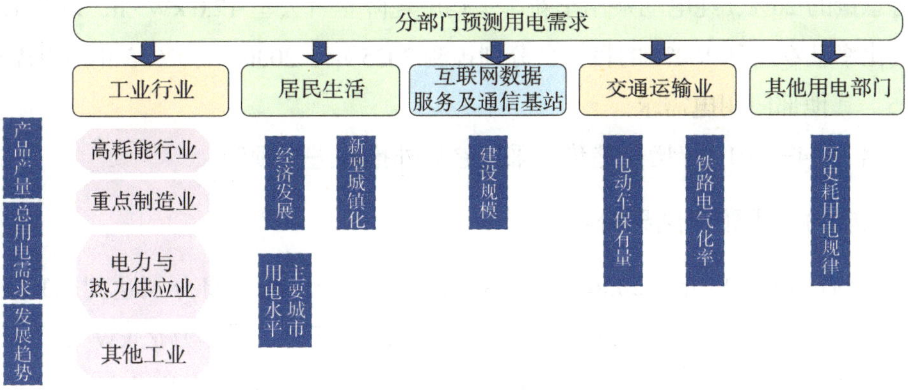

图 3-9 分部门用电需求预测思路

（1）工业部门用电需求

工业部门是我国最主要的用电领域。分以下四类进行预测：

1）有色金属、钢铁、水泥、化工等高耗能行业，根据各行业不同阶段产量预测结果，采用产品单耗法预测各行业 2025 年、2030 年、2035 年用电需求。

2）其他工业行业，根据 2010—2020 年金属制品、纺织、电子设备制造、橡胶塑料等 13 个主要工业行业产品产量、产品单耗的变化趋势，综合考虑未来产业发展形势及能效提升等因素，采用产品单耗法预测各行业用电需求。

3）电力与热力供应业的用电量主要来自发电厂自用电、线路损耗及抽水蓄能耗电等，根据全社会总用电量变化趋势进行预测。

4）除上述行业外的其他工业行业用电需求，根据 2014—2019 年用电量历史趋势进行预测。

（2）居民生活用电需求。

根据 2002—2020 年我国人均居民生活用电量与人均 GDP 的相关关系，综合考虑新型城镇化和乡村振兴发展战略，参比发达国家主要城市人均用电水平，按照 2025 年 1 100 kW · h/a（天津、浙江水平）、2030 年 1 600 kW · h/a（上海水平）、2035 年 2 000 kW · h/a（略高于北京）分别预测 2025 年、2030 年、2035 年居民生活用电需求。

（3）“三产”服务业用电需求。

综合考虑 5G 基站、大数据中心建设规模及能效变化等因素，预测 2025 年、

2030 年、2035 年新型基础设施的用电需求。

（4）交通运输领域用电需求

交通运输主要包括电气化铁路、电动汽车、水上运输、航空运输等。按照《新能源汽车产业发展规划（2021—2035 年）》中，到 2025 年，新能源汽车销量占汽车销售总量的 20%、纯电动乘用车新车平均电耗降至百公里 12.0 kW · h，以及未来铁路电气化率基本达到 100% 的目标，分别预测 2025 年、2030 年、2035 年用电需求。

（5）其他部门用电需求

根据 2014—2019 年增长趋势，采用趋势外推法进行预测。

3.2.1.2　电力需求预测结果分析

（1）预计到 2025 年、2030 年、2035 年，全社会用电量将分别达到 9.3 万亿～9.5 万亿 kW · h、11.0 万亿～11.2 万亿 kW · h、12.2 万亿～12.7 万亿 kW · h

根据能源规划预测，我国"十四五""十五五""十六五"电力需求增速分别为 4%、3.4%、2.2%。据此测算，2025 年、2030 年、2035 年全社会用电量分别为 9.27 万亿 kW · h、10.96 万亿 kW · h、12.22 万亿 kW · h。

根据部门需求预测法，到 2025 年、2030 年、2035 年，全社会用电量将分别达到 9.45 万亿 kW · h、11.19 万亿 kW · h、12.71 万亿 kW · h，"十四五""十五五""十六五"电力需求年均增速分别是 4.4%、3.4%、2.6%。

根据弹性系数法，预计"十四五""十五五""十六五"期间，我国电力消费弹性系数分别为 0.8、0.7、0.6；按照相应阶段 GDP 增速 5.5%、5.0%、4.2% 计算，电力消费增速分别为 4.4%、3.5%、2.5%。到 2025 年、2030 年、2035 年，全社会用电量将分别达到 9.46 万亿 kW · h、11.23 万亿 kW · h、12.72 万亿 kW · h。

三种方法预测结果见表 3-1；国内外各机构预测结果对比情况见表 3-2。

表 3-1　三种方法的用电需求预测

年份	能源规划预测法		部门需求预测法		弹性系数法	
	用电量 / 万亿 kW · h	年均增速 /%	用电量 / 万亿 kW · h	年均增速 /%	用电量 / 万亿 kW · h	年均增速 /%
2015	5.74		5.74		5.74	
2020	7.62	5.9	7.62	5.9	7.62	5.9
2025	9.27	4.0	9.45	4.4	9.46	4.4
2030	10.96	3.4	11.19	3.4	11.23	3.5
2035	12.22	2.2	12.71	2.6	12.72	2.5

表 3-2　国内外各机构全社会用电量预测　　单位：万亿 kW·h

研究机构	现状	2025 年	2030 年	2035 年	主要设定
国家电力规划研究中心	7.3（2019 年）	9.1～9.5	11～11.5	—	“十四五”我国 GDP 年均增速在 5.5% 左右；一产、二产、三产和居民生活用电增速分别为 3.2%～4.5%、2.6%～3.4%、6.3%～7.9% 和 6.4%～7.4%
中国电力企业联合会	同上	9.2～9.5	12		2020—2035 年，年均增速约 3%
国网能源研究院	同上	9.5	11.8		“十四五”期间，全社会用电量增速预计为 4%～5%
国家开发银行	同上	8.47	9.47		2015—2020 年，GDP 年均增长 7%、电力弹性系数为 0.7；2021—2030 年，GDP 年均增长 5% 左右，电力弹性系数为 0.5
华北电力大学（2020 年 8 月）		8.46～9.07			
电力规划设计总院（2020 年 12 月）	同上	9.5	11.5	13.1	
全球能源互联网发展合作组织（2021 年 3 月）	同上	9.2	10.7		2020—2025 年，用电量年均增速 4.2%，电力弹性系数为 0.79；2026—2030 年，用电量年均增速 3%，电力弹性系数 0.67；2031—2050 年，用电量年均增速 2%，电力弹性系数 0.58
IEA	同上	8.3	9.3	10.1	
本研究	同上	9.3～9.5	11.0～11.2	12.2～12.7	

（2）工业部门、居民生活、5G 基站和大数据中心等将是我国电力增长的主要推动因素

工业部门、居民生活、5G 基站和大数据中心分别占“十四五”期间新增用电量的 27%、25% 和 22%，占“十五五”期间新增用电量的 17%、41% 和 7%，占“十六五”期间新增用电量的 14%、37% 和 6%。互联网数据服务业及移动通信基站等新型基础设施将在“十四五”、“十五五”高速发展，是带动“三产”用电需求最主要的行业。我国主要部门用电需求见表 3-3。

表 3-3　我国用电需求预测　　单位：万亿 kW·h

用电部门		2015 年	2019 年	2025 年	2030 年	2035 年
工业	黑色金属冶炼及压延加工业	0.51	0.57	0.62	0.60	0.60
	有色金属冶炼及压延加工业	0.54	0.62	0.72	0.74	0.75
	化学原料及化学制品制造业	0.44	0.45	0.47	0.47	0.47
	非金属矿物制品业	0.31	0.38	0.38	0.37	0.37
	金属制品业	0.16	0.23	0.31	0.36	0.36
	燃料加工业	0.07	0.13	0.15	0.15	0.15
	电力与热力供应业	0.79	0.96	1.14	1.33	1.47
	其他工业行业	1.26	1.52	1.66	1.74	1.79
居民生活		0.73	1.03	1.57	2.29	2.86
交通运输业		0.11	0.18	0.27	0.36	0.45
互联网数据服务业、移动通信基站		0.00	0.01	0.49	0.60	0.70
其他服务业		0.65	1.00	1.42	1.90	2.42
建筑业		0.07	0.10	0.13	0.14	0.15
农、林、牧、渔业		0.06	0.08	0.11	0.13	0.16
全社会用电合计		5.69	7.25	9.45	11.19	12.71

（3）预计到 2025 年、2030 年、2035 年，我国最大用电负荷将分别达到 13.3 亿～13.9 亿 kW、16.0 亿～17.0 亿 kW、18.1 亿～19.8 亿 kW

2020 年，我国最大用电负荷为 10.8 亿 kW。“十三五”期间，我国调度最大用电负荷快速提升，高于同期全社会用电量年均增速 1.1 个百分点。综合考虑历年最大负荷、未来经济增长转变、用电结构变化趋势、地理位置及气候特点等因素，对全国未来最大用电负荷进行预测，到 2025 年、2030 年、2035 年，最大用电负荷将分别达到 13.3 亿～13.9 亿 kW、16.0 亿～17.0 亿 kW、18.1 亿～19.8 亿 kW。

3.2.2　电力供应与控煤措施及情景设定

控煤降碳措施的实施力度是影响电力行业煤炭消费和碳排放的重要因素。电力行业控煤降碳措施主要包括电源结构调整措施、技术工艺升级措施、节能技术改造措施、末端捕集封存措施。

3.2.2.1　电源结构调整措施

电源发电主要包括火电、水电、风电、太阳能发电、核电等。化石能源电力（即煤电、石油发电和气电）均为高碳排放电源，而水电、风电、太阳能发电、核电等均是低碳排放电源。从各种电源的 CO_2 排放强度可以看出，为实现碳中和，最简单的方法就是大力发展低碳电源，抛弃高碳电源。同时，为了发展新能源，需要同步解决新能源的消纳问题，推动采取系统灵活性提升技术、储能技术和电网升级改造等措施。电力行业基础设施寿命周期较长，发电技术具有很强的锁定效应，电力部门当下的政策决策与其长期的低碳转型密切相关。

（1）清洁能源发电技术

发电技术主要包括火电、水电、风电、太阳能发电、核电等，各种电源发电的经济技术参数不同（表 3-4），其碳排放系数有所差异。火电中，煤电占比大、碳排放强度高，是电力行业碳排放的主要贡献源。气电占比较低，碳排放强度大约是煤电的一半。水电、风电、太阳能发电、核电等发电过程几乎零排放，属于清洁能源。为实现碳中和，最简单的方法就是大力发展清洁电力技术，减少碳排放电源。

表 3-4　不同电源发电经济技术参数[①]

机组类型	单位初始投资成本 / [元 /（kW·h）]	发电成本（中国 2020 年）/ [元 /（kW·h）]	发电成本（全球 2020 年）/ [美分 /（kW·h）]
水电	10 000	0.26	6.1
核电	11 500～13 500	0.43	11.1
生物质发电	9 000	0.75	9.4
陆上风电	6 900～8 000	0.2～0.35	5.4
海上风电	20 000～30 000	0.75	10.3
光伏发电	2 700	0.3～0.4	5.9
光热发电	20 000	1.15	14.0
海洋能发电	30 000	2	28.1
地热能发电	26 000	1.15	7.1

电源结构调整是电力行业达峰的关键。目前，我国煤电等化石能源发电占绝对主导地位，但非化石能源无论是发电装机容量还是发电量，都呈现扩大的趋势。本部分基于可开发资源量、电源项目建设周期、能源价格等方面因素，确定水电、核电、生物质发电规模，再统筹考虑非化石能源消费比例等，确定风电、光伏发电规模。对我国 2021—2035 年各类电源结构进行分析，确定装机规模及发电量等。

我国水能资源技术可开发量居全球首位，全国水电站技术可开发装机容量 6.87 亿 kW。除雅鲁藏布江上游还不能开发外，其他流域常规水电资源可开发规模为 4.1 亿 kW 左右。基准情景下，水电保持“十三五”发展趋势；政策、强化情景下，

① 全球发电成本数据来源：国际可再生能源署 IRENA. 2020 年可再生能源发电成本 [R]. 2021.

基于可开发资源量测算，到2025年、2030年、2035年，常规水电开发规模将分别在3.6亿～3.9亿kW、3.8亿～4.1亿kW、3.9亿～4.1亿kW。

核电发展规模主要取决于电源项目建设周期和项目建设能力、能源价格等方面因素，核电每年最大稳定开工建设6～8台，年均增长规模1 000万kW左右。基准情景下，核电规模保持“十三五”发展趋势；政策、强化情景下，核电按照年最大开工量测算，到2025年、2030年、2035年规模将达到0.7亿kW、1.0亿～1.2亿kW、1.3亿～1.5亿kW。

我国生物质资源丰富，分布广泛，理论资源量约为50亿t，仅每年可作燃料利用的农业剩余物和林业废弃物就有5亿～7亿t，折合2.5亿～3.5亿tce。但目前我国生物质能源存在着原料收集范围过大、采购成本过高的问题，导致项目长期处于亏损状态。而单从生物质发电成本来看，与风电、光伏相比，生物质发电并不具备成本大幅度下降的空间，未来环保成本或许还会随着排放标准的提高而进一步提高。基准情景下，生物质装机按照“十三五”年均增量测算；政策、强化情景下，生物质发电装机增长速度略快，预计2025年、2030年、2035年，装机容量将分别达到0.5亿kW、0.7亿～0.9亿kW、0.9亿～1.2亿kW。

长期以来，天然气燃料价格偏高，导致气电机组在经济性上无法与其他发电形式竞争。为实现我国碳达峰和碳中和目标，除东部地区能有部分气电机组建设外，不建议新建燃气发电机组。有研究认为，我国气电在2025年将达到1.5亿kW，2030年发电耗气量约为1 300亿m^3。本研究假设基准情景下保持“十三五”年均增量，政策、强化情景下略加快，预计2025年、2030年、2035年装机容量将达到1.2亿～1.5亿kW、1.5亿～2.0亿kW、1.7亿～2.3亿kW。

风电、太阳能发电是电力行业达峰的关键。情景设计时，统筹考虑国家达峰要求和2030年非化石能源占一次能源消费比重达到25%左右，风电、太阳能总装机容量达到12亿kW以上的要求，设定电源结构三种不同情景。其中，基准情景设计原则为风电、太阳能发电装机容量发展趋势保持“十三五”期间增长趋势不变；政策情景的设计原则为综合考虑国家非化石能源增长需求，加快发展风电、太阳能发电；强化情景的设计原则为进一步发展风电、太阳能发电。

（2）系统灵活性提升技术

受全国用电增速放缓、清洁能源资源富集和用电负荷逆向分布、清洁能源项目集中投产等因素影响，清洁能源消纳问题突出。可再生能源发电受自然条件的影响，具有随机性、波动性与间歇性的特征。随着新能源加速发展和用电特性的变化，系统对调峰容量的需求将不断提高。

专栏　风电、太阳能发电技术

风力发电

- 提升风电单机容量和效率、大规模开发海上和极地风电、提升机组电网友好性
- 2030年，陆上风机平均风轮直径将达150 m，平均单机容量超4 MW，成本降至0.25元/（kW·h）
- 2060年，直径230 m，单机容量超15 MW，成本0.15元/（kW·h）
- 海上风机平均风轮直径有望达200 m，平均单机容量超10 MW，成本降至0.6元/（kW·h）
- 直径250 m，单机容量超25 MW，成本0.3元/（kW·h）

光伏发电

- 提高光伏电池转换效率是未来发展的重点
- 降低光损失、载充子复合损失和串并联电阻损失是提高电池转换效率的重要环节
- 制造新型多PN结层叠电池，是突破单结电池效率极限的关键
- 2030年，新型多PN结层叠电池有望实现商业化
- 2060年，新型多PN结层叠电池将广泛应用；成本将降低到0.07元/（kW·h）

光热发电

- 提高光热电站的运行温度和转化效率是重点
- 2030年，光热电站传热及发电环节工作温度将超过600℃，储热效率提高到90%左右，发电效率达到50%；平均成本有望降至0.56元/（kW·h）
- 2060年，光热电站传热及发电环节工作温度将达到900℃，储热效率提高到95%以上，发电环节采用超临界二氧化碳布雷顿循环发电技术，发电效率达到约65%；平均成本降至0.3元/（kW·h）

摘自《清洁能源发电技术发展与展望》（2021年）

专栏　核电、生物质发电技术

核电

- 在保障安全的前提下，提高核电效率和灵活性
- 研发快堆配套的燃料循环技术，解决核燃料增殖与高水平放射性废物嬗变问题
- 2060年，实现核能高效、灵活应用；掌握核燃料循环关键技术，并建立起较完整的核燃料循环体系；突破聚变能利用的关键材料、燃料循环等诸多技术挑战
- 2030年，实现第三代核电优化，核电安全保障进一步提升；钠冷快堆等部分第四代核电技术成熟，投入商业运行；多用途模块化小堆核电技术逐步成熟；核燃料循环技术逐步发展
- 2060年，深入参与国际热核聚变实验堆（ITER）计划，全面掌握聚变实验堆技术，逐步实现聚变能的安全可控利用

生物质发电

- 突破低结渣、低腐蚀、低污染排放的生物质直燃发电技术、混燃发电计量检测技术与高效洁净的气化发电技术
- 生物质发电结合碳捕集及封存可以提供一定的负排放空间，是电力系统率先净零及全社会实现碳中和不可或缺的减排技术手段

摘自《清洁能源发电技术发展与展望》（2021年）

一般而言，灵活性的来源主要包括电源侧、电网侧和需求侧。在电源侧方面，通过灵活性电源发挥快速及深度调峰能力，包括灵活性火电机组、水风光等清洁能源互补互济、电源侧储能等。在电网侧，灵活性电网需要具备快速调节和动态优化潮流的能力，技术手段主要包括柔性交直流输电、潮流控制技术、电网侧储能等。在需求侧方面，通过调节用电负荷大小来适应新能源的波动性和间歇性（表 3-5）。

表 3-5　灵活性改造技术介绍

类型	措施 / 技术	技术描述	产业发展现状
火电灵活性改造	纯凝机组改造	降低最小技术出力，改善爬坡速率，提高机组负荷反应能力	技术路径较明确，投资及运营成本会增加，目前缺乏可持续的补偿机制，改造进度滞后于规划目标
	热电联产灵活性改造	对热电联产机组进行热电解耦改造，实现满足机组供热要求的同时减少其发电压力，热电联产具有远高于燃煤锅炉的热效率。以燃煤方式的热电联产与热电分产进行比较，热电联产节约 1/3 的燃煤	北方地区城镇供热热源结构为中燃煤热电联产集中供热，约占 45% ①
储能技术	抽水蓄能	利用电力负荷低谷时的电能抽水至上水库，在电力负荷高峰期再放水至下水库发电的水电站	抽水蓄能是目前技术最为成熟的大规模储能方式，可有效保障高比例新能源电力系统安全稳定运行和提升新能源利用水平
	新型储能	包括化学蓄能、机械蓄能、热蓄能等	中国电化学储能市场以锂离子电池储能为主导，铅蓄电池储能是重要组成部分
	分布式储能	主要由各类储能设备以及智能微电网系统构成	由于技术不成熟、成本居高不下、没有形成成熟的商业模式与完整的产业生态，但面临良好发展机遇
	用户侧储能	储能技术可应用在用户分时电价管理、容量费用管理、电能质量管理等领域	城镇居民开始使用热泵等储能技术实现清洁供暖，同时出现智慧供热和储热技术。随着适用于电动汽车的储电及储氢技术获得突破，储能技术将快速发展

① 江红等，我国供热行业 2020 年度发展状况报告 [R]. 2020.

1）火电灵活性改造。我国具有调节能力的水电站少，气电占比低，煤电是当前最经济可靠的调峰电源。煤电市场定位将由传统的提供电力、电量的主体电源，逐步转变为提供可靠容量、电量和灵活性的调节型电源。煤电利用小时数将持续降低，预计 2030 年将降至 4 000 h 以下[①]。国外对火电机组灵活性改造集中于热电联产机组，尤以储热装置的研究与应用较为广泛。主要方法是运用储热技术开发和利用储热锅炉和储热式设备，建立灵活机动的中小型储热电站点。储热设备与火电厂改造相结合，不仅设计灵活，而且维修使用方便、易于管理。其中，增加储热装置，实现“热电解耦”是一种行之有效的调峰方式。丹麦、德国等国家供暖周期长，采用热电解耦技术即可满足机组深度调峰。考虑我国的基本国情，即供暖周期较短，热电解耦技术在我国存在一定的局限性。

专栏　丹麦火电机组灵活性改造措施

丹麦改善火电机组灵活性的主要措施表现在 3 个方面[①]：

1. 建设了具有高集成度和高输送效率的输电网线路

目前，丹麦由发展集中式的热电联产大机组转变为发展分布式的热电联产小机组，其单机容量小，就地供热，本身操作灵活，又利用集成度高的输电网线路，能够高效地将风电输送至各处，其线路甚至能跨区域跨国家铺设，对风能的消纳起到了重要作用，间接地加强了热电联产机组的调峰能力，有效地提升了火电机组整体的运行灵活性。

2. 调整了电力市场的交易结构和模式

出台激励政策来加强对参与调峰发电厂运营成本的重视，并安装了绩效监控系统，让火电企业能够优化日常的运行管理。此外，提倡企业利用最低的边际成本来购买电能，从而提升火电灵活性，而火电灵活性的提升又体现在目前和实时市场的交易量中。电力市场以及企业根据交易量的变化进行部分的灵活反馈调节，使整个能量供需系统达到了优化平衡的目的。

① https：//www.qianzhan.com/analyst/detail/220/210520-7f0a4292.html.

① 王志平，等. 火电厂灵活性深度调峰改造技术及应用 [M]. 北京：中国电力出版社，2020.

3. 对既有火电厂的技术改造进行投资

对已经建成的火电机组，在严格的技术经济评估以及估价之后，进行灵活性改造，利用已有热存储容量实现机组供热和发电的脱钩。采用全蒸方式，通过汽机组旁路和燃料的渗烧、混烧等技术进行改造，更加注重提高效率和降低维护成本。根据当地的实际地理情况和需求水平适当地新建抽水蓄能电站、燃气电站和小型火电站等调峰电源和分布式储能设施。

以丹麦Fynsvaerket热电厂7号机组为例，该机组于1992年投入商业运营，机组纯凝工况设计最大发电出力为410 MW，抽凝工况出力为350 MW，供热抽汽量为540 MJ/s。机组设计之初就已经考虑了灵活性调节的需求，纯凝工况最小技术出力可降至89 MW（20%负荷），背压运行时可降至80 MW。此外，该机组还采取了3项主要的灵活性改造措施，以进一步提升机组灵活性调节能力。一是实现热电解耦，2002年，在厂内安装建设一台73 000 m^3的热水蓄热罐，投资近500万欧元。该储罐在冬季最寒冷时段可满足供热区域内6～10 h的供热需求，在夏季可满足1周以上的供热需求。二是降低最小技术出力，经过给水控制优化的多年运行实践，已实现纯凝工况最小技术出力55 MW连续运行和背压工况43 MW连续运行。三是提升最大供热能力，通过切除低压缸，使最大供热能力由540 MJ/s提升至630 MJ/s。此种模式在冬季电价较低时，经济收益明显。

火电机组的调峰能力主要取决于燃煤锅炉对于高低负荷的适应能力，其调峰幅度定义为机组的最小出力与最大出力之比。近些年来，我国也进行了一部分火电灵活性试点工作。但企业灵活性改造积极性不高，主要原因在于所在区域配套调峰辅助服务、补偿政策不完善。目前，行业内确定的目标是使热电机组增加 20% 额定容量的调峰能力，最小技术出力达到 40%～50% 的额定容量；纯凝机组增加 15%～20% 的额定容量的调峰能力，最小技术出力达到 30%～35% 的额定容量①。

火电灵活性改造的技术路线主要有五个方面：一是纯凝机组低负荷运行、深度调峰；二是改善机组爬坡率，提高机组负荷响应速度；三是火电机组快速启停；四是热电联产机组实现热电解耦；五是锅炉燃料灵活可变②。煤电灵活性改造单位千瓦调峰容量成本为 500～1 500 元，低于抽水蓄能、气电、储能电站等其他系统调节手段。煤电机组低负荷运行时，煤耗增加、能效下降，但计及消纳风、光、核发电量后，综合供电煤耗下降，系统整体能效提升。另外，在机组低负荷运行时，100 万 kW、60 万 kW 的大机组比 30 万 kW 机组能效下降更明显。应优先考虑对 30 万 kW 及以下、部分 60 万 kW 亚临界机组进行灵活性改造。

2）储能技术。储能是实现提升电力系统调峰能力和消纳可再生能源能力这一目标的另一关键技术手段。储能技术可以在电力系统中增加存储环节，特别是平抑大规模可再生能源发电接入电网带来的波动性，提高电网运行安全性、经济性和灵活性③。储能技术包括电化学储能、物理储能、储热、储氢等，具备诸多特性，使其得以在电力系统的发、输、变、配、用及调度等各个环节的不同应用场景均能得到广泛应用。

近年来，家庭储能在德国、美国、澳大利亚、日本等国家获得快速发展。2017 年，我国的储能市场增长很快，新增投运电化学储能项目主要集中在用户侧、集中式可再生能源并网和电力辅助服务领域。尤其是用户侧发展最快，用户侧新增电化学储能装机规模占全部新增电化学储能的 59%。预计在储能技术发展过程中，城镇居民将发挥主要推动作用。预计未来储能技术在我国城镇居民生活中的应用将更加多元化，微型燃料电池储能系统、电动汽车反哺电网技术等将成为日常生活储能、用能的重要方式，铅酸电池、锂离子电池、液流电池等电化学储能技术和储氢技术将得到全面推广。

---

① 王志平，等 . 火电厂灵活性深度调峰改造技术及应用 [M]. 北京：中国电力出版社，2020.

② 袁家海，等 . 持续推进电力改革提高可再生能源消纳 [R]. 2018.

③ 华志刚 . 储能关键技术及商业运营模式 [M]. 北京：中国电力出版社，2019.

专栏　储能技术发展路线、实施路径

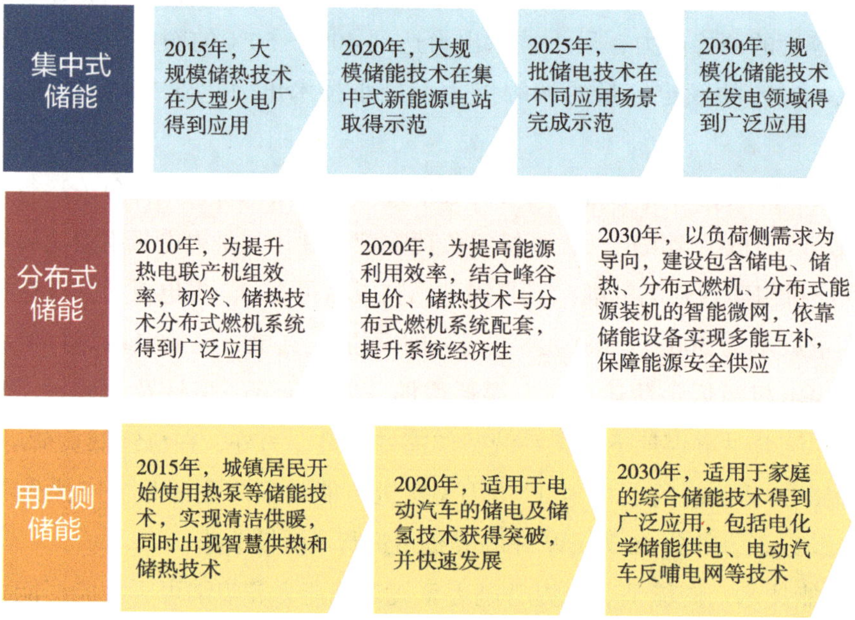

源自：《储能关键技术及商业运营模式》（2019年）

（3）电网升级改造

为保障可再生能源发展，采取电网升级改造措施。一是在“十四五”和“十五五”期间，明确将可再生能源定位为满足增量电力需求，在“十三五”的基础上加快部署。待2030年可再生能源产业具备显著成本竞争力时，可以自然过渡到更快速的增长阶段。二是加强跨区域电力交换通道建设，保障可再生能源资源与电力需求的区域间匹配，实现跨区域资源配置以及电网互联互济。三是积极部署储能设施、源–网–荷协调、综合能源系统等电网相关技术的研发和示范应用，通过多种技术手段组合，应对高比例波动性可再生能源的接入问题，保障电网安全稳定运行①。

① 李政，陈思源，董文娟，等．现实可行且成本可负担的中国电力低碳转型路径[J]. 洁净煤技术，2021，27（2）.

专栏　源网荷储一体化

调控源网荷储，在大规模清洁能源集中开发区域推动“风光水火储一体化”，在能源耦合分散式发展区域，推动“源网荷储一体化”；推动多能转换技术、协调运行技术、用户互动技术应用，加强储能调峰技术研究与应用，推动多种化学储能技术研究和应用，合理布局天然气调峰电站；鼓励储能企业深入参与辅助服务市场。

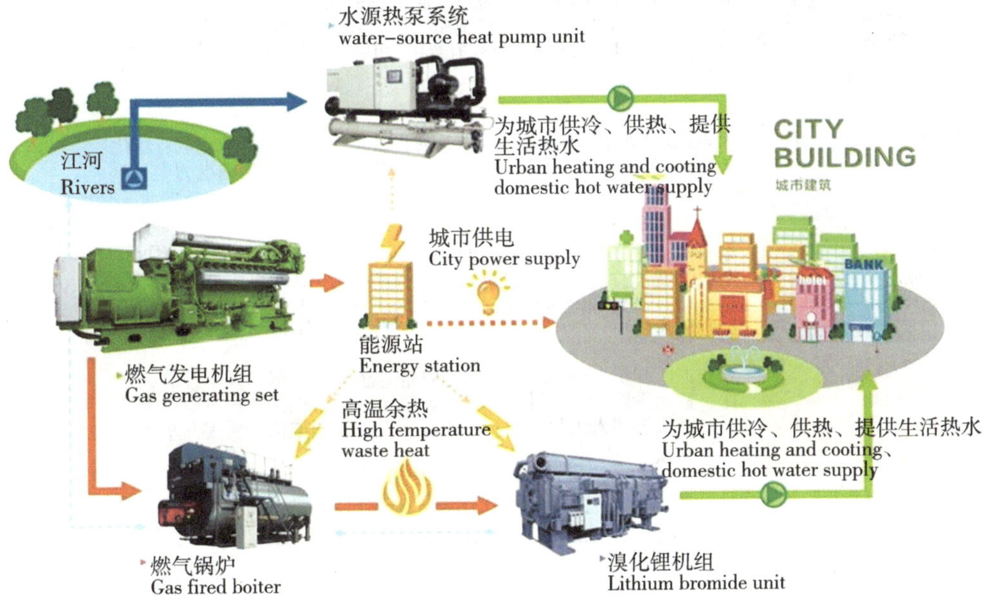

源网荷储一体化：源，即从源头上生产可再生能源，包括地热、光伏、风力等；网，即通过综合智慧能源一体化管控平台实现并网；荷，即可实现削峰填谷；储，就是在用电低谷时储存能量，高峰时再释放。

资料来源：http：//www.cnlng.com。

新能源发电的大力发展需要电网同步升级改造。未来电网升级改造的主要方向是建设高弹性电网，充分发挥电网大范围资源配置的能力，包括：构建交直流远距离输电、区域互联、主网与微网互动的形态；不断完善新三道防线，建立全网协同、数据驱动、主动防御、智能决策的新一代调度体系。此外，随着各种新型技术和开发利用方式的不断涌现，还应加快建设能源数字化技术体系。

专栏　电网智能化、数字化

特高压输电	卡脖子装备的国产化；特殊环境下特高压技术；先进传感、无人机与人工智能对特高压线路与装备的智能运维、故障诊断研究，提高运行可靠性与效率	
柔性直流输电	使用架空线的柔性直流输电工程；直流限流器、直流潮流控制器等新型装备技术研究与应用；海上平台的紧凑化换流阀研究与应用；基于宽禁带器件/电力专用硅基器件的柔性直流关键设备研制与应用	
灵活交流输电	超大容量兼备潮流控制与短路电流限制的功能复合型装备研究与应用；动态增容线路技术、基于超导或碳纤维新材料的输电技术研究和应用；基于宽禁带器件/电力专用硅基器件的FACTs新型装备研究应用	
交直流配电网	微电网/“源-网-荷-储”微能源网；基于电力物联网的配电自动化系统建设；能源（电力）路由器、故障自愈拓扑重构的电力电子软开关等新型装备研究与应用	
智能调度	结合电力电子、智能传感、5G/光纤通信与人工智能，实现快速可靠的继电保护、精准稳控装置和网荷互动微网支撑的失步解列措施	构建新一代全网协同、数据驱动、智能决策、主动防御的智能调度体系
电力数字化	攻关“卡脖子”高端芯片、智能传感、边缘计算、区块链和人工智能算法等	构建以全息感知的数据基础、开放共享的知识体系、融合创新的智慧应用为特征的能源人工智能架构，实现共享高效利用

源自：《以新能源为主体的新型电力系统》（2021年）

3.2.2.2　技术工艺升级措施

我国火电主要为燃煤、燃气机组，目前，火电行业技术有很多种，主要划分为小于50 MW的中低压机组、50～100 MW的高压机组、100～300 MW的超高压机组、大于300 MW的亚临界机组、大于300 MW的超临界和超超临界机组、燃气发电机组（GGS）等。未来的技术有整体煤气化联合循环机组（IGCC）技术等（表3-6、表3-7）。我国燃煤发电领域发电技术和装备不断向高参数、大容量、高效及低排放方向发展，锅炉及汽轮机的制造和运行控制技术取得长足进步，总体技术接近国际先进水平，部分技术达到国际领先水平。但燃气轮机技术水平与发达国家水平差距巨大，国内发电用燃气轮机设备严重依赖进口。在微型燃气轮机方面，微型燃气轮机主要用于冷热电联供系统，属于分布式能源系统。从目前使用情况看，设备系统可靠性高，维修成本低，使用寿命长，能源利用率高，尚处于发展和推广阶段。燃煤电厂工艺如图3-10所示。

表 3-6　中国煤炭清洁发电技术

技术	技术描述	产业发展现状
亚临界（S）、超临界（SC）和超超临界技术（USC）	对于燃煤发电机组，主蒸汽温度、压力参数的提高可以有效提高发电系统的供电效率。大容量超临界机组的主蒸汽压力一般为 24.5 MPa 左右，甚至更高。超临界机组比亚临界机组热效率高 2%～2.5%。超超临界机组热效率已经达到 47%～49%，供电煤耗下降到 260～290 g/（kW·h），比同容量的超临界机组热效率提高 5% 以上。超超临界技术是燃煤电厂在高温运作时，采用先进的蒸汽循环技术，以实现更高的热效率和比传统燃煤电更少的气体排放	目前，我国煤电超临界 / 超超临界机组的容量、参数、效率、煤耗均达到世界领先水平，成为世界上具有超超临界机组数量最多、蒸汽参数最高和供电煤耗最低的国家，超低排放改造技术达到世界先进水平 ①
整体煤气化联合循环技术（IGCC）	将煤气化技术和高效的联合循环相结合的先进动力系统。具体的工艺过程为，将煤和来自空气分离装置的富氧化剂送入加压气化炉中；煤经气化合成煤气，煤气经过净化，除去其中的硫化物、氮化物粉尘等污染物，变为清洁的气体燃料，然后送入燃气轮机的燃烧室燃烧，加热气体工质以驱动燃气轮机做工；燃气轮机排气进入余热锅炉加热给水，产生过热蒸汽，驱动蒸汽轮机做功	目前，IGCC 系统复杂、技术处于发展期，成本相对较高，在我国的发展仍然处于示范阶段

数据来源：张美珍 . 中国煤炭清洁发电技术扩散及其驱动政策研究 [D]. 中国矿业大学，2020.

表 3-7　不同发电技术经济技术参数

机组类型	单机容量 / 万 kW	电厂效率 / %	发电标准煤耗 / [g/（kW·h）]	CO_2 排放系数 / [g/（kW·h）]	单位初始投资成本 /（元 /kW）
亚临界	10	30	410	1 113	4 000
	30	38	323	878	4 287
超临界	60	41～44	300～279	814～759	3 539
超超临界	100	48～57	256～216	695～586	3 222
高温超超临界（超过 700℃）	100	60	205	557	5 000
IGCC	30～40	43	85	231	8 000～9 000

① 来源：https：//news.bjx.com.cn/html/20170327/816676.shtm。

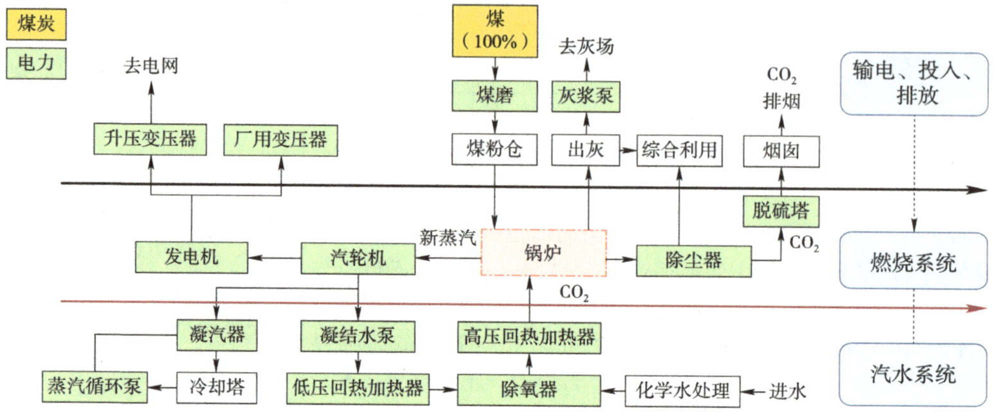

图 3-10　燃煤电厂工艺流程图

3.2.2.3　节能技术改造措施

（1）火电节能技术改造

与节能改造前的 2013 年相比，2020 年全国火电行业平均供电煤耗从 321g/（kW·h）降低到 305.5g/（kW·h），相当于节约标煤 7 000 多万 t。仅此一项就可以减少二氧化碳近 2 亿 t。我国燃煤电厂的能源转换效率差别很大，低的不到 30%，高的可达到 45% 及以上，超（超）临界等高效发电（HELE）技术提高转换效率，相当于在净发电量相同情况下减少二氧化碳排放，如同等规模超（超）临界电厂较亚临界电厂的二氧化碳排放量可减少约 25%，中国 HELE 机组比例若由当前的 43% 提高到 70%，则可减少 2.5 亿 t 二氧化碳排放量[①]。节能技术是通往碳达峰、碳中和的主要路径，潜力巨大。煤电机组的节能途径见表 3-8。

表 3-8　煤电机组的节能途径

1）提高蒸汽初参数 ·700℃超超临界 2）二次再热 3）管道系统优化 4）外置蒸汽冷却器 5）低温省煤器 ·锅炉排烟余热回收利用 6）锅炉本体受热面及风机改造 7）锅炉运行优化调整 8）空气预热器密封改造 9）加强管道和阀门保温 10）电厂照明节能方法 11）汽轮机通流部分改造	12）汽轮机间隙调整及汽封改造 13）汽轮机阀门管理优化 14）汽轮机冷端系统改进及运行优化 15）汽机主汽滤网结构形式优化 16）汽轮机高低位布置 17）凝汽式汽轮机供热改造 18）热力及疏水系统改进 19）高压除氧器乏汽回收 20）凝结水泵变频改造 21）取较深海水作为电厂冷却水 22）电除尘器改造及运行优化 ·电除尘器高频电源改造电力科技 23）脱硫、脱硝系统运行优化

数据来源：朱法华．“双碳”目标下中国火电行业及其减污降碳展望 [J]. 2021.

① 朱法华，王玉山，徐振，等．碳达峰、碳中和目标下中国能源低碳发展研究 [J]. 环境影响评价，2021，043（005）：1-8.

专栏　影响燃煤电厂供电煤耗的因素

1. 主汽压力上升1 MPa
影响供电煤耗下降
1.65 g/kW · h
2. 主汽压力下降1 MPa
影响供电煤耗上升
1.89 g/kW · h
3. 主汽温度每下降10℃
影响供电煤耗上升
1.26 g/kW · h
4. 主汽温度每上升10℃
影响供电煤耗下降
1.14 g/kW · h
5. 再热器温度每上升10℃
影响供电煤耗下降
0.91 g/kW · h
6. 再热器温度每下降10℃
影响供电煤耗上升
0.99 g/kW · h
7. 再热器压力损失上升1%
影响供电煤耗下降
0.32 g/kW · h
8. 再热器压力损失下降1%
影响供电煤耗上升
0.28 g/kW · h
9. 机组转速降30 r/min
影响供电煤耗上升
10. 主汽管道泄漏变化1 t/h
影响供电煤耗上升
0.35 g/kW · h
11. 再热冷段泄漏变化1 t/h
影响供电煤耗上升
0.25 g/kW · h
12. 再热热段泄漏变化1 t/h
影响供电煤耗上升
0.32 g/kW · h
13. 厂用汽耗量变化10 t/h
影响供电煤耗1.68 g/kW · h
低辅气源
影响供电煤耗2.1 g/kW · h
高辅气源
影响供电煤耗2.5 g/kW · h
冷段气源
14. 凝结水过冷度变化1℃
过冷度增加，影响供电煤耗上升
0.04 g/kW · h
15. 给水温度下降10℃
影响供电煤耗上升0.71 g/kW · h
16. 凝汽器端差每增加1℃
影响供电煤耗上升0.48 g/kW · h
（额定真空附近）
17. 高加端差变化10℃
#1高加端差上升，影响供电煤耗上升
0.19 g/kW · h
#2高加端差上升，影响供电煤耗上升
0.55 g/kW · h
#3高加端差上升，影响供电煤耗上升
0.71 g/kW · h
18. 高加抽汽压力损失变化0.1 MPa
#1高加端差上升2.5℃，影响供电煤耗上升0.047 g/kW · h（额定工况附近）
#2高加端差上升1.5℃，影响供电煤耗上升0.08 g/kW · h（额定工况附近）
#3高加端差上升1℃，影响供电煤耗上升0.07 g/kW · h（额定工况附近）
19. 加热器及管道散热损失变化1%
#1高加影响供电煤耗0.13 g/kW · h
（额定工况附近）
#2高加影响供电煤耗0.18 g/kW · h
（额定工况附近）
#3高加影响供电煤耗0.22 g/kW · h
（额定工况附近）
20. 高加水位低串汽10 th
#3高加→#2高加影响供电煤耗
0.52 g/kW · h
#2高加→#1高加影响供电煤耗
0.49 g/kW · h
#1高加→除氧器影响供电煤耗
0.62 g/kW · h
21. 高加切除
#1高加切除功率变化8.59 MW
影响供电煤耗2.90 g/kW · h
#2高加切除功率变化24.6 MW
影响供电煤耗5.39 g/kW · h
#3高加切除功率变化15.9 MW
影响供电煤耗2.35 g/kW · h
22. 定排泄漏量10 t/h
影响供电煤耗上升1.59 g/kW · h
23. 主汽减温水每增加1%
影响供电煤耗上升0.16 g/kW · h
24. 再热器减温水每增加1%
影响供电煤耗上升0.86 g/kW · h
25. 飞灰含碳量每升高 1%
影响供电煤耗上升1.33 g/kW · h
26. 炉渣含碳量每升高1%
影响供电煤耗上升0.19 g/kW · h
27. 排烟温度变化10℃
影响供电煤耗变化1.66 g/kW · h，排烟温度上升，煤耗增高；排烟温度下降，煤耗减少
28. 送风温度变化10℃
影响供电煤耗变化0.56 g/kW · h
29. 炉膛漏风率变化10%
影响供电煤耗上升1.3 g/kW · h
30. 燃料低位发热量变化
1 000 kJ/kg
影响供电煤耗变化0.3 g/kW · h
31. 锅炉效率每下降1%
影响供电煤耗上升3.2 g/kW · h
32. 补充水每增加1%
影响供电煤耗上升0.35 g/kW · h
33. 锅炉过剩氧量每上升1%
影响供电煤耗上升0.85 g/kW · h
34. 厂用电率每增加1%
影响供电煤耗上升3.2 g/kW · h

摘自：《燃煤电厂与设计值比较影响煤耗因素汇总》（2021年）

（2）需求侧能效提升措施

从电力发展趋势看，电能在终端能源消费中的比重呈现明显的上升趋势，经济越发达，整个社会的电气化水平越高。1971—2017 年，电能在世界终端能源消费中的比重从 8.8% 增长到 18.9%。发达国家电能占终端能源消费的比重均在 20%

以上[①]。电气化是各行业实现碳达峰碳中和的关键措施，电力需求不断上升。各类用电技术将更加节能、高效、智能、可控。在不影响用能效果的前提下提升能效、降低能耗是人类社会实现碳中和的重要手段。以中国为例，仅在建筑领域达到节能标准，每年即可降低二氧化碳排放数亿吨，减少电力负荷 8 000 万 kW。欧盟在《欧洲绿色协议》中也提出，要在 2050 年实现碳中和，50% 的减碳任务要通过节能来实现。随着用能领域电气化的不断深入，用电技术的进步是实现节能降耗的主要方式。例如在拖动领域，电动机效率可达 90% 以上，而内燃机效率一般只有 20%～40%；在制热领域，燃煤锅炉热效率一般为 70%～85%，而电热锅炉热效率可接近 100%，热泵能效比甚至可达 2～4。用电技术在各领域的推广可以显著提升用能效率，降低能源强度。

专栏　用电技术更加节能、高效、智能、可控

电照明技术	以LED灯为代表的电子光源已经逐渐成为主流，未来将继续向更高的光效、更长的寿命、更好的显色效果及智能控制等方向发展。
电力拖动技术	朝着高效节能、小型化、高可靠性、智能化方向发展，直流电机将成为主流。
电制热（冷）技术	未来将进一步成为能量供应、材料合成等的重要环节。总体朝着提高热效率、降低能耗、提高能效比、提高温度控制精确性和换热效率等方向发展，并不断延长设备寿命，以提升工程经济性。
电化学技术	应用潜力巨大，特别是以电制氢为代表的P2X是未来实现深度电能替代的重要技术手段。
信息用电技术	提高电能利用效率是主要发展方向。
灵活用电技术	对电力系统灵活性在于柔性负荷和能量存储 瞬时尺度调节能力主要来源于可调LED光源、电动汽车V2G（车网互动）和质子交换膜电解装置等；短时尺度调节能力主要由电动汽车V2G、蓄热型电采暖、各类电解设备、装备UPS的数据中心和通信基站等提供；长时间尺度下，电化工技术可以为电力系统提供大容量长期调节能力。

资料来源：《用电技术发展与展望》（2021年）

3.2.2.4　末端捕集封存措施

二氧化碳捕集、利用与封存（CCUS）是指将二氧化碳从排放源中分离后直接加以利用或封存，以实现二氧化碳减排的工业过程（图 3-11）。CCUS 技术是具有

① 全球能源互联网发展合作组织 . 用电技术发展与展望 [M]. 北京：中国电力出版社，2021.

战略意义的温室气体控制技术，其发展和利用的步伐与程度，既取决于CCUS的能源消费水平，也取决于二氧化碳利用技术发展和应用的规模化，还取决于新能源发电技术、储能技术的发展和经济性。目前，CCUS技术的应用将使我国燃煤电厂项目在投资和运维成本方面分别增加25%～90%和5%～12%，即140～600元/tCO_2的运行成本，投资及运维成本依然较高。预计在2030年之前，CCUS技术在减排二氧化碳中发挥的作用有限，但仍可将其作为减少温室气体排放的战略性技术储备。在国际能源署（IEA）的2℃情景下，到2050年，CCUS将贡献1/6的减排量。

进入21世纪以来，CO_2捕集项目受到越来越多国家的重视。美国、加拿大、澳大利亚、日本及阿联酋等国家加速推进CO_2捕集项目的工业化。目前，世界上共有CCUS项目超过400个，其中年捕集规模在40万t以上的大规模综合性项目有43个（含目前运行、在建和规划的项目）。我国在碳捕集、利用及封存等多个技术环节取得长足进步，关键技术实现了重大突破，经过工程示范推广，现已具备了技术工业化应用能力。目前，国内已建成9个万吨级二氧化碳捕集装置和2个10万吨级燃煤电厂二氧化碳捕集装置，其中最大的15万t/a捕集装置正处于调试阶段。此外，还开展了6个5万～20万吨级不等的驱油封存示范和1个10万吨级陆上咸水层二氧化碳封存示范项目。

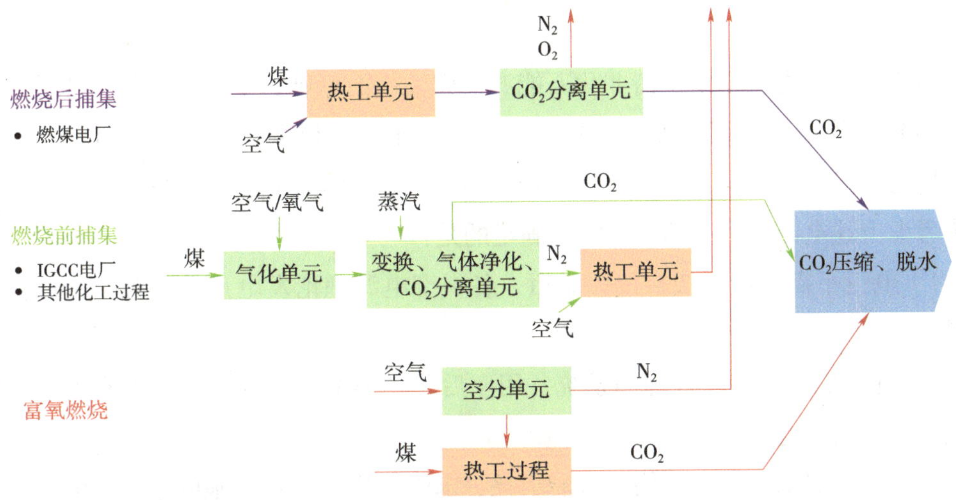

图 3-11　传统 CO_2 捕集技术路线

资料来源：黄龙，陈皓勇，钟佳宇，等.促进可再生能源消纳的电力市场体系[J].广东电力，2020，33（2）.

专栏 碳捕集与封存技术路线构建低成本、低能耗、安全可靠的CCUS技术体系和产业集群

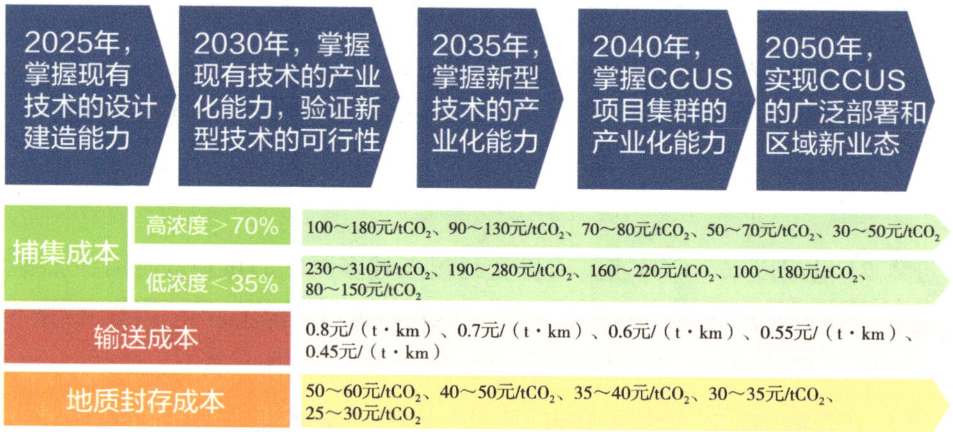

源自：《中国CCUS发展路线图（2019版）》

3.2.2.5 电力电量平衡与情景设置

用电量平衡和用电负荷平衡是电力系统运行的基础。参照电力系统实际运行方式，本研究建立了电量电力平衡模型，来检验未来的电力规划是否能满足用电需求。

本研究在电力规划中坚持非化石能源优先发展的原则，基于可开发资源量、电源项目建设周期、政策等方面因素，首先确定水电、核电、生物质发电、光伏发电、风电等发展规模，再根据天然气资源情况和系统需求确定天然气发电规模，煤电为考虑上述电源后的平衡项。需要满足的是：

1）电量平衡：考虑线损等因素后，各类型电源理论发电量大于等于全社会用电量。

2）电力平衡：考虑合理的系统备用率后，各类型电源的可靠出力水平大于等于全社会最大用电负荷。

依据电力需求、电源结构、节能降耗、末端捕集等技术措施的分析，考虑到控煤降碳措施力度不同，从小到大依次设置基准、政策、强化三个情景，分析不同情景下电力行业煤炭消费情况（表3-9）。基准情景按现有国家政策、规划及实际执行进展进行设置，以风光装机为例，在国家12亿kW装机目标的基础上，根据实际较快的发展速度把2030年风光装机设为14亿kW左右。政策情景为考虑国家

2030 年前碳达峰的情景，强化情景为更多考虑碳中和、推动电力行业提前达峰的情景。

表 3-9　情景设置

情景设置	基准情景	政策情景	强化情景
情景描述	按现有规划发展的情景	考虑国家 2030 年前碳达峰，大力发展风光发电	更多地考虑碳中和、电力行业提前达峰，加速风、光发电发展，采用风、光乐观开发量，加大对煤电约束
电源结构	到 2030 年，风电、光伏总装机达 14 亿 kW，占电源总装机的比例提升至 41%	到 2030 年，风电、光伏总装机达 16 亿 kW，占电源总装机的比例提升至 45%	到 2030 年，风电、光伏总装机达 18 亿 kW，占电源总装机的比例提升至 49%
发电煤耗	保持现状 288.5 gce/（kW·h）	持续降低，到 2025 年、2030 年、2035 年，发电标准煤耗 为 286 gce/（kW·h）、284 gce/（kW·h）、283 gce/（kW·h）	比政策情景下降快，到 2025 年、2030 年、2035 年，发电标准煤耗分别为 286 gce/（kW·h）、281 gce/（kW·h）、277gce/（kW·h）
CCUS 技术	无要求	无要求	CCUS 技术捕集及封存量从 2030 年开始年均增长 10 万 t

电力需求方面，考虑未来需求侧节电措施推广、高耗能行业占比下降等因素，本研究选取低需求（弹性系数法预测结果）作为三个情景的需求设置因素。对于推荐情景，后文将高需求（部门需求预测结果）作为情景设置的变量，分析电力需求高于预期对结果的影响。

基准情景：2025 年、2030 年和 2035 年，我国电力需求分别达到 9.3 万亿 kW·h、11.0 万亿 kW·h、12.2 万亿 kW·h。预计到 2025 年、2030 年和 2035 年，电力系统总装机容量分别为 27.4 亿 kW、34.3 亿 kW、40.7 亿 kW。其中，风电和光伏发电装机总容量将分别达到 9.1 亿 kW、14.0 亿 kW 和 19.8 亿 kW，煤电装机容量分别为 12.0 亿 kW、12.5 亿 kW、11.9 亿 kW。

政策情景：电力需求与基准情景相同。预计到 2025 年、2030 年和 2035 年，电力系统总装机容量分别为 28.5 亿 kW、36.3 亿 kW、43.7 亿 kW。其中，风电和光伏发电装机总容量将分别达到 10.4 亿 kW、16.3 亿 kW 和 23.2 亿 kW，煤电装机容量分别为 11.6 亿 kW、11.8 亿 kW、11.1 亿 kW。

强化情景：电力需求与基准情景相同。预计到 2025 年、2030 年和 2035 年，电力系统总装机容量分别为 29.0 亿 kW、37.6 亿 kW、46.5 亿 kW。其中，风电和光伏发电装机总容量将分别达到 11.2 亿 kW、18.2 亿 kW 和 27.3 亿 kW，煤电装机容量分别为 11.2 亿 kW、11.1 亿 kW、9.8 亿 kW。强化情景中，CCUS 技术捕集及封存量从 2030 年开始，年均增长 10 万 t。

各情景装机容量见表 3-10。

表 3-10　各类电源装机容量预测　　单位：亿 kW

情景	年份	煤电	气电	常规水电	核电	生物质发电	风电	光伏发电
基准情景	2015	9.0	0.7	3.2	0.3	0.1	1.3	0.4
	2020	10.8	1.0	3.4	0.5	0.3	2.8	2.5
	2025	12.0	1.2	3.9	0.7	0.5	4.2	4.9
	2030	12.5	1.7	4.1	1.2	0.8	6.2	7.8
	2035	11.9	2.0	4.2	1.7	1.1	8.7	11.1
政策情景	2025	11.6	1.5	3.9	0.7	0.5	4.4	6.0
	2030	11.8	2.0	4.1	1.2	0.9	6.6	9.7
	2035	11.1	2.3	4.2	1.7	1.2	9.4	13.8
强化情景	2025	11.2	1.5	3.9	0.7	0.5	5.1	6.1
	2030	11.1	2.0	4.1	1.2	0.9	7.9	10.4
	2035	9.8	2.3	4.2	1.7	1.2	10.9	16.4

综合考虑用电负荷、负荷率、需求响应削峰能力、要求合理备用率，验证得到上述电源规划均可满足全社会电力电量平衡。

3.3　电力行业煤炭消费量与碳排放预测

3.3.1　煤炭消费量与碳排放预测

煤炭消费预测的考虑因素包括技术进步和发电机组“上大压小”等措施，以及发电标准煤耗的变化、热电联产供热增加的耗煤量。综合考虑发电和供热燃料消费情况，预计到“十四五”“十五五”“十六五”末，煤炭消费量在三个情景下的范围分别为 23.8 亿～25.9 亿 t、22.8 亿～26.9 亿 t、19.8 亿～25.8 亿 t（图 3-12）。根据化石能源消费量，参照煤、天然气的碳排放因子，测算得到不同情景下的二氧化碳排放量。政策情景、强化情景将满足 2030 年前达峰的约束，基准情景将在

2030 年前后达峰（图 3-13）。

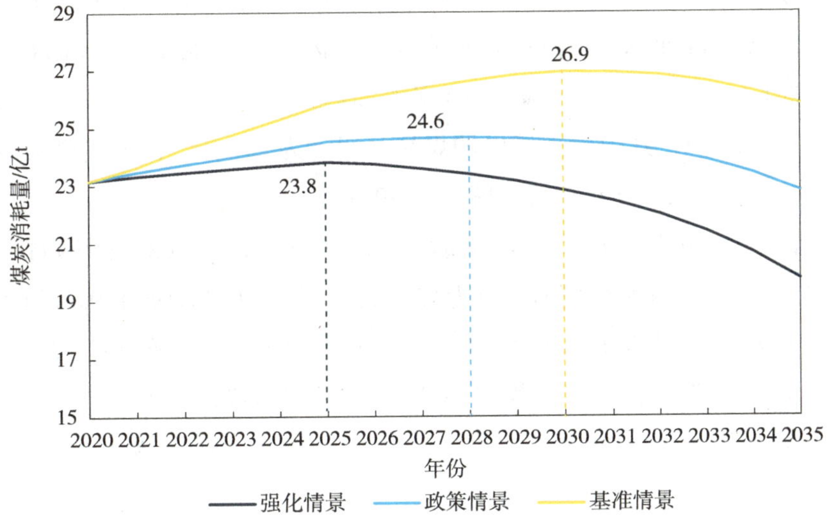

图 3-12　不同情景下煤炭消费量预测

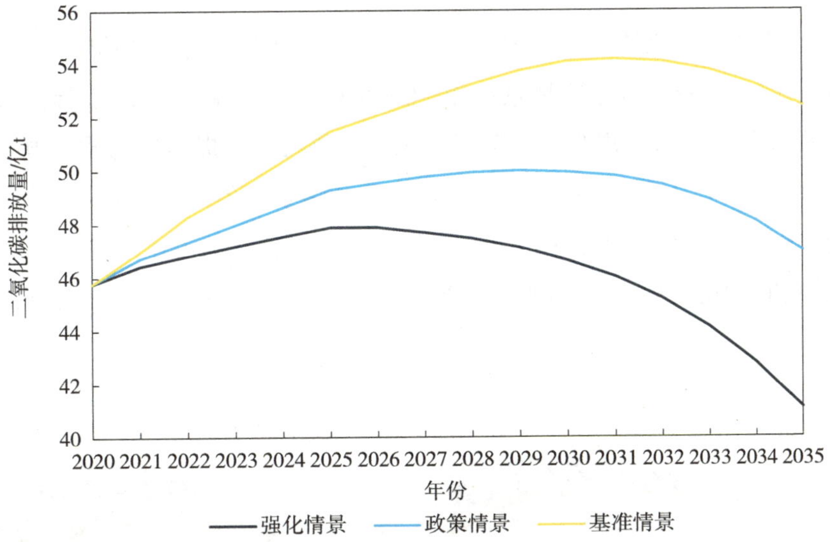

图 3-13　不同情景下碳排放预测

基准情景下，电力行业煤炭消费量较高，持续增长到 2030 年，2030 年之后开始下降。预计到 2025 年、2030 年和 2035 年，电力行业煤炭消费量分别为 25.8 亿 t、26.9 亿 t、25.8 亿 t，分别比 2020 年增加了 2.7 亿 t、3.8 亿 t、2.6 亿 t。基准情景下，煤炭消费量 2030 年达峰，峰值 26.9 亿 t，其中用于发电的煤炭消费量 23.4 亿 t，供热煤炭消费量 3.5 亿 t。因气电碳排放的增长，碳排放将于 2031 年达峰，峰值为 54.2 亿 t。

政策情景下，电力行业煤炭消费量在 2025 年后缓慢增长。“十五五”变化不大，处于平台期；2028 年以后，电力行业煤炭消费量开始下降。预计到 2025 年、2030 年和 2035 年，电力行业煤炭消费量分别为 24.5 亿 t、24.5 亿 t、22.8 亿 t，分别比 2020 年增加 1.4 亿 t、1.4 亿 t，减少 0.4 亿 t。政策情景下，煤炭消费量 2028 年达峰，峰值为 24.6 亿 t，其中用于发电的煤炭消费量为 21.3 亿 t，供热煤炭消费量为 3.4 亿 t。碳排放将于 2029 年达峰，峰值为 50.0 亿 t。

强化情景下，电力行业煤炭消费量增长到 2025 年，从 2025 年开始快速下降。预计到 2025 年，电力行业煤炭消费量为 23.8 亿 t，比 2020 年增加了 0.6 亿 t，2030 年和 2035 年电力行业煤炭消费量分别为 22.8 亿 t、19.8 亿 t，分别比 2020 年减少 0.3 亿 t、3.4 亿 t。强化情景下，煤炭消费量 2025 年达峰，峰值为 23.8 亿 t，其中用于发电的煤炭消费量为 20.6 亿 t，供热煤炭消费量为 3.2 亿 t。碳排放将于 2026 年达峰，峰值为 47.9 亿 t。

3.3.2 分措施减煤分析

将政策情景、强化情景与基准情景相比，得到不同情景下各措施的减煤贡献（图 3-14）。政策情景相较基准情景在 2021—2035 年累计减煤 7.0%。提高太阳能发电装机、提高气电装机、提高风电装机、煤电节能改造、提高生物质发电装机等措施分别贡献约 43%、19%、16%、14%、8%。强化情景下各项措施力度增大，2021—2035 年累计减煤 12.4%，其中风电和太阳能发电量增长贡献占比达到 70% 以上。大力发展以风和太阳能为主的清洁能源是电力行业减少煤炭消费最有效的措施。

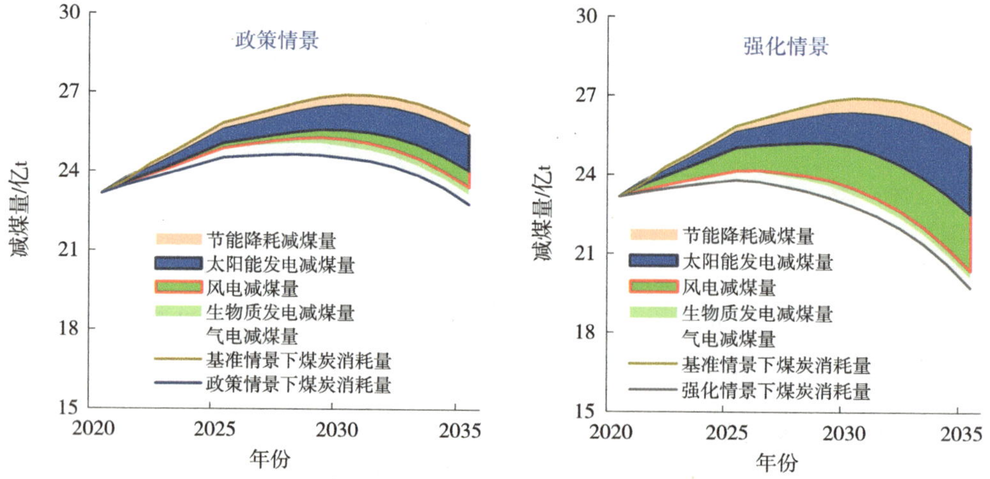

图 3-14　政策情景和强化情景较基准情景的减煤量

3.3.3　高电力需求下的煤炭与碳排放预测

在政策情景下非化石能源发电装机、气电装机、发电煤耗不变的假设下，若电力需求在 2025 年、2030 年、2035 年分别增长 0.2 万亿 kW·h、0.2 万亿 kW·h、0.5 万亿 kW·h，达到 9.5 万亿 kW·h、11.2 万亿 kW·h、12.7 万亿 kW·h，煤电装机规模将进一步增加。到 2025 年、2030 年、2035 年，煤炭消费量将分别增长 0.8 亿 t、1.0 亿 t、2.1 亿 t。以 2030 年为例，电力需求将增加 2.1%，煤炭消费量将增加 3.8%，碳排放量将增加 3.5%。虽然煤炭消费达峰年未变化，但峰值将上涨 0.9 亿 t，排放达峰时间将推迟 2 年左右，峰值上涨 1.8 亿 t（图 3-15）。因此，需求侧节能增效对于电力行业顺利实现“双碳”目标至关重要。

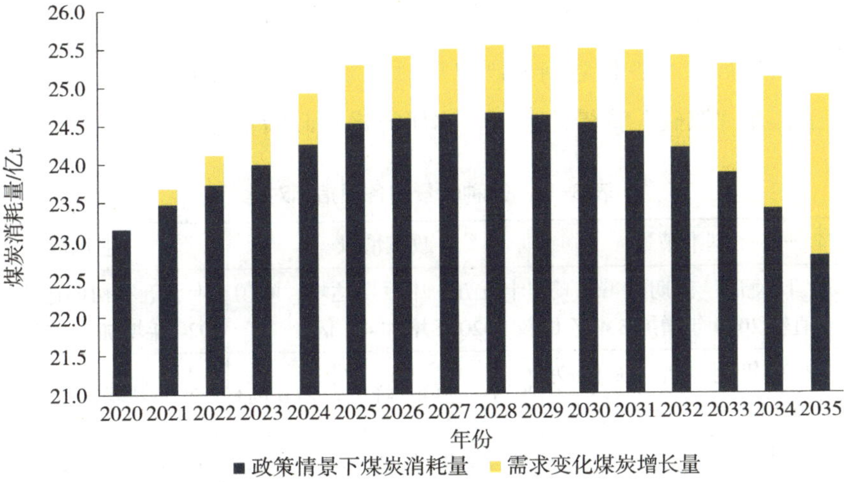

图 3-15　需求变化对煤炭消费量的影响

3.4 “双碳”约束下电力行业煤炭消费总量控制路线图

3.4.1　电力行业推荐情景与控煤目标

电力行业是关系国计民生的重要基础行业，也是未来十年能源增长的主体。用电需求是刚性需求，是支撑我国经济转型升级和未来居民生活水平提高的重要保障。在我国“2030 年之前实现碳达峰，2060 年之前实现碳中和”的“双碳”背景下，电力行业作为我国最大的煤炭消费和碳排放部门，其达峰时间直接影响全国煤炭消费量及碳达峰进程。

对比三种情景各项指标（表 3-11），本研究推荐情景为政策情景，理由如下：

基准情景为现有规划发展的情景，未针对碳达峰、碳中和采取进一步的控煤降碳措施。碳排放达峰时间在2030年后，因为其他工业部门的电气化水平提高会拉升电力需求，会影响电力行业达峰年份。但电力作为碳减排技术路径最明确、措施最成熟的行业，其在2030年前实现碳达峰具有较大可行性，故未选择基准情景。

强化情景更多地考虑碳中和，未来减排压力相对较小，但面临措施力度大、投资要求高的问题。特别是在近中期，电力行业面临全社会电气化进程加快、火电节能空间收窄、新能源高速发展过程中要求的配套措施如储能规模限制等一系列问题。因此，本研究认为，电力行业在“十五五”初期实现碳排放达峰挑战较大，即强化情景现阶段实现难度很大，故未选择强化情景。

政策情景兼顾了碳达峰、减煤和措施可行性。因此，统筹考虑我国立足新发展阶段、贯彻新发展理念、构建新发展格局总体要求和2030年非化石能源占能源消费比重承诺，在“双碳”背景约束下，本研究推荐政策情景。

表3-11　三种情景的各项指标对比

指标	基准情景	政策情景	强化情景
碳排放	“十六五”初期达峰，峰值较2020年增加8.4亿t	“十五五”中后期达峰，峰值较2020年增加4.2亿t	“十五五”初期达峰，峰值较2020年增加2.1亿t
煤耗	2030年达峰，峰值为26.9亿t	2028年达峰，峰值为24.6亿t	2025年达峰，峰值为23.8亿t
煤电装机	“十四五”“十五五”缓慢增加，“十六五”初期开始下降；2030年，煤电装机占比降至37%	“十五五”进入平台期，“十五五”中期开始下降；2030年，煤电装机占比降至32%	“十五五”进入平台期，“十五五”初期开始逐年下降；2030年，煤电装机占比降至30%
风光装机	到2030年，风电、光伏总装机容量达14亿kW，新能源装机占比提升至41%	到2030年，风电、光伏总装机容量达16亿kW，新能源装机占比提升至45%	到2030年，风电、光伏总装机容量达18亿kW，新能源装机占比提升至49%
发电煤耗	保持现状，即288.5 gce/（kW·h）	到2025年、2030年、2035年，分别为286 gce/（kW·h）、284 gce/（kW·h）、283 gce/（kW·h）	到2025年、2030年、2035年，分别为286 gce/（kW·h）、281 gce/（kW·h）、277 gce/（kW·h）
协同减排（相对于基准情景）		SO_2减排9.8万t/a，NO_x减排9.0万t/a，$PM_{2.5}$减排2.1万t/a	SO_2减排18.8万t/a，NO_x减排18.4万t/a，$PM_{2.5}$减排3.9万t/a
控煤降碳投资	合计16.5万亿元（2021—2035年）	合计18.6万亿元（2021—2035年）	合计22.1万亿元（2021—2035年）

按此情景，煤电装机将在“十五五”进入平台期，峰值为 11.8 亿 kW。电力行业煤炭消费量在“十四五”会持续增长，在“十五五”进入平台期，2028 年达到煤炭消费量峰值 24.6 亿 t（16.3 亿 tce），较 2020 年增加 1.5 亿 t。2030 年、2035 年较峰值分别下降 0.1 亿 t、1.9 亿 t（表 3-12）。在此情景下，碳排放将于“十五五”末期达峰，碳排放达峰前后将保持 3～4 年的平台期（图 3-16）。

表 3-12 推荐情景下碳达峰碳中和约束下电力行业控煤目标

指标	2020 年	2025 年	2030 年	2035 年
煤电装机容量 / 亿 kW	10.8	11.6	11.8	11.1
煤炭消费总量 / 亿 t	23.2	24.5	24.5	22.8

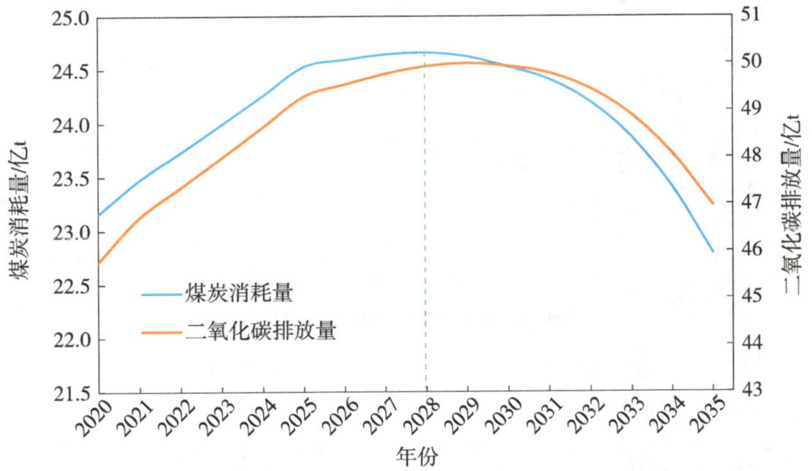

图 3-16 推荐情景下电力行业煤炭消费和二氧化碳排放

3.4.2 电力行业煤炭消费总量控制路线图

总体趋势：综合判断，电力行业煤控路径可考虑按“十四五”有一定增长、“十五五”达峰并维持平台期，“十六五”快速下降三个阶段进行规划。2060 年，煤电转为重要战略储备（图 3-17）。

（1）“十四五”阶段（2021—2025 年）

综合考虑电力电量平衡、保障供应安全及电力供应成本等因素，煤电发展难以做到“急刹车”。“十四五”期间，煤电装机容量和电力行业煤炭消费量预计仍会有一定增长。到 2025 年，煤电装机容量增长到 11.6 亿 kW，占电源总装机的比例降低至 41%。持续降低发电煤耗是控煤的有效措施，要加大推进现役机组节能升级改造，发电煤耗降至 286 gce/（kW · h）。推动煤电向基础保障性和系统调节性电源并重转型。

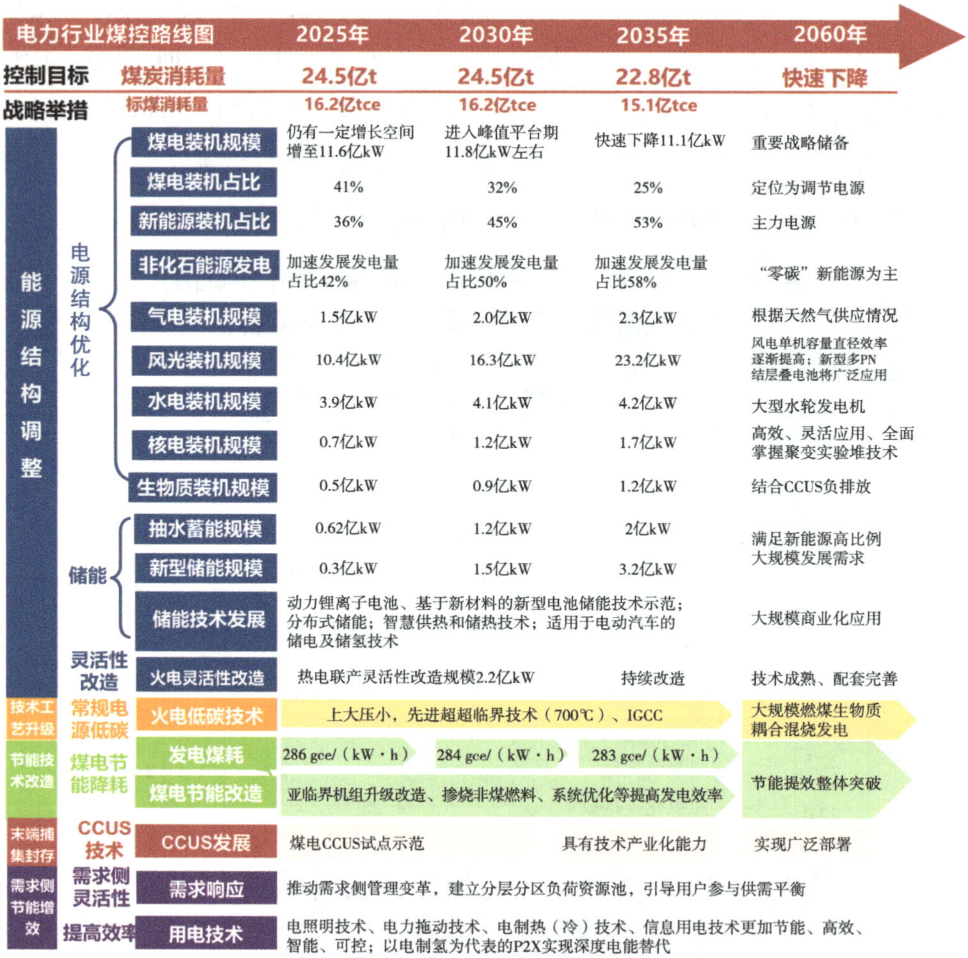

图 3-17　电力行业煤控路线图

非化石能源发电加速发展。“十四五”期间，风光装机年均新增量要达到1亿~1.1亿kW，新能源装机容量占比提升至36%，对新增发电量的贡献达57%；水电、核电、生物质发电对新增发电量的贡献合计22%，对保障电力系统低碳稳定运行意义重大。建议加快“卡脖子”技术装备研发，提前谋划核电布局和时序统筹等工作；生物质装机加速发展，“十四五”年均增长400万kW。加快抽水蓄能电站建设，推动新型储能规模化发展，2025年抽水蓄能达到0.62亿kW，新型储能达到0.3亿kW。

（2）“十五五”阶段（2026—2030年）

“十五五”期间，煤电装机容量和电力行业煤炭消费量均进入峰值平台期，煤炭装机峰值约11.8亿kW，占电源总装机容量的比例降至32%，电力行业煤炭消费量峰值约为24.6亿t。持续降低发电煤耗，至284 gce/（kW·h）。应加大对新建煤电项目准入和现有煤电企业发电量约束，同时建立存量煤电有序退出机制。2030 年前对存量煤电机组大力实施灵活性改造，累计完成 2.2 亿 kW 热电联产灵活性改造，逐步实现煤电功能定位由基本负荷向调峰负荷转变。适度发展气电作为调峰电源。

非化石能源加速替代。“十五五”期间，水电、核电、生物质发电对新增发电量的贡献合计 30.7%；核电安全有序发展，年均开工要达到 1 000 万 kW；生物质要达到年均增长 800 万 kW；在充分挖掘水电、核电、生物质和天然气发电潜力等基础上，风光装机年均新增 1.1 亿～1.2 亿 kW，到 2030 年应达到 16 亿 kW 以上，新能源装机占比提升至 45%。2030 年，抽水蓄能达到 1.2 亿 kW，新型储能达到 1.5 亿 kW。

（3）“十六五”阶段（2031—2035 年）

2030 年后，煤电装机容量和电力行业煤炭消费量进入快速下降通道，煤电装机容量到 2035 年降至 11.1 亿 kW，占电源总装机容量的比例降至 30% 以下；发电用煤量从 2030 年的 21 万 t 下降到 2030 年的 19 万 t，为电力行业碳减排做出重要贡献。煤电更多承担系统调节和高峰电力平衡作用，部分煤电机组保持很低的利用小时数，但仍作为应急电源储备。2035 年前后开始，随着技术经济竞争力提升，煤电 CCUS 改造规模不断扩大。

风光等可再生能源超常规发展，“十六五”期间，风光发电装机容量年均新增 1.3 亿～1.4 亿 kW，到 2035 年风光发电总装机容量应达到 23 亿 kW 以上，新能源发电装机占比提升至 53%。水电、核电、生物质发电对新增发电量的贡献合计 34.3%；核电年均开工要达到 1 000 万 kW；生物质发电装机容量年均增长 600 万 kW。2035 年，抽水蓄能达到 2 亿 kW，新型储能达到 3.2 亿 kW。

（4）2060 年碳中和目标展望

2035—2060 年，煤电将有序退出，但基于系统安全可靠要求，仍将保留少量具有灵活性的、配备 CCUS 技术的煤电。在此期间，BECCS（生物质能结合碳捕获与封存）将逐步增加。2060 年，电力行业实现负排放，为全国碳中和目标做出巨大贡献。

3.4.3　不确定性分析

1）电力统计数据主要采用 2020 年最新数据，但部分数据尚未公开，故采用了 2019 年数据，可能导致计算数据与实际数据不符。

2）电力统计数据有多个来源，如《电力工业统计快报》《中国电力统计年鉴》《电力工业统计资料汇编》等。不同部门统计口径不同，会造成分项数据与总项不一致的情况，如用于发电的煤炭消费数据。因本研究计算需要大量数据，本研究吸取了不同数据来源中的数据（或转换成系数、比例），使得现状与预测衔接更为合理、科学，但与一些统计数据并非完全对得上。

3）部分计算采用了趋势外推的方法，如部分需求预测中其他工业行业、服务业等，供热煤费消耗计算过程中采用了与供热面积相关性分析来计算，忽略了指标本身与经济社会发展的相关关系分析，使得计算存在不确定性。

3.4.4 保障措施

（1）坚持节能优先战略，大力推广能效提升技术

需求侧用电能效的提升在电力行业控煤路径中发挥着关键作用，它是指在保证经济发展和居民生活水平提高的情况下，以更少的电力消费满足同等服务需求，缓解能源供给的压力。电力领域应加大现有机组的节能改造，积极推进高效、清洁火电技术研发，持续降低发电煤耗。工业领域应加大重点行业的节能低碳技术的推广应用与创新，加快构建循环工业体系。同时，在用户侧方面，利用高标准约束新兴基础设施能耗强度、提升用电技术等手段，推动电网节能减排，全面实施电网节能管理，强化节能，降低用电需求。

（2）科学利用燃煤发电，完善煤电退出和调峰的市场机制

新能源机组日内波动、节能波动以及极端天气影响导致的日内、中短期、局部地区的电力不平衡问题是必须面对的重大难题和挑战，需要充分发挥煤电的电力平衡保障作用。建议在区域和行业二氧化碳排放总量有序控制基础上，统筹区域煤电发展和能源保供，提高电力平衡支撑能力，推进煤电布局优化。加大 60 万 kW 级以上超临界、超超临界供热改造的力度。合理配置调峰机组，确保高参数机组高效运行。进一步规范和指导 CCUS 项目，给予实施捕集的企业税收补贴或电价等政策支持。同时，建立完善电力容量市场、辅助服务市场等电力市场机制，建立煤电容量回收机制，对承担调峰任务的煤电机组、非供暖季停发的背压机组给予合理补偿。

（3）加大煤电灵活性改造力度，推进新能源大规模消纳保障

针对储能设施和调峰电源不足、调峰电源承担的辅助服务无法获得相应的市场价值、企业对投资建设及改造缺乏积极性等问题，建议按照深化电力体制改革总体要求，确定各地可再生能源消纳责任权重，提出电力系统调节能力提升目标。指导各地大力推进火电机组灵活性改造，深度挖掘煤电调峰潜力，加大 30 万 kW 级、60 万 kW 级亚临界机组的灵活性改造力度。研究出台储能设施成本疏导机制，鼓

励抽水蓄能电站、新型储能投资主体多元化，理顺储能设施运行管理体制和电价形成机制。研究出台自备电厂参与电力系统辅助服务指导意见。

（4）加强统一规划，推动新能源大规模开发布局政策

为鼓励新能源和分布式能源发展，建议加强统一规划，统筹推进新能源推广应用与生态环境保护的协调发展，做好新能源发展规划与自然资源、生态环境、林业草原、海洋海事等相关规划对接。将落实消纳条件作为新能源项目核准建设的前置条件，统筹风光发电布局与市场消纳，推动“风光水火储一体化”基地开发外送消纳，推广“源网荷一体化”就地开发，促进新能源电源在电力系统中的友好接入。鼓励地方提供土地、财政等相关优惠政策，监督电网企业及时配合建设接网工程，鼓励金融机构将分布式新能源开发纳入绿色金融体系、加大对分布式新能源项目的信贷投放力度。

（5）推进电网数字化和智能化，构建新一代电力系统保障机制

针对电网安全运行风险加大、传统调控运行体系不适应未来电力市场环境等问题，建议构建以特高压电网为骨干网架、各级电网协调发展的全国能源配置平台，加快电网智能互动发展。研究适应新一代电力系统构建的体制机制和标准规范，从源头上缓解新能源发电间歇性、波动性对电力系统带来的冲击。依托先进量测技术，现代通信、大数据、物联网等技术，改革升级智慧化调控运行体系。加强需求侧响应手段应用，推动需求侧管理变革，改变传统“源随荷动”的运行模式，提高需求侧灵活性水平。

第 4 章　钢铁行业控煤降碳措施及情景分析

4.1　钢铁行业发展现状

4.1.1　供给端现状

钢铁工业是基础性的原材料行业，作为国民经济的重要基础产业，支撑着国民经济的快速发展。改革开放以来，我国钢铁行业规模迅速扩大，主要产品产量快速增长。2020 年，我国粗钢产量达到 10.6 亿 t，比 2001 年增加了 6 倍，世界产量占比达到 56.7%，比 2001 年提高了 39 个百分点，如图 4-1 所示。2020 年，世界产量前十的大型钢铁企业中有 7 家在中国，分别为宝武钢铁集团、河钢集团、沙钢集团、鞍钢集团、建龙集团、首钢集团和山东钢铁集团，其产量之和达 3.4 亿 t，占全国钢铁总产量的 1/3。另外，钢铁行业作为我国重要的供给侧行业，在 2016—2018 年压减过剩产能 1.5 亿 t 以上，提前完成“十三五”压减过剩产能的任务，并出清了 1.4 亿 t 的“地条钢”产能。

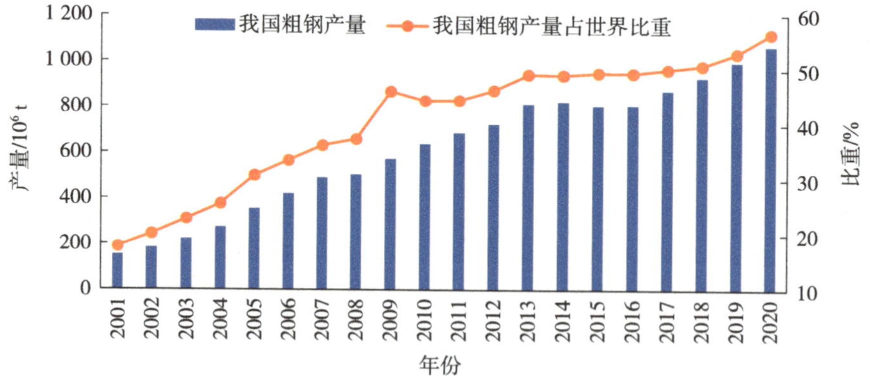

图 4-1　我国 2001—2020 年粗钢产量变动趋势

分省（自治区、直辖市）来看，全国钢铁产量最高的省份为河北省，其产量占全国产量的将近 1/4（2019 年数据）；其次为江苏省和辽宁省（占比分别为 12.1% 和 7.4%）。随着 2019 年京津冀等重点区域钢铁行业开始实行超低排放标准，北方地区钢铁企业的环保成本有所升高。21 世纪以来，我国由铁矿资源禀赋分布带来的“北钢南运”现象有所缓解，南北方钢铁产能和价格的差异逐步减小。

4.1.2 消费端现状

从消费端来看，随着城市化速度加快和人民生活水平不断提升，近年来我国钢铁消费量逐年升高，在总消费量和人均消费量上均达到世界第一，远高于欧美发达国家（地区）水平。中国和世界其他主要钢铁消费国的表观消费量（产量与净进口量之和）和人均表观消费量如图 4-2 和图 4-3 所示。

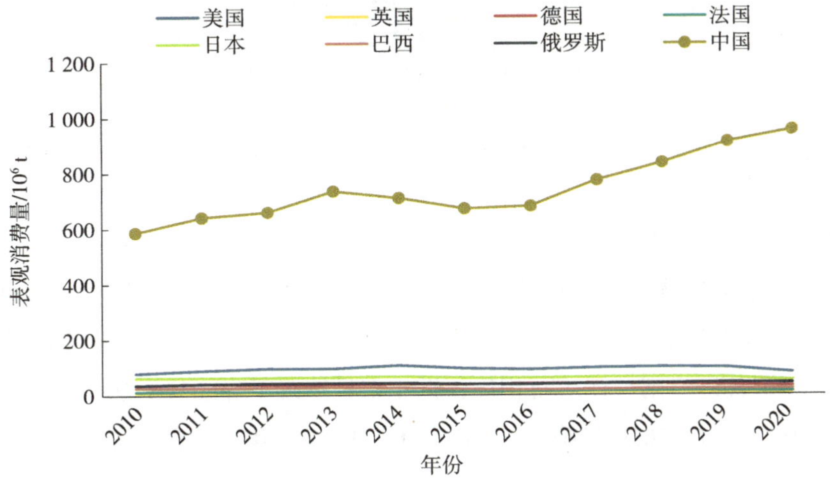

图 4-2 我国与其他多国 2010—2020 年钢铁表观消费量

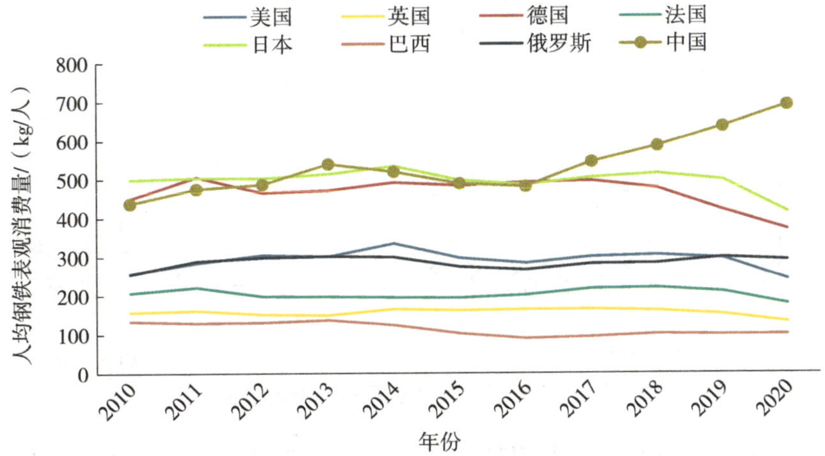

图 4-3 我国与其他多国 2010—2020 年人均钢铁表观消费量

从钢材消费结构来看，建筑、机械、汽车制造、造船、家电制造、铁路、集装箱、能源生产等行业是我国最主要的钢材消费领域，占钢材消费量的 85% 以上，如图 4-4 所示。

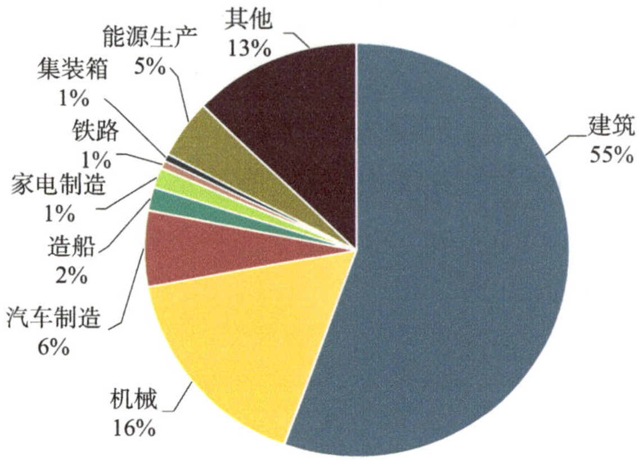

图 4-4　2019 年我国下游部门钢材消费量占比情况

钢铁行业属于被动增长行业，与国家的工业化和城镇化水平密切相关，工业化对应机械、能源生产、汽车、造船等装备和交通工具制造部门，城镇化对应房屋建筑、铁路、公路等市政建设部门。

原料进口方面，我国铁矿石进口量一直保持在高位，且随着钢铁产量的增加，近年来有显著提升（图 4-5）。2019 年，我国铁矿石进口量为 10.7 亿 t，比 2010 年增长了 72.8%。废钢资源进口则与铁矿石相反，近年来呈持续下降趋势。2010 年，我国废钢进口量为 497.4 亿 t，2019 年降至 18.39 亿 t，比 2010 年水平低 4%。

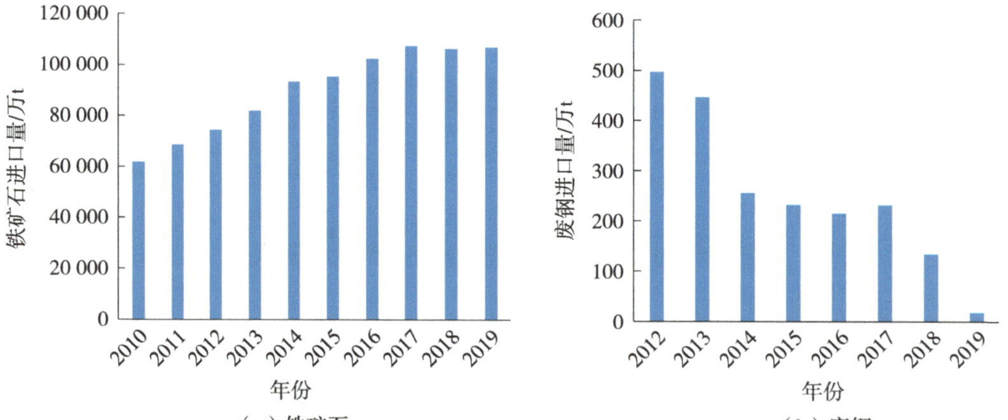

（a）铁矿石　　（b）废钢

图 4-5　我国近年铁矿石和废钢进口量

废钢资源方面，其来源主要包括三部分：自产废钢（钢铁及产品制造环节新废料）、社会回收废钢（加工废钢和老旧废钢）和进口废钢。我国是废钢生产和消费大国，1990—2019 年，废钢产量从 0.2 亿 t 增长至 2.4 亿 t，增长了 10 余倍。其中，社会回收废钢占比大幅提升，从 46.8% 增至 83.3%；自产废钢占比从 46.9% 降至 16.7%；进口废钢占比从 7.1% 增至 2003 年的峰值 22.8% 后逐渐下降，2016 年降至

2.3%，在 2017 年实施“洋垃圾”禁令后快速下滑，2019 年占比不足 0.1%。

从废钢占比来看，1990—2016 年，我国粗钢产量年均增长率约为 10%，而同期废钢仅为 6% 左右。近几年，随着“地条钢”的取缔废钢产量才出现回升。从废钢单耗方面看，1990—2019 年，我国单耗粗钢产量废钢消费量趋势呈现“V”形。1990—2016 年，废钢单耗从 363.9 kg/t 降至 103.6 kg/t。之后，受益于去产能、取缔“地条钢”等政策，废钢单耗回升到 200 kg/t，但仍低于世界 600 kg/t 以上的平均水平。

4.2　钢铁行业煤炭消费和碳排放现状

4.2.1　钢铁行业能源消费情况

我国钢铁行业能源消费量及占比如图 4-6 所示。据统计，1995—2010 年，我国钢铁行业能源消费量和占比随着粗钢产量的增长，有明显提升。2010 年，黑色金属压延及加工业能源消费量为 6.7 亿 tce（比 1995 年提高了 2.6 倍），占能源消费总量的 18.5%（比 1995 年提高了 4.4 个百分点）。随后钢铁行业能源消费总量在 6 亿～7 亿 tce 范围内波动，在 2014 年达到峰值 6.9 亿 tce。能源消费占比持续下降，到 2019 年已降至 13.4%，回到 1995 年的水平。

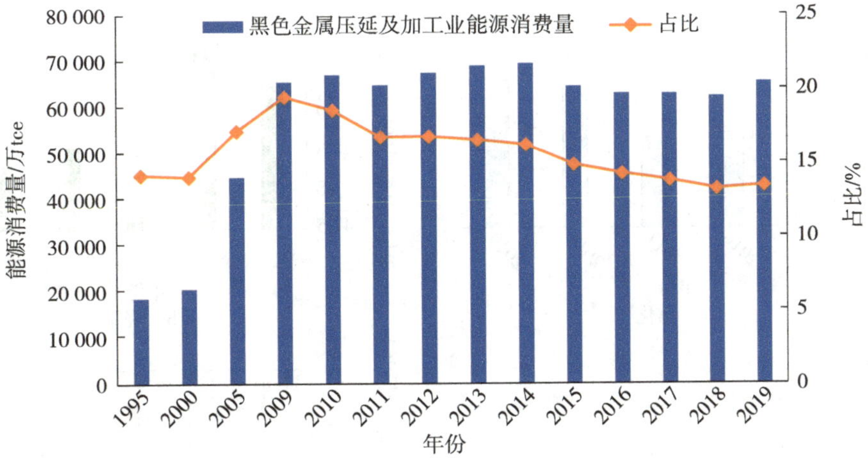

图 4-6　我国钢铁行业（以黑色金属压延及加工业计）能源消费量及占比[①]

① 根据数据获取情况，本研究以“黑色金属压延及加工业”的能源消费量表征钢铁行业的能源消费情况。根据国民经济行业分类，黑色金属压延及加工业（行业代码 31）包括炼铁（行业代码 3110）、炼钢（行业代码 3120）、钢压延加工（行业代码 3130）和铁合金冶炼（行业代码 3140），一般钢铁行业根据生产工序包括炼铁、炼钢和钢压延加工三个子行业。

2015—2019年，我国重点大中型钢铁企业吨钢综合能耗先升高，然后持续下降，如图4-7所示。2019年，我国重点大中型钢铁企业吨钢综合能耗为553.66 kgce/t，同比下降0.28%，比2015年下降3.18%。分工序能耗如图4-8所示。2015—2019年，除焦化工序能耗有小幅上升外，其余工序能耗整体呈下降趋势。2019年，焦化工序能耗为105.8 kgce/t焦炭，比2015年升高9.23%；烧结工序能耗为48.5 kgce/t烧结矿，比2015年下降1.82%；炼铁工序能耗为388.5 kgce/t铁水，比2015年下降0.61%；转炉冶炼工序能耗为-13.9 kgce/t粗钢，比2015年下降21.6%；电炉冶炼工序能耗为53.0 kgce/t粗钢，比2015年下降10.57%；热轧工序能耗为53.7 kgce/t钢材，比2015年下降10.32%。

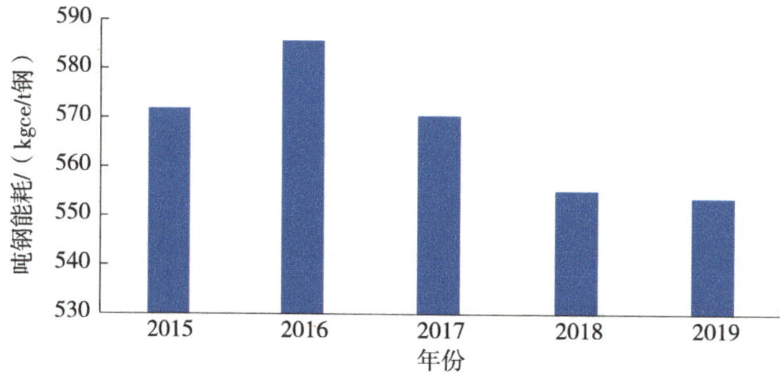

图4-7　我国钢铁行业2015—2019年吨钢能耗

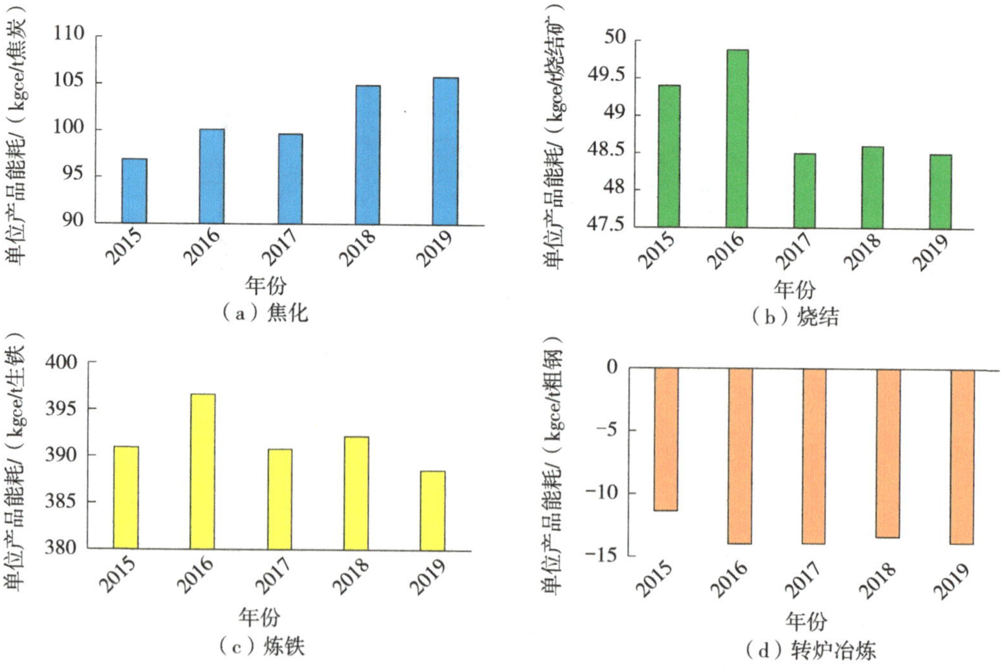

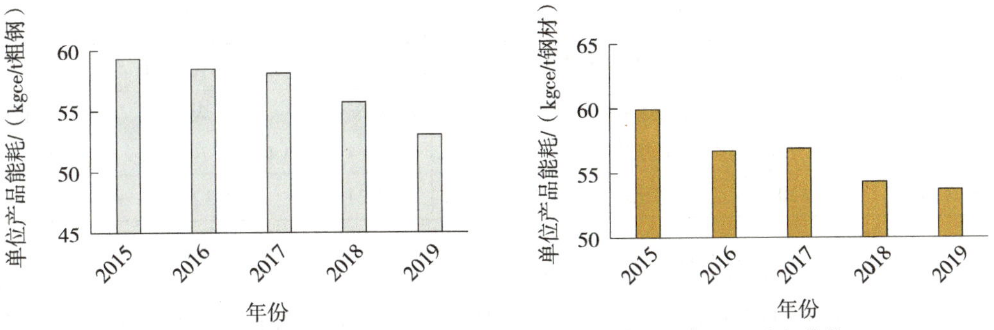

（e）电炉冶炼　　（f）热轧

图 4-8　我国钢铁行业主要工序 2015—2019 年单位产品能耗

4.2.2　钢铁行业煤炭消费情况

由于我国钢铁行业的高炉 - 转炉长流程工艺占比较高，钢铁行业成为煤炭消费量最高的行业之一。我国近年钢铁行业煤炭消费量如图 4-9 所示。2010 年以来，我国钢铁行业煤炭消费量呈现先上升再缓慢下降的趋势，在 2014 年达到煤耗峰值 5.02 亿 tce（含焦炭）。钢铁行业煤耗占工业全行业煤耗的比重逐年升高，2015 年以后，钢铁工业煤耗在 4.4 亿～5 亿 tce 范围内波动。到 2019 年，我国钢铁行业煤炭消费量（含焦炭）达 4.6 亿 tce，占工业各行业总和的一半以上。

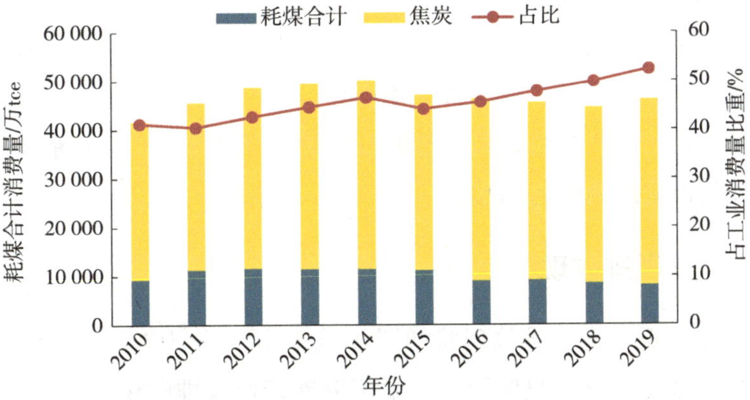

图 4-9　我国钢铁行业煤炭消费量及占工业消费量比重（含焦炭）

（1）焦化工序煤炭消费情况

炼焦生产中，需要消费大量的洗精煤和少量原煤作为原料。近几年，我国焦化行业煤炭单耗处于逐步下降趋势，但焦炭生产仍处于高位，煤炭消费数量较大。2019 年，我国焦化行业消费炼焦煤 6.2 亿 t，其中钢铁联合企业焦化工序消费炼焦煤 2.1 亿 t，独立焦化企业消费炼焦煤 4.1 亿 t。2019 年，我国焦化行业煤炭消费情况，见表 4-1。

表 4-1　2019 年我国焦化行业和钢铁焦化工序煤炭消费情况

煤炭消费量合计 / 万 t	钢铁联合企业			独立焦化企业		
	焦炭产量 / 万 t	吨焦煤耗 /（t 干煤 /t 焦炭）	耗煤合计 / 万 t	焦炭产量 / 万 t	吨焦煤耗 /（t 干煤 /t 焦炭）	耗煤合计 / 万 t
61 930.5	16 010	1.295	20 732.9	31 116	1.324	41 197.6

（2）烧结和球团工序煤炭消费情况

烧结生产过程中消耗的能源主要包括固体燃料、煤气和电力，其中固体燃料包括焦粉、无烟煤和兰炭等，占整个工序能耗的 80% 以上。2019 年，我国重点统计钢铁企业烧结矿固体燃料消费为 52 kg/t。

球团工序：在球团焙烧过程中需要使用煤炭原料，目前，国内竖炉主要使用煤气进行球团焙烧，链篦机 – 回转窑主要使用煤粉和煤气进行球团焙烧。2019 年，我国重点统计钢铁企业球团矿固体燃料消费为 14.2 kg/t。

（3）炼铁工序煤炭消费情况

高炉炼铁工序主要能源消费包括焦炭、喷吹煤等固体燃料，以及电力、氧气、氮气等能源介质，主要回收能源为高炉煤气。2019 年，全国重点企业高炉焦比为 395.5 kg/t，喷煤比为 140 kg/t。

（4）其他工序煤炭消费情况

其他工序主要包括石灰、炼钢、轧钢等。其中，冶金石灰生产过程中消费的能源主要包括煤气和电，部分企业消费少量煤粉，可以忽略不计。炼钢工序消费的能源主要为煤气和电力，转炉炼钢可通过回收转炉煤气和蒸汽实现负能炼钢，精炼和连铸工序主要能源介质为电力和水。

4.2.3　钢铁行业碳排放现状

我国钢铁行业近年来碳排放现状如图 4-10 所示，分为能源活动排放、工业过程排放和间接排放三部分。整体而言，中国钢铁行业碳排放在“十二五”（2010—2014 年）期间呈现显著上升趋势。2014 年，钢铁行业碳排放 18.1 亿 t（其中能源活动排放 14.2 亿 t，工业过程排放 1.9 亿 t，间接排放 1.9 亿 t）；2016 年，为应对钢铁行业产能过剩的困境，国务院印发了《关于钢铁行业化解过剩产能实现脱困发展的意见》（国发〔2016〕6 号），工信部印发了《钢铁工业调整升级规划（2016—2020 年）》（工信部规〔2016〕358 号），钢铁行业开始有计划地淘汰落后产能，取缔“地条钢”。2016—2018 年，作为供给侧结构性改革的重要行业，钢铁行业在三年时间内压减过剩产能 1.5 亿 t 以上，全面出清 1.4 亿 t“地条钢”。钢铁行业碳排放在 2016 年下降后，从 2017 年开始出现稳步上升趋势。到 2019 年，我国钢铁行业碳排放量为 16.8 亿 t，其中能源活动排放 12.9 亿 t，工业过程排放 2.3 亿 t，间接排放 1.6 亿 t。与 2010 年相比，钢铁行业碳排放增长了 9.4%。自“十三五”以来，钢铁行业碳排放量一直保持在 16 亿～17 亿 t，约占全国总排放量的 15%。分工序碳排放和煤耗如图 4-11 所示，长流程的烧结（球团）、炼焦和高炉炼铁碳排放量占钢铁行业排放量的 80% 以上（直接和间接），而转炉炼钢和电炉炼钢的碳排放相对较低。

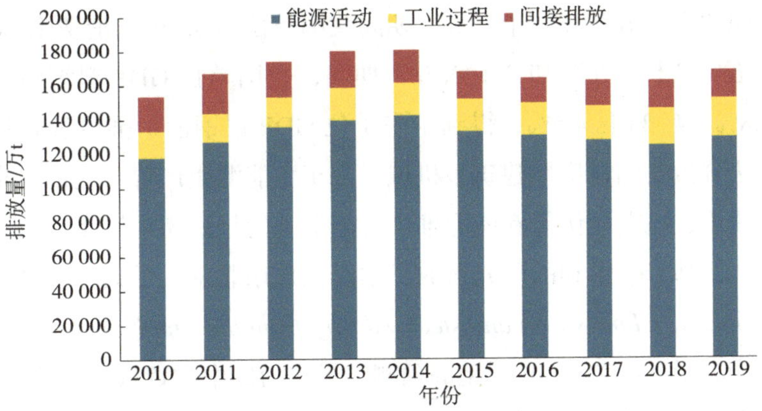

图 4-10　2010—2019 年我国钢铁行业碳排放情况

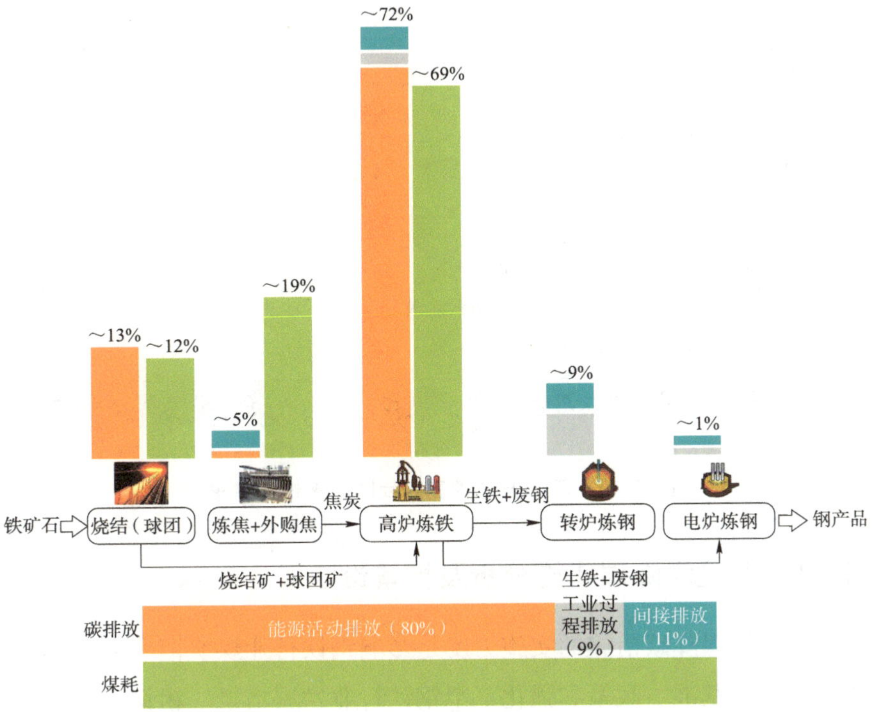

图 4-11　钢铁行业各工序碳排放和煤耗比例（含焦炭）

注：数字前“～”表示约数。

4.3 钢铁行业控煤降碳情景分析

4.3.1 经济发展对钢铁行业需求分析

基于消费系数和下游部门需求两种方法，并结合我国处于工业化中后期的发展阶段和2021年开始实施的压减粗钢产量政策，预测我国未来粗钢需求。其中，消费系数法参照“十二五”和“十三五”期间我国单位GDP粗钢消费系数变化情况，预计“十四五”“十五五”和“十六五”期间，我国单位GDP粗钢消费强度年均分别下降3.8%、4.2%和4.5%，得到未来单位GDP粗钢消费强度和粗钢产量；下游部门需求法分析我国在房屋建筑、机械、汽车、能源生产等部门的需求情况，并考虑装配式建筑、风电光伏等新能源推广可能带来的粗钢需求增量，得到未来的粗钢需求。此外，基于碳中和的研究目的，本研究采用北京大学戴瀚程教授团队研究成果 *Decarbonizing China's iron and steel industry from the supply and demand sides for carbon neutrality* 将IMED/CGE模型的预测结果作为碳中和背景下的我国粗钢需求。本研究对未来我国粗钢产量的预测结果如图4-12所示。

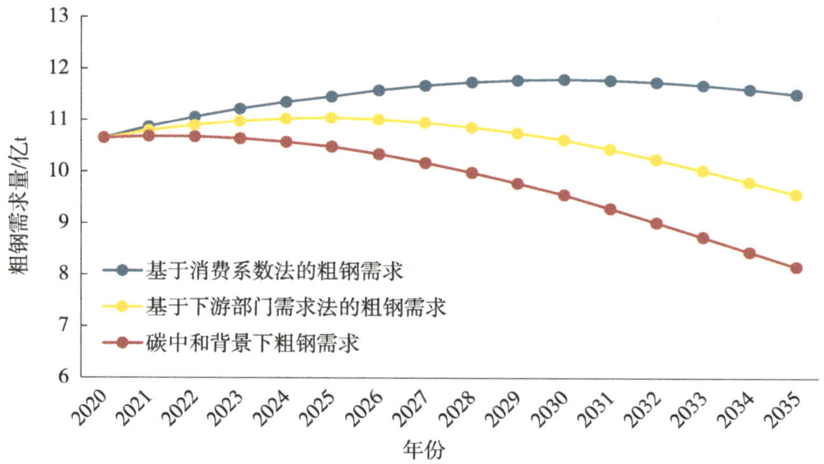

图4-12 不同方法预测的我国未来粗钢需求

4.3.2 钢铁行业控煤降碳措施分析及情景设定

粗钢产量和控煤降碳措施的实施力度是影响钢铁行业煤炭消费和碳排放的重要因素。本研究设定基准、政策和强化三个钢铁行业发展情景，粗钢产量分别采用消费系数法、下游部门需求法和碳中和背景下的产量预测；钢铁行业控煤降碳措施主要包括产能结构优化、资源循环利用、原燃料结构调整、节能技术改造和碳中和革命性技术研发，不同情景的减排路径通过设定各措施在不同阶段的发展水平来表征。

4.3.2.1　高炉炉料结构优化

（1）我国球团矿配比现状

高炉炉料结构优化措施，即提高高炉中球团矿的配比，优化高炉的炉料结构。炉料结构指高炉炼铁时进入高炉的含铁炉料构成，即自然富铁矿（块矿）、烧结矿和球团矿三类炉料在使用时的搭配比例。铁矿石原矿直接开采的原矿粒度较大，需要进行破碎后才能入炉或选矿。对于品位高的矿石而言，经过破碎后，粒度在 10～30 mm 的铁矿石可以直接入炉，即“块矿”；粒度在 1～10 mm 的铁矿石可以作为烧结矿原料，即粉矿、粗粉；品位低于 40% 的矿石，需要经过细磨、选矿才能达到高品位，具有经济利用价值，这类矿石称作“精矿”或“精粉”。粉矿只能用于生产烧结矿，精矿既可以用于球团矿的原料，也可以与粉矿混合，成为烧结矿的配料。由于资源禀赋和环保要求的差异，国内外高炉炉料结构差异很大。其中，我国和日本、韩国等国家炉料结构相近。我国炉料中 70%～80% 均为烧结矿，球团占比约 13%，块矿占比 5%～15%。美国、欧盟等国家（地区）90% 以上为球团矿，烧结矿和块矿比例较低。烧结工序是把精矿粉、无烟煤和石灰粉烧结成块，使炉料有足够大的强度和块度，而球团生产主要靠高温焙烧。增加球团矿替代部分烧结矿成为钢铁行业降低碳排放的主要共识。根据目前的行业统计，我国球团矿占比约为 13%，烧结工序折算至吨钢碳排放为 0.254 t，而球团工序仅为 0.045 t。目前，制约国内炉料结构中球团矿比例大幅提升的主要因素在于资源的稀缺。我国当前主要进口澳大利亚、巴西粉矿用于烧结矿，用于造球的精粉和球团直接进口量相对较少。尽管在全球低碳排放共识下，矿山也随着钢厂的需求变化调整产品结构，增加低硅低硫的粉矿和精粉球团矿产量，但精粉和球团等品种调节增速较慢。

（2）我国高炉炉料结构优化潜力

环保限产推动钢厂提高球团矿配比：烧结环节是把精矿粉、无烟煤和石灰粉烧结成块，再送入高炉冶炼的过程。球团生产中靠高温焙烧，且烧结环节中主要燃料为焦炉煤气等，在所有冶炼环节中，污染排放量最大。部分学者研究显示，从碳排放角度讲，球团工序的吨产品二氧化碳排放量为烧结工序的 20%～45%。因此，增加球团矿替代部分烧结矿成为行业的主要共识之一。欧盟在碳减排方面走在世界的前列，北欧用全球团和添加转炉渣、钢铁企业固废压块和废钢等，形成了独特的炉料结构，也创造了低碳排放的世界纪录。1990 年，欧洲高炉炉料以烧结矿为主，烧结矿超过 80%。到 1996 年，欧洲高炉中球团比例普遍达到 20%，部分已经达到 70%。目前，欧洲高炉几乎不用烧结矿，球团矿比例达到 90%。制约我国炉料结构中球团矿比例大幅提升的主要因素在于资源的稀缺。上文提到，我国目前主要进口澳大利亚、巴西的粉矿用于烧结矿，用于造球的精粉和球团直接进口量较少。短期环保压力背景下，球团和精粉供应量预计难以满足需求。

面向碳中和的富氢炼铁技术需求降低碳排放：除了环保对钢厂提高高炉炉料球团矿配比的推动之外，在未来面向碳中和的富氢冶金和全氢冶金技术，在其竖炉中也需要添加配比很高的球团矿。在 2030 年我国实现碳达峰之后，作为重要排放部门的钢铁行业为达到碳中和目标，富氢冶金和全氢冶金是必由之路。届时，球团矿也将成为钢铁长流程工艺的主要原料之一，其需求将大幅增长。

（3）我国高炉炉料结构优化挑战

目前，我国竖炉和小型链篦机－回转窑球团厂的产量占比仍相对较低。总体来看，球团矿装备水平低，产品质量不高，作业效率低，能耗高，污染重，应该加快淘汰。在企业升级改造过程中应坚持大型化，采用先进工艺和高效装备，实现低能耗和低排放。高炉炉料结构入炉品位影响消费、产量等指标，而炉料结构冶金性能影响高炉稳定性。不同炉料结构对高炉炉矿稳定顺行、煤气流分布以及透气性等高炉冶炼操作有至关重要的作用。因此，需研究配加高比例球团时高炉基本操作制度的调整（包括装料制度、送风制度、热制度与造渣制度），实现高炉内气流的平稳转换，确保高炉稳定顺行。精粉的二氧化硅（SiO_2）含量决定了熔剂性球团矿软化性能、熔滴性能的优劣和入炉品位是否合理，是高比例球团冶炼的基础问题。应严格控制入厂铁精矿的品位和 SiO_2 含量、水含量，对国产铁精矿实施细磨精选，同时选用优质黏结剂，严格控制膨润土的加入量。目前国内钢铁联合企业中，烧结除尘灰、高炉出铁场灰、高炉一次、二次灰、转炉除尘灰、氧化铁皮、杂料等固废物一般都送烧结混料回收利用。高比例球团情况下，这些“杂料”需要寻找新的出路，例如，应用转底炉、回转窑、造块等工艺进行资源化利用。

4.3.2.2 推进电炉短流程炼钢

（1）我国电炉短流程炼钢发展现状

根据生产工艺，钢铁行业可分为高炉－转炉长流程和电炉－废钢短流程（以下简称“电炉短流程”）。与长流程相比，电炉短流程的吨钢 CO_2 排放量仅为长流程的 1/4，固废排放量仅为 1/30，能耗为 1/2，具有明显的优势。此外，电炉短流程还有即开即停、生产高效灵活、可消纳城市废弃物等优点。但在我国，由于废钢资源量不足和电费相对较高，以高炉－转炉长流程工艺为主。我国与世界其他主要产钢国的电炉钢产量占比对比如图 4-13 所示。与其他产钢国（美国 70.6%，欧盟 42.4%，日本 25.4%）相比，我国电炉钢产量占比较低，且长期以来保持在低位。

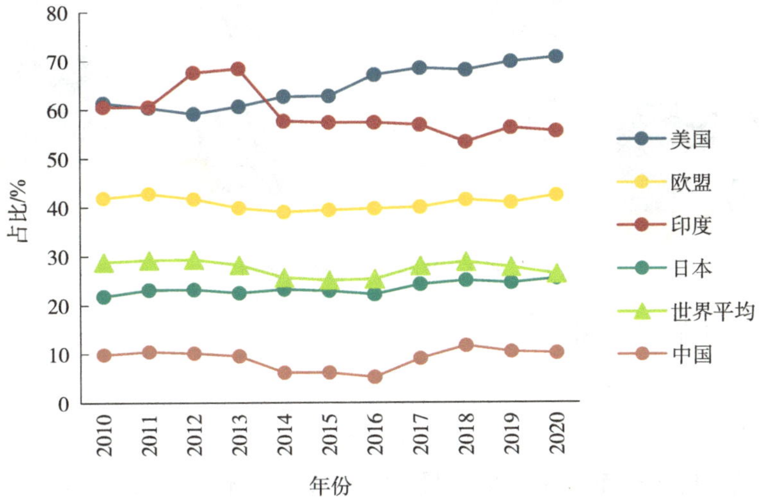

图 4-13　2010—2020 年我国与其他国家（地区）电炉钢产量占比情况

20 世纪 90 年代以前，我国电炉钢生产主要集中在特钢，钢铁企业使用的多为小吨位电弧炉。自 20 世纪 90 年代起，我国电弧炉逐步向大型化发展，产品逐渐转变为普钢。随着上海五钢有限公司、江阴兴澄特种钢铁有限公司、重庆特殊钢（集团）有限公司、四川长城特殊钢有限公司和天津市特钢精锻有限公司特钢厂大电炉投产，产品扩大到合金钢、结构钢、弹簧钢、齿轮钢、易切削钢、轴承钢、高压锅炉管钢等品种，珠江等钢厂又把短流程延伸到板坯生产。虽然我国的电炉钢有较大的发展，但由于粗钢产量连年猛增，造成电炉钢的比例不增反减，我国成为世界上少数几个电炉钢比例下降的国家之一。目前，我国电炉钢产能主要分布在华东地区，占比约为 40%；其后，由高至低依次为华中、华南和西南区域，华北和东北占比最少。碳排放方面，高炉－转炉长流程和电炉短流程的吨钢碳排放对比如图 4-14 所示。目前，电炉短流程的吨钢碳排放量仅为 0.4 t 左右，显著低于长流程工艺。因此，推进电炉短流程对高炉－转炉长流程的产能替代是降低碳排放的有效措施。2020 年 12 月，工业和信息化部发布《关于推动钢铁工业高质量发展的指导意见（征求意见稿）》，提出到 2025 年，电炉钢产量占粗钢总产量比例提升至 15% 以上，力争达到 20%。但目前而言，我国电炉钢发展面临废钢供应不足的问题。此外，还存在废钢循环过程中铜、锡、砷、锑、铋等残存元素的富集问题，以及低质废钢处理中的“二噁英”污染问题。

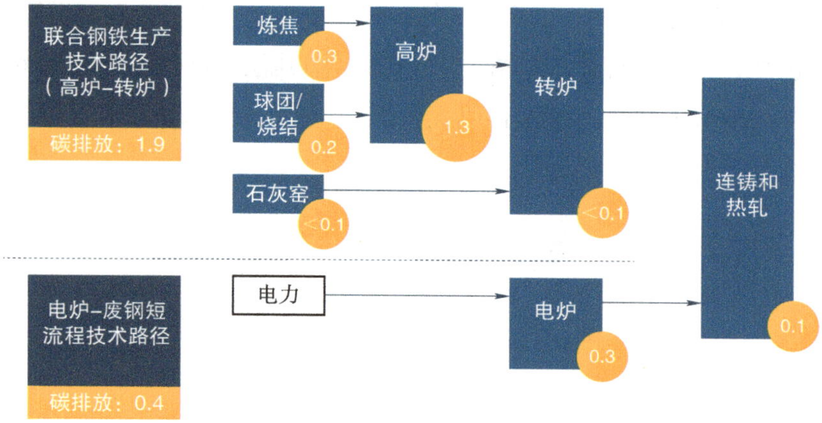

图 4-14　长流程和短流程吨钢碳排放对比

（2）电炉短流程炼钢推广潜力

1）技术潜力

电炉炼钢新技术主要有铁水＋废钢冶炼技术、强化用氧技术、伸缩炉盖电炉技术、新型康斯迪电炉炼钢技术、新型量子电炉炼钢技术等。未来电炉炉型的发展方向是能实现连续加料、废钢预热、绿色环保、余热回收及人工智能型炼钢的电炉。目前，我国康斯迪电炉占总电炉数量的 70% 左右。建设较早的电炉企业一般为非连续加料的普通电炉。①伸缩炉盖电炉技术。德国福克斯技术公司为实现电炉－篮料操作，开发了伸缩炉盖技术，在普通电炉基础上增加炉壳高度，增加炉盖的升降行程，有利于缩短非通电时间，提高生产率。运行效果优越性包括：吨钢吹氧（标态）小于 30 m^3/t，天然气消费 4 m^3/t；电耗 369 kW·h/t，电极消费 0.91 kg/t。②新型康斯迪电炉炼钢技术。其主要特点及优越性：炉体称量装置安装位置，由倾动平台下四个滚轮内改为倾动平台上方的四个角，依四个称量单元来测量工作状态的炉体重量，该方式安装、维护方便，故障率小；缩短废钢预热段的长度，提高烟气出口温度；控制野风的混入，强化预热段内的二次燃烧，保证出口温度在 800～900℃，抑制二噁英的产生；电炉炉底设置底吹装置，在废钢下料区炉底设置底吹装置，改善熔池钢水温度偏差，缩短冶炼周期；在废钢预热段设置挡板，防止电极极心圆偏位。③新型量子电炉炼钢技术。新型量子电弧炉优越性包括：过程基本不停电，非通电时间 1～2 min，生产效率高，冶炼周期可实现 33～36 min；变压器功率利用率高，约等于 1，减小变压器功率的匹配；电耗可以达到 280 kW·h/t（废钢预热 600℃），电极消费可以达到 0.9 kg/t；平熔池操作，电压闪烁、噪声水平低，可以免用屋顶烟罩；节能、环保、新型。这种新型电炉结构复杂，国外有部分钢企投用，但国内目前无新型量子电炉投产炼钢。成本方面，以国内电炉钢企业为参照，在现有装备条件和生产水平下，原料结构选取全废钢模式、35% 铁水 +65% 废钢模式、50% 铁水 +50% 废钢模式，以及假设国内电炉钢企业采用最先进的新型量子电炉后电炉钢成本，分别与转炉钢成本进行比较。对比结果如图 4-15 所示。

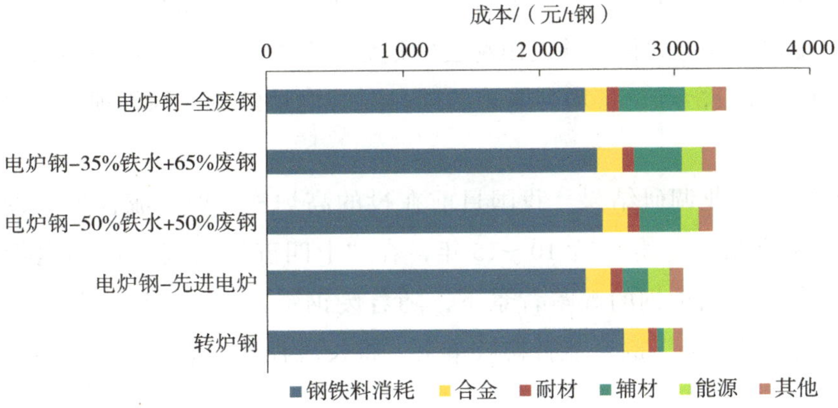

图 4-15　电炉钢与转炉钢成本比较

根据成本对比结果，目前我国电炉钢炼钢成本普遍高于长流程的转炉钢，吨钢成本电炉钢比转炉钢高 200～300 元。随着废钢占比的降低，电炉钢炼钢成本也会有一定程度的降低。在国内企业电炉钢设备升级至最先进的新型量子电炉后，电炉钢的成本将与转炉钢持平。若未来我国实行长流程炼钢碳排放税和鼓励废钢消费等政策，量子电炉钢成本将低于转炉钢成本。

2）政策潜力

作为钢铁行业节能降碳的重要措施，电炉钢是我国目前阶段重点推进的生产工艺。2019 年，工业和信息化部发布《关于引导电弧炉短流程炼钢发展的指导意见（征求意见稿）》（工厅原〔2019〕634 号），提出“十四五”末，我国电炉钢产量占粗钢总产量的比例提升至 20% 左右，短流程炼钢企业全部达到超低排放标准，单位能耗在当前基础上降低 10% 以上，全国钢铁工业废钢比达到 30% 以上，废钢供给能力提升至 3 亿 t 左右。从电炉钢发展规模、节能减排和废钢供应量等方面提出我国“十四五”期间的发展目标。2020 年，工业和信息化部又发布了《关于推动钢铁工业高质量发展的指导意见（征求意见稿）》，提出：“对短流程炼钢执行差别化产能置换支持政策，鼓励具有废钢、电价、市场等优势条件的高炉 - 转炉长流程钢厂通过就地改造转型发展电弧炉短流程炼钢。积极发展拥有核心自主知识产权的新型电弧炉装备，加快制定短流程炼钢标准，完善相关标准体系。”该指导意见有效引导电炉短流程炼钢高质量发展。在国家大力推进电炉短流程炼钢的政策背景下，电炉短流程产业具有较大的发展潜力。

3）产能置换潜力

2021年4月，工业和信息化部印发《钢铁行业产能置换实施办法》，规定在京津冀、长三角、汾渭平原等大气污染防治重点区域严禁增加产能总量，重点区域置换比例不得低于1.5：1，其他地区置换比例不得低于1.25：1。但对于“企业内部退出转炉建设电炉且一并退出配套的烧结、焦炉、高炉等设备项目的炼钢产能”“退出和建设冶炼设备均为电炉的项目”等电炉短流程炼钢项目，实行等量置换。

根据钢铁行业调研结果，我国目前在役的高炉－转炉长流程生产设备多为2000年代末期投产，寿命为10～15年，在“十四五”期间将面临退役。未来在我国大力发展电炉钢的政策背景下，随着废钢资源量的不断增加，钢铁企业在“电炉钢等量置换”的产能置换政策下，将长流程置换为短流程的意愿将更为强烈。

（3）我国电炉短流程炼钢发展的挑战

1）用电成本居高不下

按照全废钢电炉冶炼，吨钢电耗约为400 kW·h，用电成本对电炉钢生产影响较大。一方面，发电企业构成行业联盟，实质上形成了电价垄断；另一方面，增值税降税将导致钢铁企业作为用电大户，进项抵扣减少，其用电成本不降反增。

2）废钢资源供应偏紧、价格偏高

近年来，国内废钢资源不足、国外资源进口受限问题愈发明显，废钢价格居高不下。废钢成本是电炉生产最大的成本。“十三五”期间，我国粗钢总产量约为45亿t，废钢消费总量预计为8.3亿t，废钢占比超过18.4%。这标志着钢铁行业大规模使用废钢的时代已经到来。废钢行业正处于快速发展的关键时期，但废钢资源不足制约电炉短流程炼钢发展的矛盾也更加突出。

4.3.2.3 节能技术改造

钢铁行业的节能技术改造主要是在各工序进行余热余能的回收利用。余热余能是在制造过程中产生的未被回收、直接排放到环境中的能源。本研究主要考虑钢铁生产过程中焦化、烧结（球团）、高炉炼铁、炼钢（转炉炼钢、电炉炼钢）和钢铁加工（轧钢）等主要工序，参考工业和信息化部发布的《钢铁行业节能减排先进适用技术目录》，并经过充分的文献考证和调研，得到每种措施的节能减排效果、投资和运营成本以及当前市场普及率，见表4-2。

表 4-2　钢铁行业减煤降碳技术

序号	工序	技术	技术原理	单位节能量 /（GJ/t 粗钢）	单位 CO_2 减排量 /（$kgCO_2$/t 粗钢）	年度投资成本 /（元 /t）	年运营和维护成本 /（元 /t）	当前市场普及率 /%
1	焦化	高温高压干熄焦技术（CDQ）	该技术是指采用循环惰性气体与红焦进行热交换冷却焦炭，并回收焦炭余热的技术。采用高温高压干熄焦余热锅炉生产的蒸汽焓值高，在同等熄焦条件下，比采用中温中压干熄焦余热锅炉所产蒸汽的发电量高 10%～15%	0.37	42.54	9.97	1.87	85
2		煤调湿技术（CMC）	该技术是指将炼焦煤在装入焦炉前去掉一部分水分，将入炉煤水分控制在 6% 左右，并确保入炉煤水分稳定的技术	0.06	1.47	14.60	4.40	9
3	烧结	烧结余热回收利用技术	该技术是指将烧结生产工序中产生的废气热量加以回收再利用的技术，主要分为两大部分：一是烧结废气余热；二是冷却机处烧结烟气余热	0.35	14.77	2.39	—	20
4		厚料层烧结技术	通过加高烧结机台车栏板，增加料层厚度，从而利用料层的自动蓄热，减少混合料中的配碳量，发展烧结料层中的氧化气氛。因此，厚料层烧结具有降低固体燃耗和提高烧结矿质量等优点	0.08	1.18	0.48	—	80
5		降低烧结漏风率技术	减少烧结机首部、机尾、滑道、台车之间除尘器和抽风管道之间的漏风。降低烧结机漏风率可以提高烧结机产能，节能降耗	0.18	0.2	0.16	—	70
6		低温烧结技术	在较低烧结温度（1 200℃）下促进固相反应，使烧结矿形成以低温纤细状铁酸钙为主黏结相，去黏结其他矿物质，形成交织多相结构的生产工艺	0.35	3.15	0.24	—	60
7	高炉炼铁	高炉浓相高效喷煤技术	通过高风温、富氧鼓风、改善焦炭质量、降低渣量、提高高炉上下部调剂水平、改善透气性等方法，提高高炉喷煤比，从而降低高炉焦比，降低生铁成本	0.77	24.16	1.7	—	40

续表

序号	工序	技术	技术原理	单位节能量/（GJ/t 粗钢）	单位 CO_2 减排量/（$kgCO_2$/t 粗钢）	年度投资成本/（元/t）	年运营和维护成本/（元/t）	当前市场普及率/%
8	高炉炼铁	高炉炉顶煤气干式余压发电（TRT）技术	在减压阀前，将高炉煤气引入一台透平膨胀机作功，将压力能和热能转化为机械能并驱动发电机发电的一种能量回收装置	0.12	22.66	0.96	—	83
9		热风炉烟气双预热技术	将放散的高炉煤气在燃烧炉中燃烧产生的高温废气与热风炉烟道废气混合，用混合烟气预热煤气和助燃空气至 300℃以上，从而实现高炉 1 200℃以上风温，降低高炉能耗	0.25	1.3	1.69	—	5
10		高炉煤气汽动鼓风技术	利用高炉产生的富余煤气，通过锅炉燃烧产生蒸汽。蒸汽驱动工业汽轮机带动风机运转对高炉鼓风	0.01	5.49	1.52	—	94
11		高炉渣综合利用技术	该技术是通过对高炉渣的有效处理，将其用于各种用途的技术，例如，生产矿渣水泥、矿渣砖、混凝土制品，替代普通砂和碎石用于工程建设等	0.18	0.19	26.63	—	1
12	转炉炼钢	转炉干法除尘技术	高温烟气经汽化冷却烟道和蒸发冷却器冷却到 150～200℃后，经由煤气管道进入静电除尘器。合格煤气经进一步冷却后进入煤气回收系统，不合格煤气经放散塔点火放散	0.14	0.78	4.14	0	20
13		转炉烟气高效利用技术	在转炉一次与二次烟气混合进入除尘系统前，采用汽化冷却装置对烟气进行降温，并产生大量蒸汽。利用余热锅炉回收这些蒸汽的物理热，提压后可供饱和蒸汽发电设施，也可用于精炼	0.09	2.89	4.23	0.65	15
14		转炉煤气干法电除尘	高温烟气经汽化冷却烟道和蒸发冷却器冷却到 150～200℃后，经由煤气管道进入静电除尘器，合成煤气经进一步冷却后进入煤气回收系统，不合格煤气经放散塔点火放散	0.14	0.78	0.24	3.5	20

续表

序号	工序	技术	技术原理	单位节能量 /（GJ/t 粗钢）	单位 CO_2 减排量 /（$kgCO_2$/t 粗钢）	年度投资成本 /（元 /t）	年运营和维护成本 /（元 /t）	当前市场普及率 /%
15	电炉炼钢	电炉优化供电技术	该技术充分发挥电炉变压器的供电能力，在建立基于电炉炼钢过程的电气运行动态模型基础上，通过最优化分析得出动态最优工作点，使电炉炼钢过程的电气运行指标达到最佳状态，从而实现提高冶炼效率、缩短冶炼时间、节约电能的目标	0.01	2.31	0.08	0	15
16	电炉炼钢	电炉烟气余热回收技术	电炉产生的烟气首先通过炉盖第 4 孔（或第 2 孔）进入冷却烟道，然后进入燃烧沉降室进行二次燃烧，排出的烟气进入余热回收装置。热交换后的烟气经除尘器净化，由除尘风机排入大气	0.06	0.77	2.85	0	10
17	电炉炼钢	泡沫渣利用技术	钢渣预处理工艺中，通过水分割、撞击、旋转等机械作用，起到加速粉碎的作用，达到钢渣破碎的目的。钢渣经预处理后，通过机械破碎、筛分、磁选，回收含铁原料	0.01	0.46	4.04	0	30
18	钢铁加工	加热炉蓄热式燃烧技术	利用高温烟气对助燃空气或煤气进行预热，空气可预热到 1 000℃以上，烟气排出温度可降到 150～200℃或更低	0.15	18.6	2.03	0	40
19	钢铁加工	连铸坯热装热送技术	在冶金企业连铸车间与轧钢车间之间，利用连铸坯输送火车（汽车），通过增加保温装置，将原有的冷坯输送改为热连铸坯输送，进行热装加热或直接轧制	0.23	26.78	0.42	1.95	80
20	钢铁加工	冷轧在线热处理技术	利用轧钢余热对钢材进行热处理，可以省去离线热处理的二次加热工序，从而达到节省能源、简化操作、缩短产品交货期的目的	0.11	16.83	55.25	0	55

4.3.2.4 推进废钢资源利用

（1）我国废钢利用现状

钢铁行业的资源循环利用措施主要体现在对废钢铁资源的回收利用方面。铁矿石、废钢和直接还原铁是钢铁生产的主要原料。由于我国直接还原铁的产量还很低，钢铁工业仍以铁矿石和废钢为主要原料。1990—2019 年我国钢铁生产的废钢单耗如图 4-16 所示。虽然我国废钢消费量居世界首位，但相对于我国粗钢产量而言，废钢资源仍严重不足，加之废钢价格等因素的影响，炼钢废钢单耗呈逐年下降趋势。废钢资源充足与否，直接关系到炼钢的炉料结构和钢铁工业的流程结构。随着我国废钢资源量的不断增加，废钢供应状况将逐步得到改善，钢铁工业可供废钢大量增加。

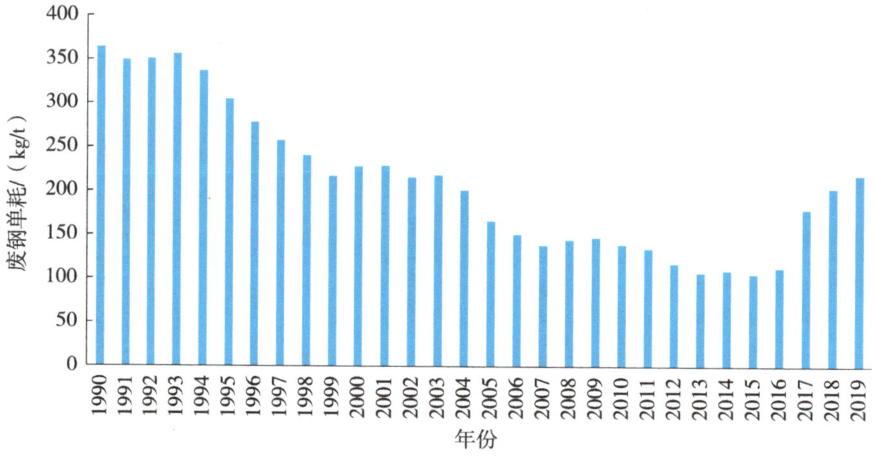

图 4-16 我国 1990—2019 年废钢单耗

目前，我国钢铁工业废钢来源主要包括三部分：自产废钢（钢铁及产品制造环节新废料）、社会回收废钢（加工废钢和老旧废钢）和进口废钢。我国近年废钢资源来源如图 4-17 所示。1990—2019 年，废钢产量从 0.21 亿 t 增长至 2.4 亿 t，增长了 10 余倍。进口废钢占比从 7.1% 增长至 2003 年的峰值 22.8% 之后，逐渐下降，2016 年为 2.3%，在 2017 年洋垃圾禁令实行后快速下降，2019 年占比不足 0.1%。

（2）我国废钢回收加工行业现状

废钢加工行业是新兴的再生资源产业，形成了废钢回收→拆解→加工→分类→配送→应用的产业链。废钢加工供应企业从国内城乡废钢回收网点、产生废钢企业或境外采购废钢，然后按不同类别进行分选，进而在废钢加工生产线上进行净化和加工处理，生产出各种类别和品种的废钢，销售或配送给钢铁企业。近年来，在我国政府主导和支持下，废钢加工配送企业发展迅速，截至 2018 年年底，工业和信息化部公布的符合《废钢铁加工行业准入条件》的企业总计 252 家，准入企业的加工能力达到 0.7 亿 t/a，约占社会废钢的 40%。

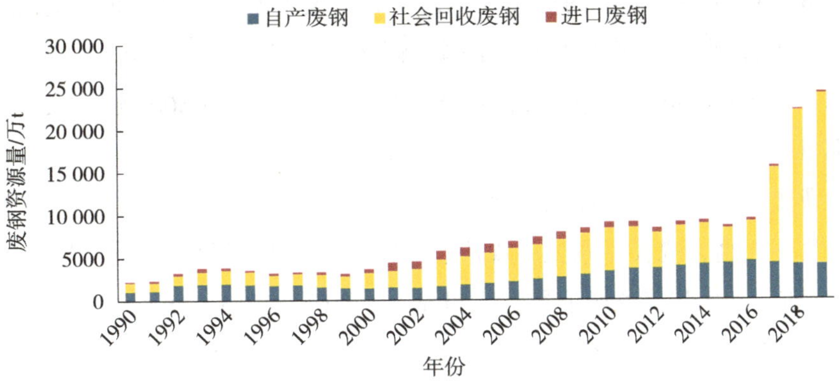

图 4-17 我国 1990—2019 年废钢资源来源

（3）我国废钢资源利用潜力

废钢铁加工配送体系初具规模：自工业和信息化部 2012 年 9 月发布《废钢铁加工行业准入条件》到“十三五”末，共发布符合准入条件的公告企业 8 批 510 家，撤销已公告企业 32 家，目前剩余已公告企业 478 家，分布在除西藏外的 30 个省（区、市），年废钢铁加工能力已达到 1.3 亿 t，占我国废钢铁资源总量的一半以上，形成了“回收—加工—配送”的产业链，废钢铁加工配送体系已初具规模。“十三五”以来，废钢铁产业进入了快速发展时期，废钢铁加工配送体系已初步建立。从“十五”末期启动到“十三五”末期，先后已有 70 多家废钢铁加工企业被授予“废钢铁加工配送中心”和“废钢铁加工配送示范基地”的称号。

废钢铁行业标准化水平迈上新台阶：多年来，我国国内市场废钢产品的标准化程度较低，现行的《废钢铁》（GB/T 4223—2017）为推荐性标准，而当前我国钢铁企业都在使用自己的企业标准。“十三五”期间，废钢铁协会发布了《炼钢铁素炉料（废钢铁）加工利用技术条件》（YB/T 4737—2019），该行标的宣贯实施将有利于各钢厂企标的统一，促进废钢的流通和利用，使得废钢铁行业标准化水平迈上新的台阶。《再生钢铁原料》（GB/T 39733—2020）也于 2021 年 1 月 1 日开始实施，符合其规定的加工产品将不属于固体废物，而是作为一般商品管理，这将有利于充分利用国外的高质量铁素资源。

废钢铁加工工艺不断升级：目前，我国废钢铁加工一般采用分选、剪切、破碎和打包等方法，废钢破碎线、门式剪切机、液压打包机等产品，成为废钢铁加工企业不可缺少的装备。“十三五”期间，随着技术的进步和环保要求的提高，废钢加工设备不断升级，火焰切割和鳄式剪切机等方式逐渐减少。随着“地条钢”的清除，国内轻薄型原料价格下跌，废钢破碎机产能快速增加，经过破碎生产线加工处理的废钢破碎料是洁净的优质废钢，成为各大中型主流钢厂理想的炼钢炉料。自 2017 年开始，废钢破碎线数量在全国大幅增加，据不完全统计，截至“十三五”末，全国已有 1 000 hp（1 hp=745.700 W）以上废钢破碎线 500 条以上，产能达到 0.7 亿 t 以上。

（4）我国废钢资源利用面临挑战

行业税负偏高，税收政策亟待规范。2015 年，财政部和国家税务总局联合发布《资源综合利用产品和劳务增值税优惠目录》（财税〔2015〕78 号），规定符合《废钢铁》（GB 4223—2004）技术要求的报废汽车、报废摩托车、报废船舶等产生或拆解出来的废钢铁，可享受 30% 的退税。据统计，前 7 批 379 家准入企业只有 1/3 左右享受退税政策，还有多个地方税务部门未执行。个别地方财税政策带来“税收洼地”导致行业内票货分离的现象严重，不利于行业发展。此外，废钢铁加工企业难以取得进项发票，用于采购原料的现金支出难以列支成本，所得税的核定也存在不确定性，企业的税务风险较高。

规范企业加工能力相对不足。前 8 批的 478 家规范企业年废钢加工能力约 1.3 亿 t，而废钢资源总量已达 2.5 亿 t。以 2019 年为例，国内钢铁企业消费废钢铁 2.2 亿 t，其中社会废钢约 1.7 亿 t，约 7 000 万 t 来自规范企业，仅占社会废钢供应量的 41%。

冶金渣的开发利用面临瓶颈。特别是对钢渣的深度开发、高效利用，科技投入不足，产需双方的标准不统一，政策扶持不到位，跨行业应用存在技术、标准对接壁垒，难以做到真正意义上的“零排放”，成为行业发展的瓶颈，使得当前钢渣的综合利用率不足 30%。

4.3.2.5 钢铁行业碳中和革命性技术

（1）二氧化碳捕集、利用与封存技术

钢铁行业的二氧化碳末端捕集封存主要是将 CO_2 从钢铁生产过程中分离出来，直接加以利用或注入地层，以实现 CO_2 永久减排。钢铁行业 CCUS 原理和典型技术路线如图 4-18 和图 4-19 所示。

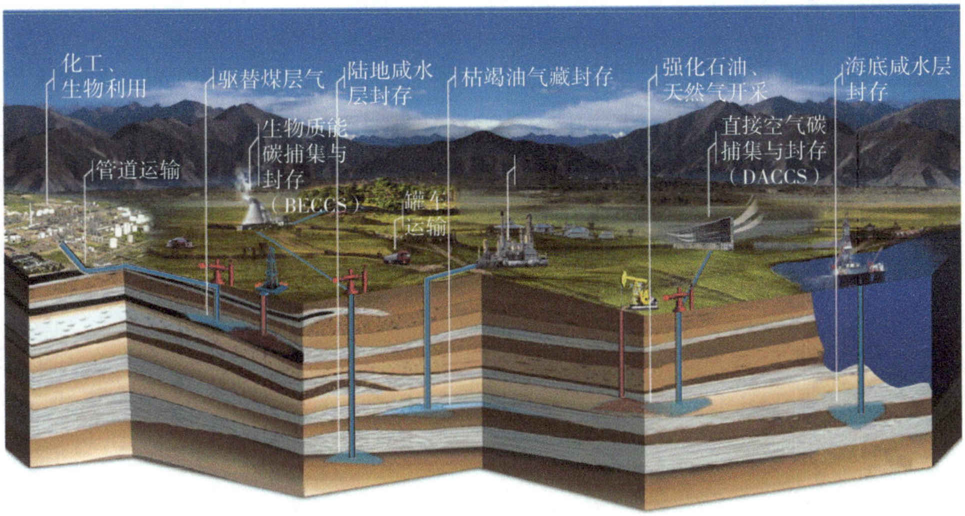

图 4-18　钢铁行业 CCUS 原理示意图

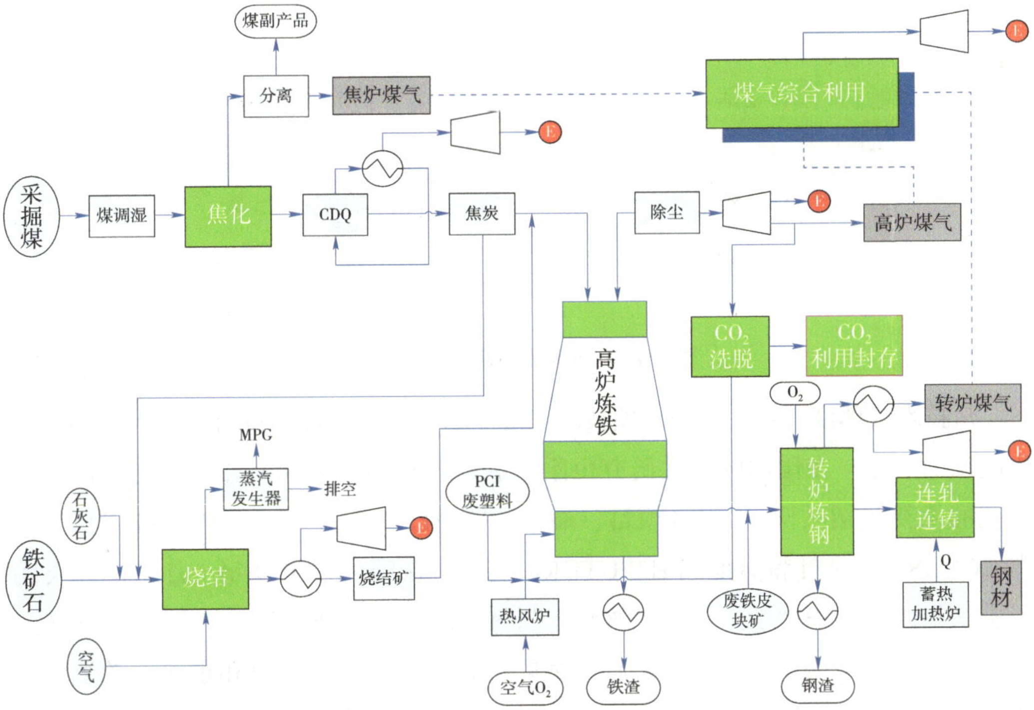

图 4-19　典型钢铁长流程生产 CCUS 应用技术路线图

我国钢铁行业 CCUS 技术应用情况：根据《2021 中国 CCUS 年度报告》，目前我国已投运或建设中的 CCUS 示范项目约为 40 个，主要集中在石油、煤化工、电力等行业，在钢铁行业尚未开展示范应用。

（2）氢能炼铁

氢能炼铁技术的原理为，在炼铁过程中用氢替代焦炭作为还原剂。它被认为是迄今为止钢铁行业最为有效的控煤降碳技术之一，具有从根本上消除温室气体排放的潜力，其工艺流程如图 4-20 所示。在传统的炼铁工艺中，当铁矿石用 CO 气体还原时会产生 CO_2 气体，而氢还原生成的是 H_2O（水蒸气）而非 CO_2。

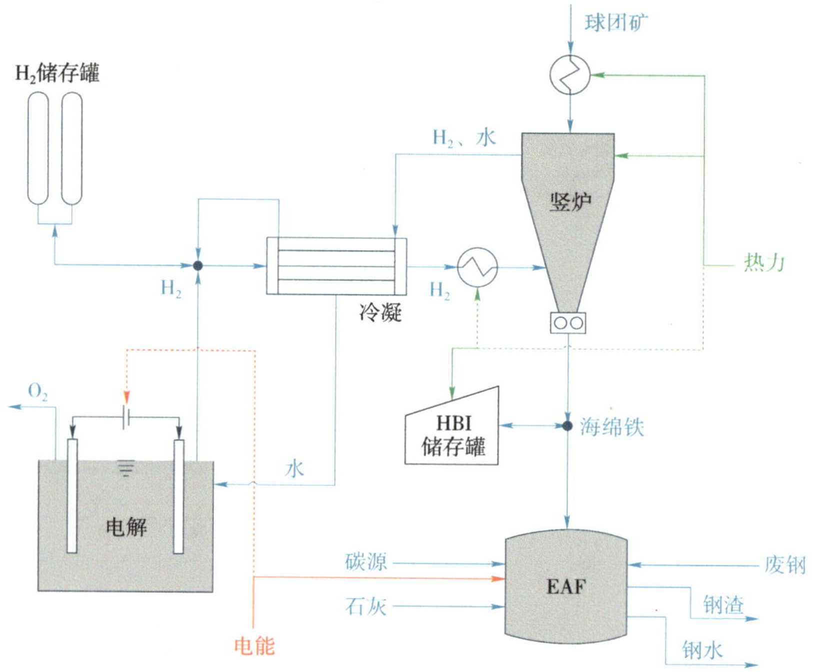

图 4-20　氢能还原炼铁工艺流程

从技术成熟度来看，目前该项技术尚处于试点示范阶段，没有达到大规模商业化应用的水平，在国内的相关研究也刚刚启动。目前，国际上开展氢能炼铁试点示范的主要包括欧盟 ULCOS 项目、瑞典 HYBRIT 项目、德国 SALCOS 项目、日本 COURSE50 项目和奥地利 H2FUTURE 项目。在国内，2019 年 1 月，宝武集团与中核集团、清华大学签订了《核能－制氢－冶金耦合技术战略合作框架协议》；2019 年 3 月，河钢集团与中国工程院战略咨询中心、中国钢研和东北大学组建氢能技术与产业创新中心。

作为碳中和背景下钢铁行业控煤降碳的革命性技术，氢能炼铁措施在中远期内有可能取得突破性进展。按照目前的技术研发进度，在“十六五”期间（2030 年以后），我国有可能开展氢能炼铁项目的试点示范，并在其后逐步大规模商业化应用。目前，我国氢能炼铁技术的实践进展见表 4-3。

表 4-3　我国氢能炼铁技术实践示范进展

钢铁企业（集团）	氢能炼铁技术实践示范进展
宝武集团	与中核集团、清华大学签订《核能－制氢－冶金耦合技术战略合作框架协议》，共同打造核冶金产业联盟
河钢集团	与中国工程院战略咨询中心、中国钢研、东北大学联合组建氢能技术与产业创新中心，共同推进氢能技术创新与产业发展，依托钢铁企业自身副产品制氢，重点在氢气存储与运输、燃料电池汽车、富氢冶炼技术等领域开展研究
	与意大利特诺恩集团（TENOVA）签署谅解备忘录（MOU），利用世界最先进的制氢和氢还原技术，联手中冶京诚工程技术有限公司共同研发，建设全球首例 120 万 t 规模的氢冶炼示范工程。 示范项目从分布式绿色能源、低成本制氢、焦炉煤气净化、气体自重整、氢冶金、成品热送、二氧化碳脱除等全流程进行创新研发，探索出一条世界钢铁工业发展低碳、甚至零碳经济的最佳途径，从改变能源消费结构入手，彻底解决钢铁冶金过程中产生的环境污染和碳排放问题
日照钢铁	与中国钢研签约年产 50 万 t 氢冶金及高端钢材制造项目
酒泉钢铁	成立氢冶金研究院 煤基氢冶金中试基地热负荷试车取得初步成功 在建煤基氢冶金中试装置及配套的干磨干选中试装置，2020 年 10 月建成投运
建龙集团	在建年产 30 万 t 熔融还原法高纯铸造生铁项目

不同情景下钢铁行业控煤降碳参数设定见表 4-4。

表 4-4　不同情景下钢铁行业控煤降碳措施参数设定

措施	参数	情景	2020 年	2025 年	2030 年	2035 年
产能结构优化	电炉钢产量 / 亿 t	基准情景	1.1	1.4	1.8	2.3
		政策情景		1.7	2.1	2.4
		强化情景		1.9	2.5	2.8
	电炉钢占比 /%	基准情景	10	12	15	20
		政策情景		15	20	25
		强化情景		18.2	26.3	34.4
	电炉钢废钢比 /%	基准情景	66	70.7	75.3	80
		政策情景		74	82	90
		强化情景		75.7	85.3	100

续表

措施	参数	情景	2020 年	2025 年	2030 年	2035 年
资源循环利用	社会废钢收得率 /%	基准情景	1.4	1.8	2.2	2.6
		政策情景		1.9	2.5	3
		强化情景		2	2.6	3.2
	废钢资源量 / 亿 t	基准情景	2.63	3.39	4.08	4.60
		政策情景		3.51	4.32	4.97
		强化情景		3.53	4.39	5.12
	炼钢废钢比 /%	基准情景	25	30	38	49
		政策情景		34	46	61
		强化情景		36	50	64
原燃料结构调整	高炉球团矿配比 /%	基准情景	13	15.3	17.7	20
		政策情景		18.7	24.3	30
		强化情景		22	31	40
碳中和革命性技术试点示范	氢冶金和 CCUS 技术规模	基准情景	—	不考虑部署氢能炼铁和碳捕集、利用与封存等革命性技术试点		
		政策情景		2035 年以前，部署 500 万 t 产能的氢能炼铁和碳捕集、利用与封存技术作为试点示范		
		强化情景		2035 年以前，部署 1 000 万 t 产能的氢能炼铁和碳捕集、利用与封存技术作为试点示范		

4.4 钢铁行业煤炭消费与碳排放预测分析

4.4.1 煤炭消费与碳排放预测

不同情景下我国钢铁行业煤炭消费量如图 4-21 所示。在基准情景下，我国钢铁行业煤炭消费将在 2027 年达到峰值 4.74 亿 tce 左右（含焦炭，下同）。随后进入一个平台期，到 2030 年为 4.69 亿 tce 左右。“十六五”期间开始下降，到 2035 年降至 4.47 亿 tce。在政策情景和强化情景下，我国钢铁行业煤炭消费在 2020 年已经达到峰值（4.6 亿 tce），在 2021—2035 年一直呈下降趋势，政策情景的降速更快。政策情景煤耗，到 2025 年、2030 年和 2035 年将分别降至 4.24 亿 tce、3.67 亿 tce 和 3.06 亿 tce；强化情景下煤耗到 2025 年、2030 年和 2035 年将分别降至 3.75 亿 tce、2.72 亿 tce 和 1.78 亿 tce。

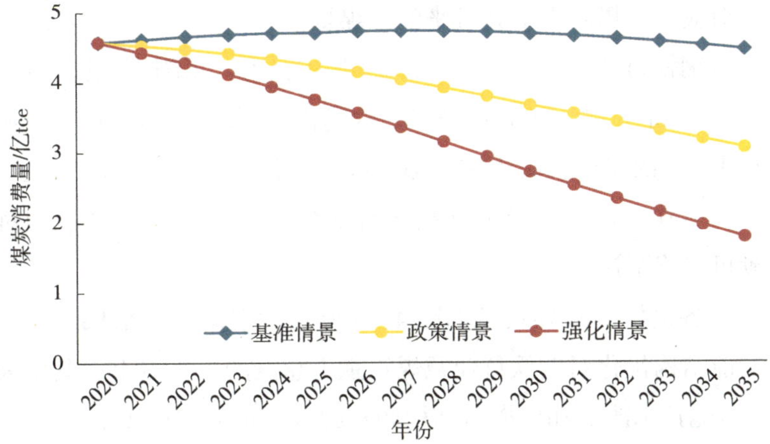

图 4-21　不同情景下我国钢铁行业煤炭消费量（含焦炭）

不同情景下钢铁行业的碳排放如图 4-22 所示。根据预测结果，在基准情景下，我国碳排放在 2024 年前后达峰，峰值为 16.75 亿 t 左右，并在“十四五”期间保持在一定的平台期，到 2025 年达到 16.72 亿 t。在“十五五”开始快速下降，到 2030 年和 2035 年分别降至 16.27 亿 t 和 14.86 亿 t；在政策情景和强化情景下，在 2020—2021 年达峰，峰值在 16.4 亿 t 左右。达峰后下降速度相对较快，在政策情景下，2025 年、2030 年和 2035 年将分别降至 15.68 亿 t、13.76 亿 t 和 11.13 亿 t，在强化情景下，2025 年、2030 年和 2035 年将分别降至 14.48 亿 t、11.65 亿 t 和 8.47 亿 t。

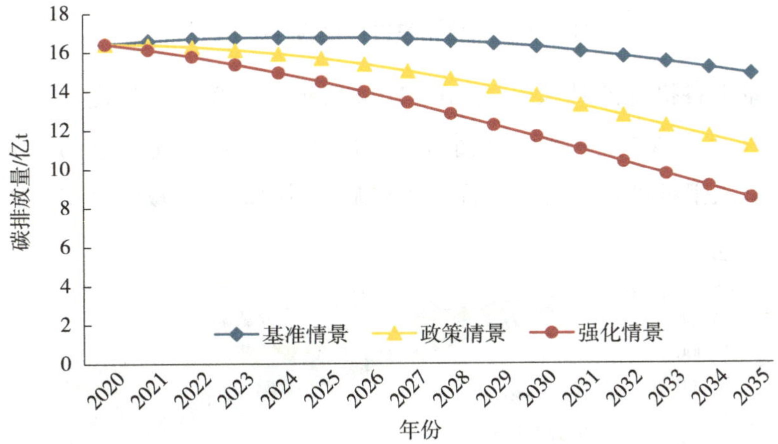

图 4-22　不同情景下我国钢铁行业二氧化碳排放量预测

4.4.2　各措施控煤贡献分析

减煤量核算分为产量带来的减煤贡献和控煤降碳措施的减煤贡献两部分：前者通过假定控煤降碳措施不变，仅计算产量变化带来的减煤量；后者假定产量不变，计算不同情景对应的控煤降碳措施带来的减煤量。

根据前文对钢铁行业控煤降碳措施的梳理，分为产能结构优化（推进全废钢电炉短流程）、原燃料结构调整（高炉炉料结构优化）、节能技术推广、资源循环利用（加大废钢利用）和钢铁行业碳中和革命性技术研发（氢冶金和碳捕集、利用与封存）五个措施。其中，碳中和革命性技术研发在2021—2035年产能相对较小，带来的减煤贡献可忽略不计。

政策情景下各措施的减煤贡献如图4-23所示。根据核算结果，扣除产量差异的影响后，产能结构优化对钢铁行业减煤贡献占总量的一半以上，其次为资源循环利用（1/3），节能技术改造和原燃料结构调整的减煤贡献相对较小。

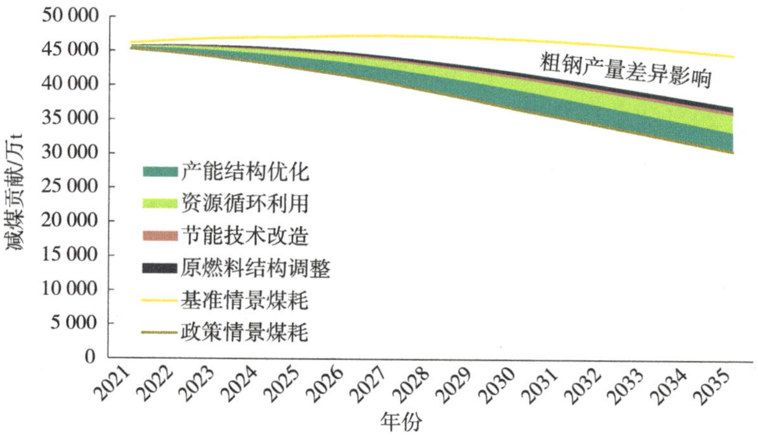

图4-23 政策情景下各措施减煤贡献

强化情景下各措施的减煤贡献如图4-24所示。与政策情景类似，产能结构优化和资源循环利用依然是减煤贡献最大的两个措施。在强化情景的“十六五”阶段，炼钢废钢比相对较高，因此其后期资源循环利用措施的减煤贡献愈加增大。

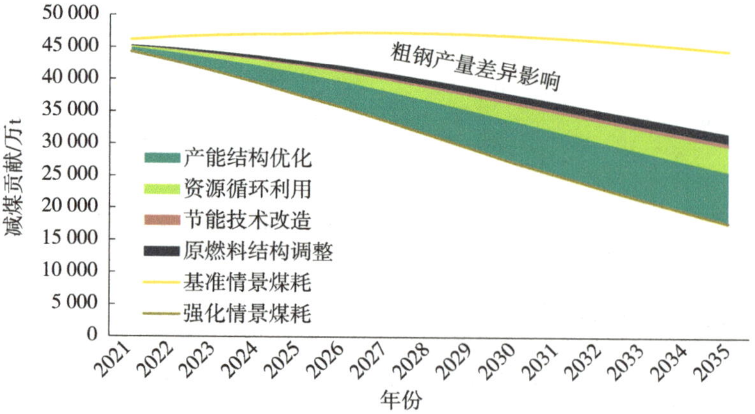

图4-24 强化情景下各措施减煤贡献

4.5 “双碳”约束下钢铁行业煤炭消费总量控制路线图

4.5.1 推荐情景与控煤目标

通过对基准情景、政策情景和强化情景各措施设定参数情况的对比可以看出，基准情景的政策实施力度较小，钢铁行业控煤降碳潜力有限，无法满足“双碳”目标；强化情景部分措施参数设置较为激进，可行性和经济性相对较差；政策情景兼顾控煤降碳目标与措施可行性，实施程度符合我国钢铁行业特点，是本研究推荐的实施情景。不同情景的设定结果，见表 4-5。

表 4-5 各情景措施设定对比

措施 / 预测结果		基准情景	政策情景	强化情景
措施力度	推进全废钢电炉短流程	电炉钢占比增幅较低，碳减排贡献较小，不能满足钢铁行业碳达峰需求	目标适中，可行性较高	考虑到我国废钢资源供给能力，2030 年达到世界平均水平可能性较小
	加大废钢利用	估计量相对保守	符合废钢铁回收行业对资源量的预测情况	社会废钢收得率设定偏高，成本较高
	节能技术推广	控煤降碳技术推广过慢	控煤降碳技术推广速度适中，成本可接受	控煤降碳技术推广成本较高，对企业进行技术改造有负面影响
	高炉炉料结构优化	球团矿配比目标偏低（2035 年达到 20%），控煤降碳效果有限	目标适中，兼顾控煤降碳效果和可行性	考虑我国优质铁矿石资源禀赋和海外铁矿品位，2035 年球团矿配比增至 40% 的可行性较小
	碳中和革命性技术	不进行推广或不满足“双碳”约束	技术示范规模符合实际情景	技术示范规模偏激进，实现可能性较低
控煤降碳效果	粗钢产量达峰年及峰值	2030 年，11.80 亿 t	2025 年，11.05 亿 t	2021 年，10.68 亿 t
	煤耗达峰年及峰值	2027 年，4.74 亿 tce	2020 年，4.62 亿 tce	2020 年，4.62 亿 tce
	碳排放达峰年	“十四五”后期	2020 年	2020 年
协同减排（相对于基准情景）			SO_2 减排 18.06 万 t/a NO_x 减排 50.85 万 t/a PM 减排 6.36 万 t/a	SO_2 减排 20.12 万 t/a NO_x 减排 55.56 万 t/a PM 减排 7.26 万 t/a
控煤降碳投资		合计 1 702 亿元（2021—2035 年）	合计 2 569 亿元（2021—2035 年）	合计 3 739 亿元（2021—2035 年）

在政策情景下，提出碳达峰碳中和约束下钢铁行业的控煤目标，见表 4-6。

表 4-6　碳达峰碳中和约束下钢铁行业控煤目标

指标	2020 年	2025 年	2030 年	2035 年
粗钢产量 / 亿 t	10.65	11.05	10.63	9.58
煤炭消费总量（含焦炭）/ 亿 tce	4.6	4.2	3.7	3.1

4.5.2　钢铁行业控煤降碳措施路线图

我国钢铁行业控煤降碳措施路线图如图 4-25 所示。

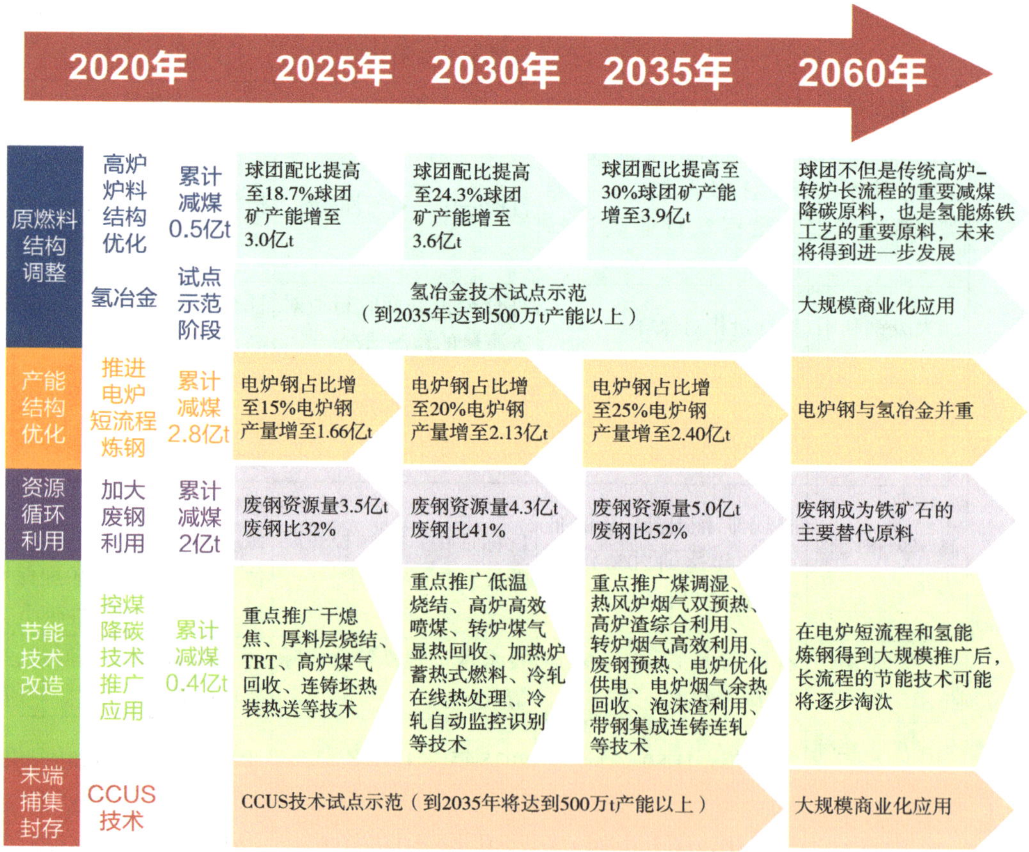

图 4-25　钢铁行业控煤降碳措施路线图

（1）“十四五”阶段（2021—2025 年）

推进全废钢电炉短流程是“十四五”阶段钢铁行业控煤降碳的主要措施。到 2025 年，电炉钢占比将在 2020 年基础上增长 50%，达到 15%，电炉钢产量达到 1.7 亿 t 以上；在此基础上保障废钢供给，到 2025 年，废钢资源量达到 3.4 亿 t，并逐步提高电炉钢废钢利用率；增大现有高炉的球团矿配比，到 2025 年，全行业平均配比增至 18%，并持续推进钢铁行业各工序的节能技术推广；积极探索氢冶金技术和 CCUS 技术稳定产出和运行，为钢铁行业“碳达峰”后碳排放逐步下降进行技术储备。“十四五”期间，累计投资成本 1 297 亿元，平均每年减少钢铁行业煤耗 1 720 万 tce。

（2）“十五五”阶段（2026—2030 年）

加大废钢利用是“十五五”阶段钢铁行业控煤降碳的主要措施，到 2030 年，废钢资源量达到 4.3 亿 t 以上，炼钢废钢占比达到 40% 以上，废钢成为钢铁行业铁素原料的主要替代；电炉钢占比进一步提升，到 2030 年增至 20%，电炉钢产量增至 2.1 亿 t；继续提高球团矿配比和节能技术推广，到 2030 年，全行业球团矿配比增至 24%；有效降低氢冶金和 CCUS 技术成本，在大型钢企逐步推广。随着粗钢产量逐年降低，“十五五”期间各措施投资成本有所下降，累计投资 908 亿元，平均每年减少钢铁行业煤耗 4 440 万 tce。

（3）“十六五”阶段（2031—2035 年）

“十六五”期间，钢铁行业控煤降碳措施继续稳步推进，到 2035 年，电炉钢占比增至 25%，电炉钢产量增至 2.4 亿 t，球团矿配比提高至 30%，废钢资源量达到 5 亿 t；氢冶金和 CCUS 技术逐步达到商业化应用，累计产能达到 500 万 t 以上。“十六五”期间累计投资成本 364 亿元，平均每年减少钢铁行业煤耗 6 139 万 tce。

（4）2060 年碳中和目标展望

“十六五”以后，我国钢铁行业在“零碳”目标下，生产工艺和技术均将发生较大变动。由于已实现工业化和城市化，粗钢产量将随着需求降低而进一步下降。一方面，经过 2021—2035 年的技术积累，氢冶金将取代高炉－转炉长流程工艺，成为与电炉短流程并重的生产工艺，烧结矿产能将逐渐被氢冶金工艺的竖炉所需的球团矿替代，传统长流程炼钢的节能技术也将被逐步淘汰；另一方面，钢铁行业 60% 以上的铁素原料将由废钢提供。CCUS 将成为钢铁行业碳中和的重要技术，氢冶金等工艺产生的二氧化碳将通过 CCUS 技术被彻底削减。

4.5.3　不确定性分析

钢铁行业未来控煤降碳路径的不确定性主要体现在产量和措施实施力度方面。

对于粗钢产量，我国已进入工业化中后期，且城镇化带来的建筑业粗钢需求有限。但就近年趋势来看，我国粗钢产量一直维持高位。2021 年出台的粗钢产量控制政策延续性存在较大不确定性；虽然我国粗钢出口量一直维持在较低水平，但未来，随着“一带一路”倡议不断深入推进和中美贸易摩擦持续，我国高铁、汽车、机械、家电等产品出口量也将存在不确定性，由此也影响了钢材的间接出口量。

对于措施实施力度，目前我国铁矿石很大份额依赖进口，因此，澳大利亚、巴西等铁矿石主产区的对华贸易政策给球团矿和废钢资源的供给带来一定的不确定性，间接影响控煤降碳路径中推进全废钢电炉短流程和高炉炉料结构优化这两项措施的实施力度。此外，在整体经济下行影响下，企业的技术革新积极性将受到影响，节能技术改造和氢冶金、CCUS 技术的研发和推广也存在一定的不确定性。

4.5.4 钢铁行业控煤降碳保障措施

4.5.4.1 推动绿色布局

（1）优化产业布局

科学优化生产力布局，切实改变“北钢南运”的现象。京津冀地区需大幅压减钢铁产能，特别是高炉－转炉长流程钢铁产能；鼓励有环境容量、有市场需求、有废钢保障、钢铁产能相对不足的地区积极承接转移产能，合理布局发展短流程炼钢。重点在京津冀及周边、长三角等长流程工艺集中且生态环境保护重点地区，推动一批高炉－转炉长流程企业转型为电弧炉短流程企业。对于符合城市发展规划、具备转型条件，又受到地方环保限制的城市钢厂，鼓励其就地通过工艺改造转型发展短流程炼钢，减少污染物排放；靠近市场，减少物流环节。

（2）严禁新增产能

严格执行《钢铁行业产能置换实施办法》（工信部原〔2021〕46 号），严格控制增量。一方面，深入推进钢铁行业供给侧结构性改革，坚持《国务院关于钢铁行业化解过剩产能实现脱困发展的意见》（国发〔2016〕6 号）有关要求，严禁以任何名义、任何方式备案新增钢铁产能的项目。持续巩固化解钢铁过剩产能成果，进一步建立健全巩固去产能成果长效机制，完善举报核查响应机制，严防“地条钢”死灰复燃和已化解的过剩产能复产。严肃查处各类违法违规新增钢铁产能行为，充分发挥负面典型警示教育作用，始终保持“零容忍”高压态势。另一方面，对于确有必要建设的钢铁冶炼项目，严格执行产能置换办法，加大长流程减量置换的比例，完善相关置换政策细节要求，按规定进行公示公告，接受社会监督。同时，要统筹所在区域总体低碳发展要求，确保项目符合安全、环保、能耗、用地以及项目备案有关要求，并做好项目事中、事后监管。对于列入鼓励率先实现碳达峰的区域产能置换项目，宜采用全废钢电炉短流程工艺，并完善相关配套政策。

（3）加大绿色物流

持续提升厂外物流绿色化水平。结合运输结构调整，推进行业外部运输公转铁、公转水，加大对铁路专用线和码头泊位建设的支持力度。对于进厂原燃辅料及出厂钢材产品和副产品，优先选用铁路、水路、管道或管状带式输送机等清洁方式及新能源汽车运输，鼓励进出厂原燃辅料及产品采用集装箱多式联运。持续提升厂内物流绿色化水平。通过全面实施皮带、轨道、辊道运输系统建设，最大限度地减少厂内汽车运输量。厂内原燃料堆场宜选用机械化料场，厂内装卸设备宜选用桥式起重机、桥式装 / 卸船机、门座式装 / 卸船机、翻车机、螺旋卸车机、链斗卸车机等机械化设备，减少非道路移动机械使用量。

（4）区域能源整合

发挥钢铁生产流程能源加工转化功能，构建以钢铁生产为核心的能源产业链。因地制宜，选择经济合理的供应半径，与钢铁生产企业周边石化、化工、建材、有色等工业企业、工业气体公司、居民及商业用户等实现煤气、蒸汽、水等能源互供，替代区域内能耗、污染物、碳排放较高供应设施，实现区域能源、环境资源协同优化。鼓励采用热泵技术提取低品质余热资源为周边用户供暖。

4.5.4.2　节能及提升能效

（1）推广先进适用的节能低碳技术

大力推广烧结烟气循环、高炉炉顶均压煤气回收、炼钢蓄热式烘烤、加热炉黑体强化辐射、无头轧制等工艺技术；重点推广焦炉工序上升管余热回收技术，高炉冲渣水余热回收技术，烧结、炼钢、轧钢工序余热蒸汽回收利用技术，以及低温烟气、循环冷却水等低品质余热回收技术；全面普及干熄焦、高炉煤气干法除尘、转炉煤气干法除尘“三干”技术和钢铁副产煤气高参数发电机组提升改造技术；大幅提高节能型水泵、永磁电机、永磁调速、开关磁阻电机等高效节能机电产品使用比例。

（2）提高余热余能自发电率

重视钢铁能源转换功能，根据不同品质的能源介质及不同区域，按照“分配得当、各得所需、温度对口、梯级利用、能尽其效”的科学用能原则实现能源高效转换利用。科学制定煤气平衡制度，合理分配煤气资源，根据能源品质考虑经济输送半径，形成经济规模，优化以蒸汽为载体的运行方式，实现煤气 - 蒸汽 - 电力系统的相互协同及耦合优化。促进高能效转化工艺、装备、管理技术创新开发，提高煤气发电、高炉煤气干式余压发电 TRT（含 BPRT）、烧结炼钢轧钢工序余热发电、干熄焦发电等设施发电效率。

（3）提升数字化、智能化水平

提升企业能源管理的智能化水平。进一步推进互联网、人工智能、大数据等新一代信息技术在钢铁行业能源管理领域和生产过程中的创新应用，推广实施能源管控中心，推动企业数字化、智能化改造，实现各工序能源数据的全面采集。建立多维度工序能源消费和优化模型，通过核心用能设备的智能化管控、各工序智能节能系统建设、全局层面智能调度优化及管控、能源与环保协同管控，大幅提升能源的精细化管理水平和利用效率。

建立行业数字化服务平台。借助“互联网+”，建立钢铁碳排放全过程管控与评估平台，加强企业与产业园用能及排放的监测监控，实现数据的实时上传与共享。分析预测企业能源利用效率、碳排放趋势及减排潜力，在行业全面推行能效、减排对标，不断提升钢铁行业节能减排与低碳管理公共服务能力。

4.5.4.3 优化用能及流程结构

（1）原燃料结构优化

采取精料方针，稳定原料质量，优化配煤配矿，提高炼铁炉料球团矿配比，实现生产设备先进化、大型化，强化精细化管理和操作，实现固体燃料消费进一步降低，降低化石能源消费产生的碳排放。鼓励企业开展“高效球团矿生产工艺”“熔剂性球团生产”“高炉大比例球团矿冶炼”“高炉高效使用生块矿”等技术研究和应用工作，减少烧结矿用量。加大对“大比例使用球团矿”企业的政策支持，如降低球团矿生产设备的限产比例，给予国内球团用铁精粉生产企业金融和税收等方面优惠。继续加强高炉“低焦比、高煤比冶炼技术”的研究应用，减少焦炭用量。重视对焦炭、喷吹煤等主要能源介质的计量管理和监控，实现对企业能源利用效率的准确评价、分级管理，在停限产、能耗总额等方面给予优势企业政策支持。

（2）发展新能源及可再生能源

加快发展非化石能源，提高新能源和可再生能源的使用占比，积极推进清洁能源替代，实现多能互补，是钢铁工业推动低碳发展的必要补充手段。充分挖掘钢铁企业新能源及可再生能源利用潜力，发挥钢铁企业在绿色发展方面的引领作用，构建清洁能源与钢铁的互通有无机制。鼓励企业以自建或租赁方式投资建设光伏机组，充分利用钢铁企业大面积优质屋顶资源，结合地方各类光伏补贴及国家可再生能源电力消纳保障政策，打造分布式屋顶光伏发电示范项目，为化石能源企业不断向可再生能源企业转型树立标杆，提升企业绿电使用量。鼓励企业因地制宜，充分利用风能、生物质能等可再生能源。鼓励钢铁企业及以钢铁为核心的工业园区建设绿色微电网，优先利用可再生能源。

4.5.4.4　加大废钢资源回收利用

（1）推进废钢资源回收体系建设

加大废钢资源回收利用，提高电炉短流程钢产量，提高转炉废钢占比，是降低我国钢铁行业碳排放的重要途径。支持钢铁企业牵头成立大型废钢回收加工配送企业，推进废钢回收、拆解、加工、分类、配送一体化发展，提升优质废钢资源保障能力。鼓励废钢加工企业从工艺、技术、装备、产品、管理等方面加强创新研究和标准化体系建设，实现由废钢供应商到加工配送综合服务商的转变。有序放开废钢资源进口，充分发挥进口废钢的市场调节作用，降低铁矿石的对外依存度，拓宽优质资源的获取渠道。推动废钢现货、期货平台建设，促进形成公开透明有序的废钢定价机制。

（2）建立健全废钢回收行业配套支持政策

将废钢铁产业纳入新兴战略产业，促进废钢铁产业科学发展。修订《资源综合利用产品和劳务增值税优惠目录》（财税〔2015〕78 号），提高规范废钢回收企业退税比例（如达到 50%），解决地方政策不平衡带来的“税收洼地”问题，更有效地减少现在企业异地开票、钢厂门口直接倒票等不规范行为，消除“税收洼地”影响。在废钢铁回收行业统一所得税核定方法，推行简易征税办法，适当降低行业税率，减轻废钢铁回收加工企业的税收负担。

出台鼓励钢铁企业多用废钢铁的相关政策，适时鼓励发展短流程电炉炼钢，做好电炉产业布局，从源头上控制和减少污染源的产生；支持废钢铁电子商务发展，在政策引导、政策优惠等方面推动交易市场健康、快速发展，适应废钢铁产业发展需要。

4.5.4.5　构建循环经济产业链

（1）推广全生命周期绿色产品

开展全生命周期评价。基于产品全生命周期的绿色发展理念，遵循能源资源消费最低化、生态环境影响最小化、可再生资源最大化原则，鼓励钢铁企业开展全生命周期绿色评价和诊断工作，以产品全生命周期评价为依托，建立健全钢铁产品全生命周期数据库，搭建低碳节能绿色产品生产体系。

打造绿色产品供应链。鼓励钢铁企业打造钢铁绿色产品供应链，大力发展具有轻量化、长寿命、耐腐蚀、耐磨等绿色低碳产品，引导建筑、机械、汽车、家电、造船等下游行业绿色消费。

构建绿色产品信息系统。加快建立钢铁行业绿色产品数据库和信息采集共享制度，及时发布绿色产品评价标识、推广目录、试点示范、政策法规等信息。在政府绿色采购目录中选用钢铁绿色产品，加快构建绿色钢材选用机制；扩大绿色产品应用范围；鼓励政府各类试点示范工程和推广项目、政府和国有企业投资项目优先选用钢铁绿色设计产品；引导建筑、机械和汽车等重点行业的重点用户选用钢铁绿色设计产品或提供全生命周期评价报告的产品。

（2）固废资源化利用

以减量化、资源化和再利用为主要原则，降低固废产生量，提升固废资源综合利用规模、资源化利用水平、产品附加值，优化固废资源综合利用管理工作。鼓励钢铁行业开展固废资源化利用，大力推广以高炉渣、钢渣为原料的矿渣微粉、钢渣微粉生产应用。鼓励钢铁企业与水泥企业协同合作，延伸产业链，打造绿色低碳水泥及制品。鼓励开展高活性矿渣微粉、钢渣微粉技术研发与应用，提高水泥的原料替代率。扩大钢渣高效利用方向及规模，重点开发钢渣用于水泥、混凝土生产和道路建设先进技术，促进钢渣分级、规模化综合利用。建立钢铁、水泥两大行业碳减排分享机制，完善固废基绿色低碳水泥及制品应用标准和规范体系。鼓励下游建筑建材企业在符合应用标准要求下，优先采用固废基水泥及制品，减少传统高耗能水泥及制品使用量。

（3）推动钢化联产

鼓励实施钢化联产，打造钢铁及石化、化工行业间循环经济产业链，依托钢铁企业副产的焦炉煤气、转炉煤气、高炉煤气富含的 H_2 和 CO 资源，生产高附加值化工产品。研究建立钢化联产“产学研用”创新平台，统筹有序推进钢铁与石化、化工行业协同发展，研发推广钢化联产先进技术。探索在风电、水电等可再生能源丰富的地区，通过电解水制氢，并利用钢厂富余煤气，联合生产化工产品，将副产的氧气用于钢铁冶炼。推动企业利用以焦炉煤气、转炉煤气、高炉煤气等为主要原料，采用先进、适用技术生产各种化工产品。支持钢化联产企业在重污染天气应急管控中少限产或不限产。

4.5.4.6 应用突破性低碳技术

（1）氢能冶炼

加速推动氢能冶炼技术在行业的应用。围绕以高炉富氢（或纯氢）冶炼和气基竖炉富氢（或纯氢）冶炼为主的技术路线，加强技术源头整体性的基础理论研究和产业创新发展，推动关键核心技术、工艺和装备取得重大突破，建立自主知识产权标准体系，形成成熟的低成本制氢和富氢（或纯氢）冶炼商业化、产业化应用模式。到 2035 年，力争形成若干家百万吨级和千万吨级的氢冶金一流企业。

（2）氧气高炉及非高炉冶炼

在不新增钢铁产能的前提下，鼓励有条件的钢铁企业利用现有高炉开展氧气高炉低碳冶金工业化研究试验，采用全氧鼓风、炉顶煤气循环利用、脱除 CO_2 的煤气提质与加热一体化技术，突破传统高炉碳素能源转化热力学平衡限制瓶颈，解决传统高炉碳素利用率低的问题。充分发挥国内煤炭和焦炉煤气资源丰富的比较优势，合理开发利用复合、难选铁矿资源，在综合考虑资源条件、经济可行性、技术成熟度等因素的基础上，引导和鼓励发展直接还原、熔融还原非高炉炼铁技术，发挥非高炉炼铁与电炉短流程炼钢的协同减碳效应。推动建立行业低碳冶金创新联盟，建设若干家非高炉炼铁技术引领示范企业，加快低碳冶金先进技术研发和推广应用，促进钢铁行业绿色低碳高质量发展。

（3）碳捕集、利用和封存技术

积极探索二氧化碳资源化利用的途径、技术和方法，结合地质利用或封存、化工利用、生物利用等，形成完整的二氧化碳捕集、利用一体化试点项目。开展转炉喷吹 CO_2 炼钢、碳化法钢渣综合利用、二氧化碳捕集驱油与封存及提高油田采收率（CCS-EOR）等 CCUS 技术示范性应用。采取强有力和有针对性的政策，加强投资和国际合作，加快实现 CCUS 规模化应用。推进在具有共享二氧化碳运输和存储基础设施的工业区发展 CCUS 枢纽，降低将碳捕获纳入工业生产流程的设施成本。为具有竞争力和低成本的 CCUS 项目早期投资提供便利，为 CCUS 技术深化发展提供重要的经验和教训，并支持相关基础设施的发展。

第 5 章　水泥行业控煤降碳措施及情景分析

5.1　水泥行业发展现状

5.1.1　我国是水泥生产第一大国

自 1985 年以来，我国水泥产量已连续 35 年居世界第一。2014 年，我国水泥产量达到阶段性高点 24.8 亿 t；2015—2020 年，全国水泥产量为 22 亿～24 亿 t（图 5-1）。2020 年，我国水泥产量约占世界水泥总产量的 57%。

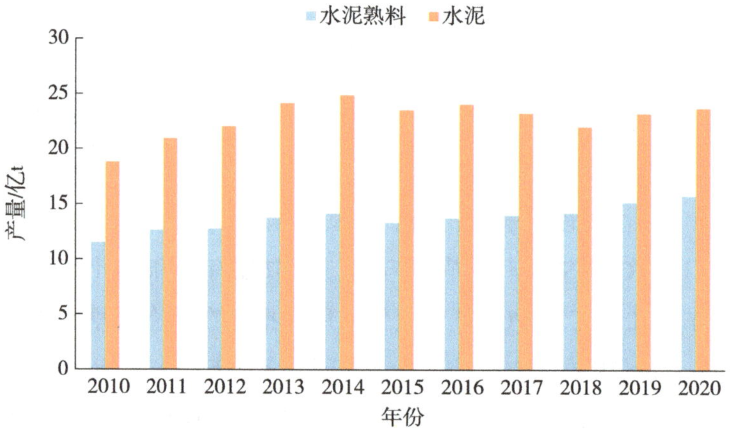

图 5-1　2010—2020 年我国水泥与熟料产量情况

水泥熟料产量呈上升趋势。在产品结构调整、质量要求提高及部分混合材价格升高等因素影响下，我国水泥熟料产量仍处于上升态势。2020 年，我国水泥熟料产量创历史新高，达到 15.8 亿 t，较 2010 年增长约 37.2%，年均增长 3%。

近年来，我国水泥进口反超出口。2017 年前，我国是水泥出口远高于进口的国家，而自 2018 年以来，我国从水泥产能过剩的东南亚国家进口大量水泥。2019 年，我国水泥进口量达到 2 475 万 t，其中熟料进口量约 2 274 万 t；2020 年，水泥熟料进口规模进一步上升至 3 400 万 t（图 5-2），占全国水泥熟料消费量的 2.1%。

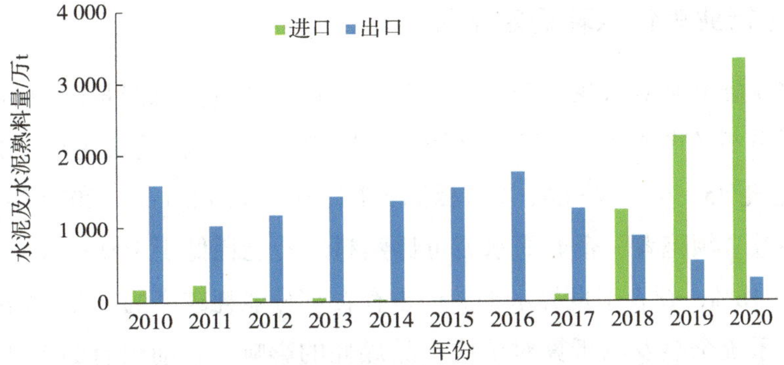

图 5-2　2010—2020 年我国水泥及水泥熟料进出口量

5.1.2　水泥熟料产能过剩局面仍未改变

水泥熟料的产能利用率区域差异较大。2020 年年底，我国设计水泥熟料产能约 18.3 亿 t。从区域分布来看，水泥熟料产能排名前五的省份为安徽、山东、四川、广东、河南，其中安徽、山东、四川产能均大于 1 亿 t。水泥熟料产能利用率的区域差异较大，2020 年，全国产能利用率约为 77.5%，其中华东、中南、西南地区产能利用率在 80% 左右，而西北、华北、东北不足 60%，产能过剩局面依然没有改变。

水泥熟料生产规模结构明显提升（图 5-3）。我国水泥熟料生产线单线规模逐年上升，平均规模从 2013 年的 3 205 t/d 提升至 2020 年的 3 689 t/d。截至 2020 年年底，全国生产许可证在有效期内的通用水泥生产企业有 3 366 家，共计 1 609 条新型干法生产线。其中，小于等于 2 500 t/d 的生产线 713 条，水泥熟料年产能约 5 亿 t/a，占总产能的 37%；5 000 t/d 及以上的生产线 82 条，水泥熟料年产能 1.8 亿 t，占总产能的 9.72%。

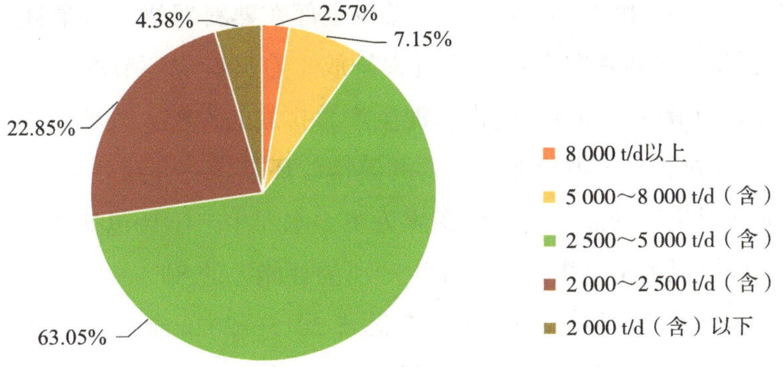

图 5-3　2020 年我国水泥熟料生产线规模结构

5.1.3 水泥行业单位煤耗稳定下降

根据900余条典型水泥生产线（涉及水泥熟料产量占总产量的50%以上）实际运行情况分析（图5-4），正常运行的熟料生产线熟料烧成煤耗92～128 kgce/t，熟料综合电耗45～66 kW·h/t，熟料综合能耗98～136 kgce/t。2020年，有28家水泥行业能效“领跑者”企业的水泥可比熟料综合能耗低于100 kgce/t，优于标准先进值9%～16%，领先于世界水平。但也存在部分能耗较高的企业急需技术改造。综合考虑窑系统余热发电折算对单位产品煤耗的影响，目前仍有20%左右的水泥熟料产能达不到《水泥单位产品能源消耗限额》（GB 16780—2012）中现有企业熟料综合煤耗限定值（112 kgce/t）。

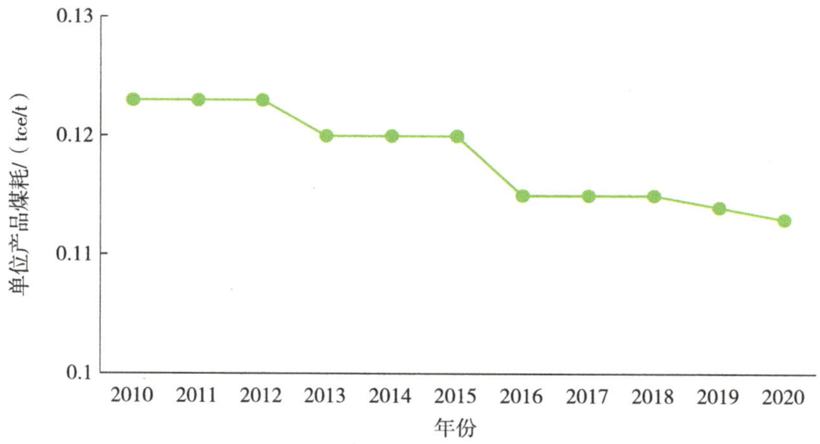

图5-4 我国水泥熟料单位产品煤耗

5.1.4 工业过程是水泥行业最主要的碳排放环节

水泥的生产主要分为生料制备、熟料煅烧和水泥粉磨三个过程，分别占水泥生产碳排放的1%、96%和3%（图5-5）。煤炭全部在熟料煅烧阶段消耗，煤炭燃烧的碳排放占总排放的35%左右；工业过程排放（熟料煅烧环节的碳酸盐分解）是水泥行业碳排放的最重要部分，约占水泥生产总排放的60%，外购电碳排放约占总排放的5%。工业过程是水泥行业最主要的碳排放环节。

我国水泥熟料生产的能源消费以燃煤为主。水泥生产能耗包括热耗和电耗两部分，能源结构以燃煤为主，煤炭占水泥生产所消耗能源的80%～85%。2014年，我国水泥熟料煤炭消费达到阶段性高点1.7亿t；2015—2020年，我国水泥熟料煤炭消费围绕1.6亿t上下波动；2020年，煤炭消费上升为1.78亿tce，超过了2014年的阶段性峰值。

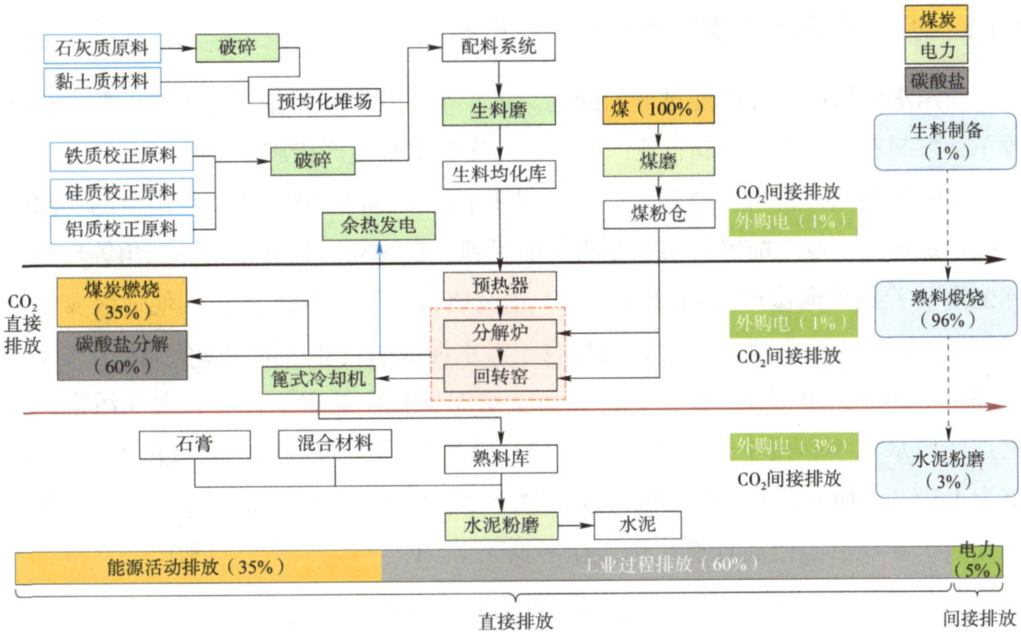

图 5-5　水泥生产工业过程煤炭消费及碳排放（2020 年）

水泥行业碳排放平缓上升。随着水泥熟料产量的增加，我国水泥行业二氧化碳排放量从 2010 年的 10.38 亿 t 逐步增加到 2020 年的 13.62 亿 t（熟料直接排放 12.94 亿 t，熟料间接排放 0.26 亿 t，水泥间接排放 0.42 亿 t）（图 5-6）。现阶段水泥行业碳排放基本处于高位震荡，虽然幅度较小，但仍处于上升通道。水泥熟料的单位碳排放稳定下降，2020 年下降至 0.84 t CO_2/t；但由于水泥熟料系数增长，从 2017 年开始，水泥的单位碳排放逐步上升，2020 年升高至 0.57 t CO_2/t。

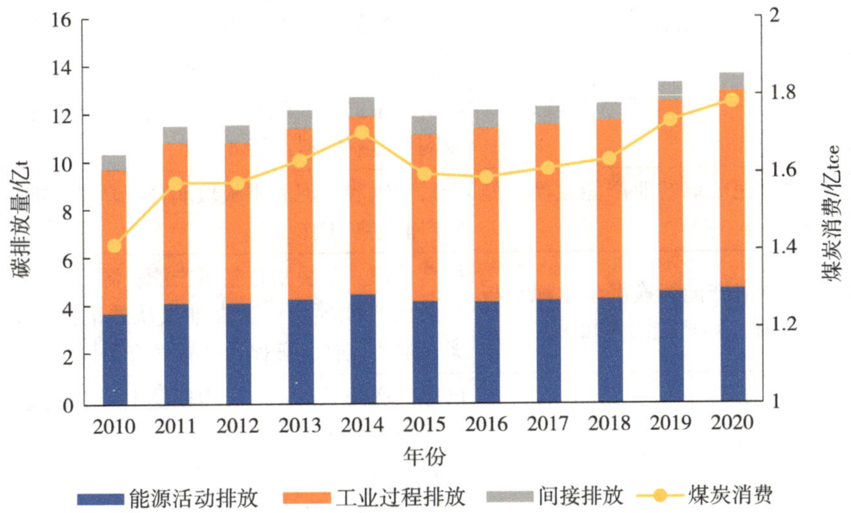

图 5-6　我国水泥碳排放和煤炭消费历年变化

5.1.5 水泥节能降碳政策经验——产能控制

我国水泥依旧存在产能过剩的问题。近年来，我国积极推动行业供给侧结构性改革，限制新增产能，推动行业产能置换，实施错峰生产措施。

在限制新增产能和产能置换上，工业和信息化部在2015年4月出台的《部分产能严重过剩行业产能置换实施办法》中提到，京津冀、长三角、珠三角等环境敏感区需要置换被淘汰产能的数量不低于建设项目产能的1.25倍，其他地区实施等量置换。2021年，工业和信息化部出台了《水泥玻璃行业产能置换实施办法》（工信部原〔2021〕80号）（表5-1），提高了水泥项目产能置换比例，大气污染防治重点区域水泥项目由1.5∶1调整为2∶1，非大气污染防治重点区域由1.25∶1调整为1.5∶1；加大低效产能压减力度，对产业结构调整目录限制类的水泥产能及跨省置换水泥项目，产能置换比例一律不低于2∶1；鼓励固废综合利用，湖北、贵州等五省磷（钛、氟）石膏生产水泥项目产能可实施等量置换。

表5-1 产能置换相关政策

时间	政策	主要内容
2015年3月	《关于水泥行业产能置换有关问题的意见》	水泥粉磨站新建（改、扩）和在建项目，可依据本地区水泥工业结构调整方案优化布局；JT窑可用于水泥熟料（改、扩）建项目产能置换
2015年4月	《部分产能严重过剩行业产能置换实施办法》	京津冀、长三角、珠三角等敏感区需要置换被淘汰的产能的数量不能低于建设项目产能的1.25倍，其他地区实施等量置换
2016年5月	《国务院办公厅关于促进建材工业稳增长调结构增收益的指导意见》	通过严禁新增产能、淘汰落后产能、推进联合重组以及推行错峰限产等方法，压减过剩产能
2017年6月	《水泥工业“十三五”发展规划》	到2020年年末，水泥行业产能严重过剩矛盾基本解决，推进企业联合重组，化解过剩产能，实现压减淘汰过剩熟料产能4亿t
2017年12月	《钢铁水泥玻璃行业产能置换实施办法》	严禁钢铁、水泥和平板玻璃行业新增产能，继续做好产能置换工作
2018年8月	《关于严肃产能置换严禁水泥平板玻璃行业新增产能的通知》	提高认识、坚决禁止新增产能；源头把关，严禁备案新增产能项目；认真细致从严审批产能置换方案；强化监督，确保产能置换方案执行到位
2020年1月	《水泥玻璃行业产能置换实施办法操作问答》	已经停产两年或者三年内以及生产不超过一年的水泥熟料不能用于产能置换；位于环境敏感区的水泥熟料项目产能置换比例至少为1.5∶1；位于非环境敏感区的水泥熟料项目产能置换比例至少为1.25∶1；西藏地区的水泥熟料建设项目执行等量置换

续表

时间	政策	主要内容
2020 年 12 月	《水泥玻璃行业产能置换实施办法（修订稿）》	位于国家规定的大气污染防治重点区域或跨省级辖区实施产能置换的水泥熟料，产能置换比例为 2：1；位于非大气污染防治重点区域的水泥熟料，产能置换比例为 1.5：1
2021 年 7 月	《水泥玻璃行业产能置换实施办法》	位于国家规定的大气污染防治重点区域实施产能置换的水泥熟料建设项目，产能置换比例不得低于 2：1；位于非大气污染防治重点区域的水泥熟料建设项目，产能置换比例不得低于 1.5：1

错峰生产是指我国北方地区冬季采暖期内，水泥企业实行全面停窑，在春季采暖结束后再开窑生产的运行机制（表 5-2）。夏季错峰生产主要是将水泥的生产期与臭氧浓度高峰期、夏季用电高峰期错开，以提升大气质量。在错峰生产方面，国家出台了《关于 2015 年北方 15 省市自治区水泥企业冬季错峰停窑总体方案》等。在《重点区域建材工业 2018—2020 年秋冬季开展错峰生产的通知（征求意见稿）》中提到，苏浙沪皖等非采暖区域要执行《水泥工业大气污染物排放标准》，并结合实际情况执行春节、夏季、雨季限产。这是官方文件中首次明确定义南方地区的春季、夏季和雨季限产。

表 5-2　产能置换相关会议、政策

时间	政策	主要内容
2014 年 3 月	2014 年全国“两会”	为治理雾霾，化解产能过剩，建议对黑龙江、吉林、辽宁、河北、内蒙古等北方五省区实行冬季采暖期水泥生产统一停窑、春季采暖结束后开窑生产的运行机制
2015 年 8 月	《关于 2015 年北方 15 省市自治区水泥企业冬季错峰停窑总体方案》	提出了错峰停窑的指导思想、工作原则、环境及经济效益预评估、实施步骤及错峰停窑的常态化政策建议
2015 年 11 月	《关于在北方采暖区全面试行冬季水泥错峰生产的通知》	北方采暖地区的水泥熟料生产线实行错峰生产，但承担居民供暖、协同处置城市生活垃圾及危险废物等特殊任务的熟料生产线除外。同时，对各地错峰生产提供了时间安排规划
2016 年 5 月	《国务院办公厅关于促进建材工业稳增长调结构增效益的指导意见》	在采暖地区的采暖期内全面实行水泥熟料（含利用电石渣）错峰生产。缩短水泥熟料装置运转时间，压减采暖地区熟料产能，同时有效避免水泥熟料生产排放与采暖锅炉排放叠加，减轻采暖期大气污染

续表

时间	政策	主要内容
2017 年 11 月	《关于“2+26”城市部分工业行业 2017—2018 年秋冬季开展错峰生产的通知》	水泥行业（含特种水泥，不含粉磨站）在采暖季按照《工业和信息化部　环境保护部关于进一步做好水泥错峰生产的通知》（工信部联原〔2016〕351 号）有关规定实施错峰生产。承担居民供暖、协同处置城市垃圾或危险废物等保民生任务的，可不全面实施错峰生产，但应根据承担任务量核定最大允许生产负荷，报地市级人民政府备案并在门户网站上公告。水泥粉磨站在重污染天气预警期间，应实施停产
2018 年 6 月	《打赢蓝天保卫战三年行动计划的通知》	重点区域实施秋冬季重点行业错峰生产。加大秋冬季工业企业生产调控力度，各地针对焦化等高排放行业，制订错峰生产方案，实施差别化管理。要将错峰生产方案细化到企业生产线、工序和设备，载入排污许可证。企业未按期完成治理改造任务的，一并纳入当地错峰生产方案，实施停产。属于《产业结构调整指导目录》限制类的，要提高错峰限产比例，或实施停产
2018 年 10 月	《重点区域建材工业 2018—2020 年秋冬季开展错峰生产的通知（征求意见稿）》	苏浙沪皖等非采暖区域要执行《水泥工业大气污染物排放标准》，并结合实际情况执行春节、夏季、雨季限产
2020 年 1 月	《认真开展水泥错峰生产坚决打好污染防治攻坚战》	山西、内蒙古、辽宁、吉林、黑龙江、山东、河南、陕西、甘肃、宁夏、新疆、河北、湖北、浙江等地陆续发布了 2019—2020 年采暖季水泥行业错峰生产方案，避免水泥熟料生产排放与取暖锅炉排放叠加，减轻采暖期大气污染

政府部门做出了进一步指示，鼓励并支持企业之间积极探索多种兼并重组模式，整合资源，充分发挥大企业集团在环境保护、智能制造、智慧物流等方面的领军作用，加快行业转型升级，优化市场布局，提高产业集中度，充分利用产业政策推动行业的供给侧结构性改革。

据统计，2020 年国内累计淘汰落后水泥产能 2 880 万 t，同比增长 74%。其中西北地区淘汰最多，达 1 055 万 t；其次是华东地区，淘汰 1 030 万 t，东北地区，淘汰 400 万 t，西南地区，淘汰 395 万 t，华中、华北、华南没有淘汰。分省来看，江西淘汰最多，达 680 万 t；其次是陕西淘汰 500 万 t 和吉林淘汰 400 万 t。数据显示，北方市场置换淘汰水泥产能较南方市场多，加上北方多数省份每年执行采暖季错峰生产，连续停窑 4 个月以上，对整个北方市场水泥产能过剩矛盾起到较大的缓解作用。

5.2　水泥行业控煤降碳情景分析

5.2.1　经济发展对水泥行业的需求分析

本研究采用多因素拟合分析法 + 类比分析法、需求预测法和需求侧管理法预测水泥熟料消费量。

（1）多因素拟合分析法 + 类比分析法

经济发展模式和结构变化对熟料需求会产生很大影响，主要的影响因素包括城镇化率、人均 GDP、固定资本形成总额、三次产业结构、固定资产投资结构等（表 5-3）。分析熟料消费与上述影响因素之间的关系，建立关系模型。采用 AHP 法确定各因素在预测熟料消费值时的权重，建立熟料消费量预测的多因素拟合分析模型，预测“十四五”时期我国水泥熟料的消费量。所建立的模型如下：

$$
\begin{aligned}
Y &= \sum_{n=1}^{5} A_n f(X_n) \\
&= 0.2f(X_1) + 0.26f(X_2) + 0.32f(X_3) + 0.1f(X_4) + 0.12f(X_5)
\end{aligned}
$$

式中：Y 表示熟料消费量，t；A_n 表示模型赋权，%；X_n 表示影响因素与水泥熟料消费量的关系。

研究借鉴发达国家（地区）水泥消费峰值后的变化趋势，结合我国国情，对中长期水泥熟料消费量进行预测。

表 5-3　2000—2020 年相关因素取值

年份	城镇化率 /%	人均 GDP/（元 / 人）	固定资本形成总额 / 亿元	三次产业比例
2000	36.2	7 912	32 669	14.7 : 45.5 : 39.8
2001	37.7	8 486	36 940	14.0 : 44.8 : 41.2
2002	39.1	9 212	42 417	13.3 : 44.5 : 42.2
2003	40.5	10 088	51 136	12.3 : 45.6 : 42.1
2004	41.8	11 032	58 924	12.9 : 45.9 : 41.2
2005	43	12 271	66 950	11.6 : 47.1 : 41.3

续表

年份	城镇化率 /%	人均 GDP/（元 / 人）	固定资本形成总额 / 亿元	三次产业比例
2006	44.3	13 732	75 899	10.6 ∶ 47.6 ∶ 41.8
2007	45.9	15 559	87 978	10.2 ∶ 46.9 ∶ 42.9
2008	47	16 990	98 435	10.1 ∶ 47.0 ∶ 42.9
2009	48.3	18 486	123 494	9.6 ∶ 46.0 ∶ 44.4
2010	49.9	20 416	141 334	9.3 ∶ 46.5 ∶ 44.2
2011	51.3	22 254	156 734	9.2 ∶ 46.5 ∶ 44.3
2012	52.6	23 847	172 633	9.1 ∶ 45.4 ∶ 45.5
2013	53.7	25 573	190 648	8.9 ∶ 44.2 ∶ 46.9
2014	54.8	27 346	202 823	8.6 ∶ 43.1 ∶ 48.3
2015	56.1	29 108	212 196	8.4 ∶ 40.8 ∶ 50.8
2016	57.3	30 968	228 330	8.1 ∶ 39.5 ∶ 52.4
2017	58.5	32 896	242 363	7.5 ∶ 39.8 ∶ 52.7
2018	59.6	34 999	260 016	7.0 ∶ 39.7 ∶ 53.3
2019	60.6	37 031	271 554	7.1 ∶ 38.6 ∶ 54.3
2020	61.5	37 601	285 015	7.5 ∶ 37.5 ∶ 55.0

（2）需求预测法

从水泥需求构成来看，房地产和基建投资在水泥需求中占主要部分。其中，在“十四五”及今后较长时期内，投资趋势存在最大不确定性的是房地产业，其投资走势对水泥需求的影响起主导作用。因此，本研究以房地产政策环境进一步收紧为假设前提，依据“十四五”“十五五”“十六五”期间房屋竣工面积的预测，对我国未来水泥和熟料消费需求进行测算。

（3）需求侧管理法

需求侧管理法是通过提高材料的利用效率和加强循环再利用来降低水泥的需求，设定到 2025 年、2030 年和 2035 年水泥用量比需求预测法预测的水泥产量分别降低 2%、3% 和 5%。

三种预测方法的结果如图 5-7 所示。

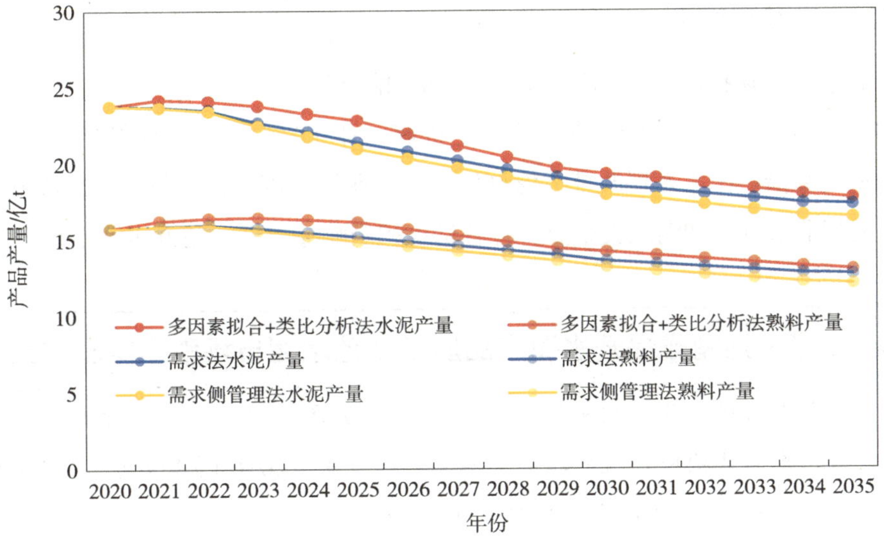

图 5-7　我国水泥熟料和水泥产量预测

5.2.2　控煤措施情景设定

水泥行业控煤降碳措施包括产业结构优化、能源结构调整、节能技术改造、资源循环利用和末端捕集封存五类（图 5-8）。本研究设定基准情景、政策情景和强化情景三个水泥行业发展情景。在基准情景下，水泥行业依据现有政策发展。在政策情景下，水泥行业实施较强的控煤降碳措施。在强化情景下，水泥行业的各项控煤降碳措施均提高到最大强度。在基准情景、政策情景和强化情景下的水泥和水泥熟料产量分别对应多因素拟合分析法、需求预测法和需求侧管理法的产量。

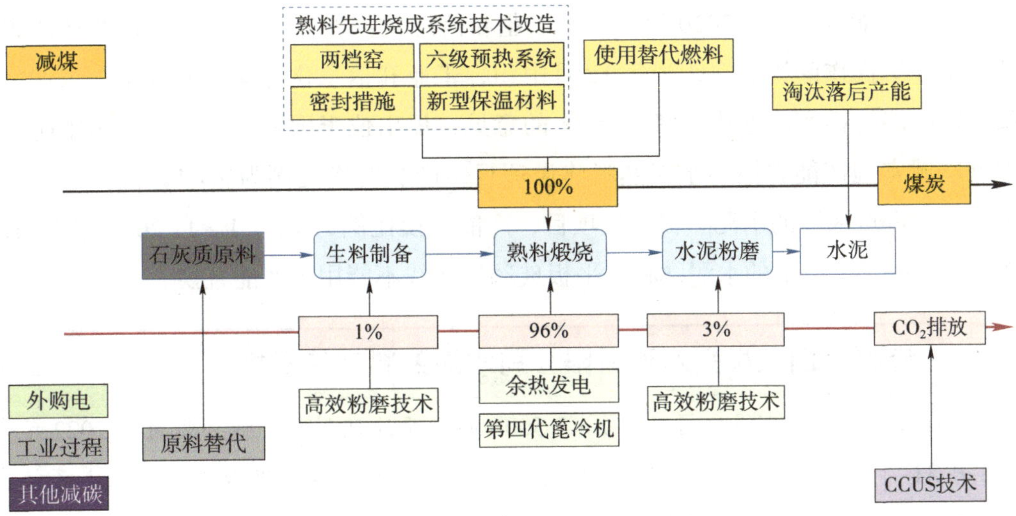

图 5-8　国内外先进控煤降碳措施工序图

5.2.2.1 产业结构优化

产业结构优化措施包括淘汰落后产能和产能置换。

淘汰落后产能：加快淘汰落后产能是提高工业水平、调整产业结构、加快节能减排的重要举措。国家发展改革委修订发布《产业结构调整指导目录（2019年本）》，提出水泥行业限制类和淘汰类企业。各省份也积极响应，发布地方实施方案。

> **专栏 河南省提升水泥产品质量规范水泥市场秩序实施方案**
>
> 坚决淘汰落后产能，化解过剩产能。严格落实《国务院办公厅关于促进建材工业稳增长调结构增效益的指导意见》（国办发〔2016〕34号）、国家发展改革委发布的《产业结构调整指导目录（2019年本）》、工业和信息化部等16部门《关于利用综合标准依法依规推动落后产能退出的指导意见》（工信部联产业〔2017〕30号），严防落后产能死灰复燃，鼓励粉磨企业按照减量置换原则实施转型升级。严禁新增产能，严格落实工业和信息化部印发的《水泥玻璃行业产能置换实施办法》，用于建设项目置换的退出产能在建设项目投产前须关停并完成拆除退出；强化社会舆论监督，对于产能置换公示期接到的意见，要认真调查核实；召开听证会的，要充分研究听证意见，对接到的意见依法处置。

产能置换：产能置换是利用市场化、法治化手段推动水泥玻璃行业供给侧结构性改革、化解过剩产能的有效手段。通过产能置换严禁新上扩大产能项目，有效遏制产能无序扩张，积极推动化解过剩产能、调整产业布局、兼并重组、提升技术装备水平、节能减排等。2020年1月，工业和信息化部发布《水泥玻璃行业产能置换实施办法操作问答》后，当年12月中旬，工业和信息化部又公开征求《水泥玻璃行业产能置换实施办法（修订稿）》的意见，提出位于国家规定的大气污染防治重点区域实施产能置换的水泥熟料建设项目，产能置换比例为2：1；位于非大气污染防治重点区域的水泥熟料建设项目，产能置换比例为1.5：1。自2013年以来，连续停产两年及以上的水泥熟料、平板玻璃生产线不能用于产能置换。

> **专栏 山东泉兴水泥有限公司水泥熟料产能置换**
>
> 山东泉兴水泥有限公司日产2×2 500 t新型干法熟料生产线项目将于2022年12月31日停产，按照1：1.25的置换比例，在山东省枣庄市台儿庄区张山子镇后孟村新建日产4 000 t新型干法水泥熟料生产线暨协同处置污染土项目。

结合生产线区域分布、各地关于淘汰落后产能和产能置换的政策，设定基准情景、政策情景和强化情景下淘汰落后产能和产能置换措施的实施力度。

5.2.2.2　能源结构调整

积极推进燃料替代是水泥行业减煤的重要措施。水泥行业可利用的替代燃料有 100 多种，替代燃料经预处理后投入回转窑中，可实现煤的替代，是重要的行业减碳技术。在水泥窑可使用的替代燃料主要是有热值的有机废物，如废轮胎、废橡胶、废塑料、废油、城市生活污泥、垃圾等。对于低热值或危险废物，一般采用专业设施进行焚烧处理。

表 5-4　替代原料选择标准

类别	发热量 /（MJ/kg）	可利用率	二氧化碳排放	二氧化硫排放	重金属排放	最大替代率 /%
废旧轮胎	34.6	高	减少	减少	不变	35.56
城市生活垃圾	19.48	高	减少	不变	减少	32.15
工业废电解池	15.46	中	减少	不变	不变	11.35
肉骨粉	14.36	高	减少	不变	不变	11.24
农作物	15.75	中	不变	减少	建晒	36.48
废塑料	22.36	中	减少	减少	不变	18.26
废油和废溶剂	19.82	高	建晒	不变	不变	19.48
干燥污泥	11.37	高	不变	减少	不变	10.36

从表 5-4 可以看出，城市生活垃圾发热量较高，且二氧化碳、二氧化硫以及重金属排放比较少，可以满足水泥企业节能减排需求。同时，城市生活垃圾分类政策的推行能够降低水泥窑协同处置生活垃圾的成本。

水泥窑协同处置生活垃圾的技术可以分为两大类：第一类为垃圾预处理后焚烧技术，包括原生态垃圾经预处理先干化后分选焚烧利用的华新模式、原生态垃圾经预处理先分选后干化焚烧利用的中材模式；第二类为垃圾焚烧后利用烟气技术，包括原生态垃圾进场使用气化炉焚烧利用的海螺模式、原生态垃圾进场使用洛阳炉焚烧利用的中信重工模式、原生态垃圾进场使用热盘炉焚烧利用的华润宾阳模式、原生态垃圾进场使用炉排炉焚烧利用的凯盛开能黔西模式等。

（1）垃圾预处理后焚烧技术

1）华新技术

华新技术分为生态预处理工厂和水泥窑协同处置两部分（图 5-9）。从垃圾进厂到入窑处置，可分为接收，一次破碎、干化、分选，二次破碎，除臭，渗滤液处理及入窑协同处置六个系统。

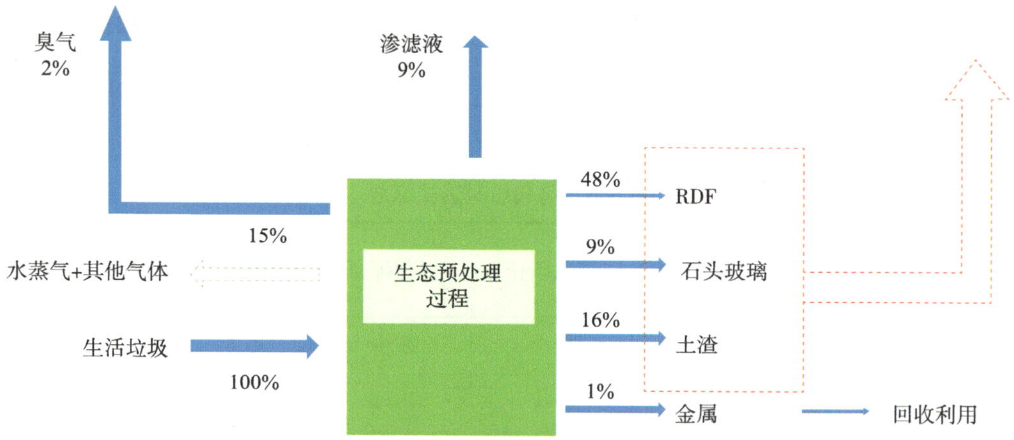

图 5-9　华新技术流程示意图

生态预处理工厂主要包含生活垃圾接收，一次破碎、干化、分选及二次破碎等过程。废弃物经华新生态工厂处理后，分为五大部分，即衍生燃料（RDF）、无机惰性材料、渗滤液、臭气和金属。水泥窑协同处置主要工艺装备为入窑系统。RDF经过一系列输送计量装置，喂入水泥窑分解炉，替代部分燃煤。无机渣土（成分与水泥生产所需石灰石、黏土相近）经破碎、干化及分类处理后，作为原料用于水泥生产。

2）中材国际（SINOMA）技术

中材国际垃圾预处理工艺包括一级计量、一级人工大件分拣、一级破碎、三级筛分、两级复合风选、多级磁选、一级混合搅拌、替代原料装载、替代燃料压缩脱水与装载、外部转运等环节，形成复合分选工艺。工厂还单独配有除尘、除臭及渗滤液处理系统（图 5-10）。水泥厂接纳系统包括：①厨余物或替代原料接纳供给控制系统。将厨余物与石灰石混合计量，喂入原料磨系统进行低温烘干粉磨，形成生料；②可燃物接纳供给控制系统。将可燃物喂入分解炉燃烧；③旁路放风处理系统。根据需要进行定时放风控制。

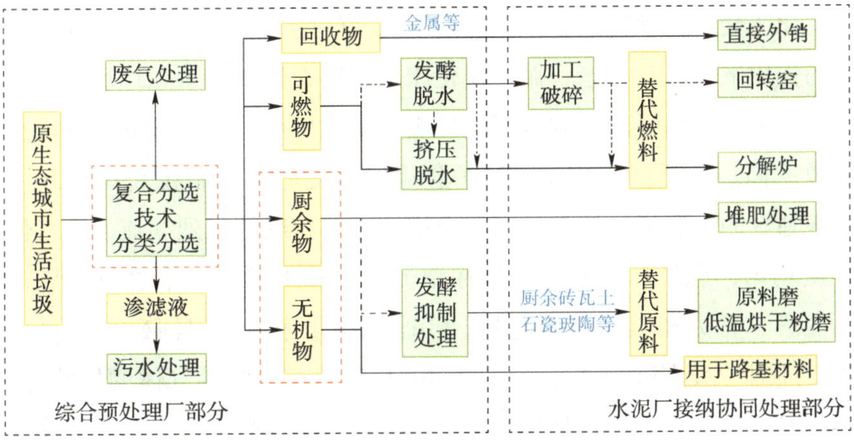

图 5-10　中材国际技术流程示意图

（2）垃圾焚烧后利用烟气技术

1）海螺技术（CKK 系统）

海螺技术工艺流程为：①生活垃圾用密封运输车运送进厂，称重后卸入垃圾坑，通过破碎、搅拌均化后送入垃圾供料系统，定量喂入循环流化床气化炉中焚烧气化。②垃圾与炉内高温流动介质充分接触产生气化，一部分可燃性气体向流动介质提供热源，另一部分气体送分解炉焚烧。垃圾气化后形成的有害物质经分解炉焚烧分解，生成物被水泥窑内碱性物料吸收，固化在熟料中，废气经窑尾处理系统净化后排出。③气化炉内产生的不可燃物在炉底部排出。排出的炉渣分离出铁、铝金属后，作水泥配料的原料。④垃圾坑渗出的污水经收集和过滤后，送到气化炉内高温氧化，完全分解有机成分，实现无害化（图 5-11）。

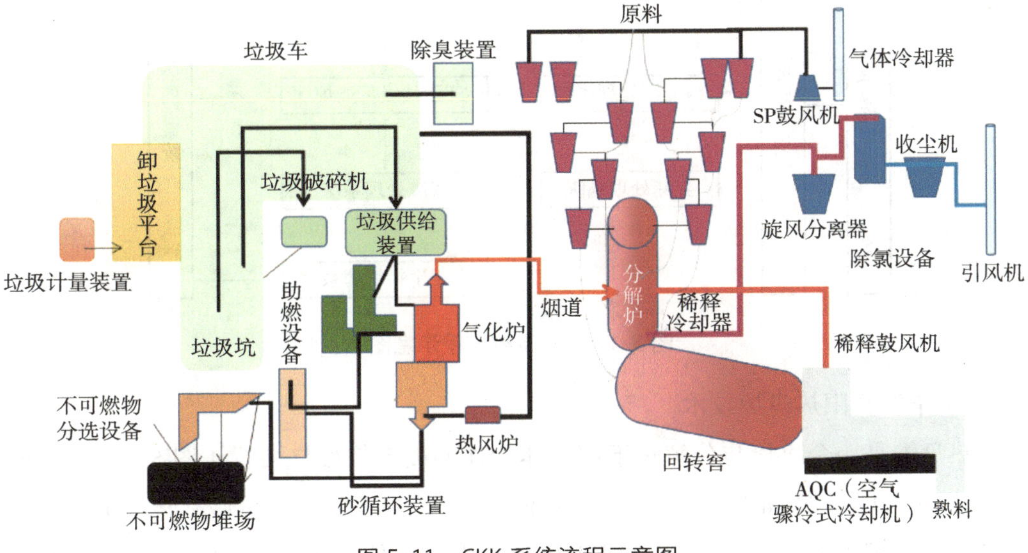

图 5-11　CKK 系统流程示意图

循环流化床焚烧技术特点：①循环流化床焚烧的工作原理是热媒和垃圾在炉膛内流化风的作用下呈流化状态，循环流化床具有很大的热容量和垃圾混合空间，对垃圾的适应性强，床内强烈的湍流增加垃圾燃烧的停留时间。因此，燃烧充分、彻底，燃烧效率高。②循环流化床锅炉炉膛运行温度通常控制在850～950℃。由于循环流化床独有的内循环，炉内呈现两个旋转方向相反的强烈湍流区，可使垃圾焚烧受热温度均匀，燃烧环境相同，且在湍流强度较大的情况下进行燃烧，对垃圾的干燥、热解、着火和燃尽极为有利。③循环流化床通常以河砂作底料，它不但是热媒体，还对垃圾有破碎作用。炉内的碱性气氛，使酸性气体的排放降到最小。④均匀燃烧且扰动大，炉内停留时间在3 s以上，使二噁英充分分解。⑤焚烧炉启动、停用方便，燃烧设备无运动机构，维护容易。

2）中信重工技术（LK）

中信重工技术系自主研发、系统创新，拥有多个技术专利。该技术主要组成部分包括：垃圾储存与破碎系统、垃圾输送系统、垃圾焚烧系统、垃圾灰渣储存与输送系统、异味处理系统、渗滤液处理系统（图5-12）。工艺流程：原始生活垃圾经过市政垃圾运输车送入厂区内储存车间；经破碎后的垃圾由皮带机输送至L型垃圾焚烧炉，将窑头三次风（850℃以上）引入L型垃圾焚烧炉进行高温燃烧；燃烧产生的烟气再回到窑尾分解炉中彻底分解；焚烧产生的灰渣转运至生料磨内粉磨，作为水泥生料原料使用。

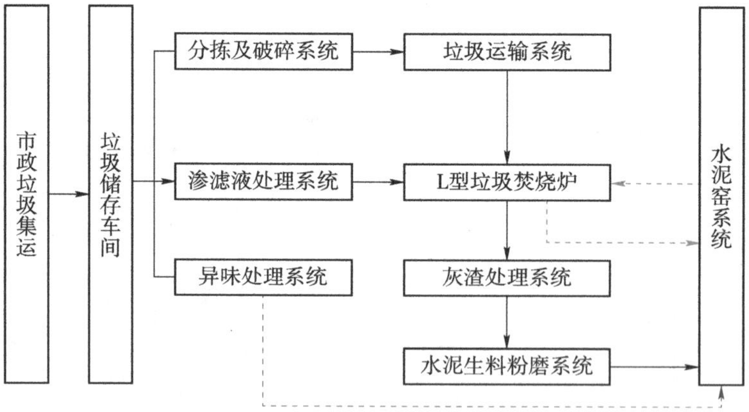

图5-12　LK系统流程示意图

3）华润宾阳热盘炉技术

热盘炉是一个直接与分解炉下部锥体相连的废弃物燃烧装置（图5-13），与水泥窑炉呈“在线式”布置，可理解为镶嵌在分解炉锥部的一个缓慢旋转的水平大直径转盘。高温三次风全部或部分进入热盘炉内，促使其中废弃物燃烧，所生成的

1 000～1 050℃的气体进入分解炉内，再与煤粉一起燃烧。从预热器最下面第二级（C4）下料管处分流出一定量的热生料，作为辅助的分解吸热载体喂入热盘炉内。调节这股热生料的量，可以控制热盘炉内的燃烧温度。热盘炉产生的高温气体、废弃物灰分、生料和小颗粒的烧结渣等均进入分解炉。

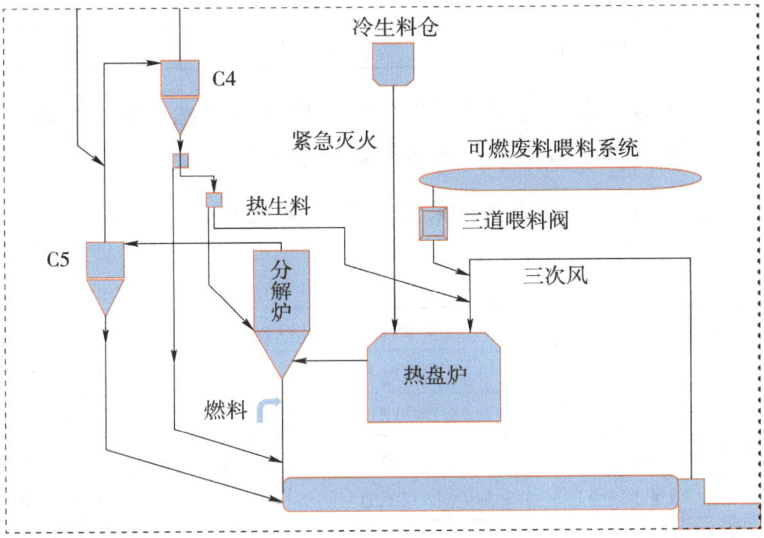

图 5-13　热盘炉工艺和模型图

热盘炉主要技术特点与水泥窑炉成“在线式”关系，是直接与分解炉下部锥体相连的燃烧装置，因此，①物料和气体全部取自原系统，又返回到原系统中，极少额外热损失，传热效率很高；②通过调节炉盘转速，控制进入热盘炉热生料量，可以控制垃圾焚烧状况和烟气温度，对废料适应性好；③生活垃圾无须分拣，粒度要求不高，适合我国生活垃圾含水量大、发热值低的特点；④运行可靠、运转率较高、运行成本低。

专栏　热盘炉使用案例

目前，热盘炉已在国内多个项目投产使用，包括处置原生态生活垃圾和处置危废项目。根据众多项目的实际运行经验，增加热盘炉后，垃圾及废弃物处理量至少增加一倍，同时窑系统运行稳定性显著提高，系统节能效果明显。这主要得益于大量高水分、低热值的废弃物在热盘炉上停留时间长，大部分或全部燃尽，显著缓解大尺寸废弃物直接落入烟室对窑系统的影响，同时显著提升废弃物的热能利用率。

山东项目：2018 年 9 月，开始采用热盘炉处置危废，运行参数对比见下表：

项目	增加热盘炉前	增加热盘炉后
生料喂料量 /（t/h）	380	380
窑头用煤 /（t/h）	11.6	11.6
窑尾用煤 /（t/h）	17.5	16.9
危废处置量 /（t/d）	≤80	240
高温风机转速 /（r/min）	820	830

增设热盘炉之后，危废处置量实现倍增，同时现场也反映出窑的稳定性较改造前得到了显著提高，实现了水泥窑协同处置危废的新突破。

河北项目：2019 年 4 月开始，采用热盘炉处置生活垃圾，运行参数对比见下表：

项目	增加热盘炉前	增加热盘炉后
生料喂料量 /（t/h）	390～400	390～400
窑头用煤 /（t/h）	12	12
窑尾用煤 /（t/h）	18	15.5～16.5
垃圾处置量 /（t/d）	<120	400～500
高温风机频率 /Hz	35～36	42～45

热盘炉投入使用后，显著提升了生活垃圾的处置量，较投入前增加了 2 倍以上，同时吨熟料实物煤耗降低了 6～10 kg/t。

4）凯盛开能黔西炉排炉技术

凯盛开能黔西炉排炉技术的工艺流程为：城市生活垃圾由垃圾运输车密封运输进厂，经计量后送至垃圾卸料平台，经密封门卸入垃圾储坑内，用抓斗起重机均化，进行发酵脱水。初步脱水后的垃圾经板喂机（皮带机或抓斗）送入炉排炉内。引水泥窑系统的助燃空气与外部空气（来自垃圾坑的部分异味气体）混合后（温度 230～280℃），作为炉排炉的一次空气（干燥和助燃用）；燃烧产生的烟气回到水泥窑分解炉内进行稳定化处理（彻底分解二噁英和中和酸性气体）；垃圾焚烧后产生的灰渣送入灰渣存储仓，经化验分析后定量送入生料磨，作原料配料使用。

技术特点为：①机械炉排炉采用层状燃烧技术，具有对垃圾的预处理要求不高、对垃圾热值适应范围广和运行维护简便等优点。②机械炉排炉是目前世界上最常用、处理量最大、适用性最好的城市生活垃圾焚烧炉型，在欧美等发达国家（地区）得到广泛使用，其单台最大处理规模可达 1 200 t/d，技术成熟可靠。③垃圾在炉排上通过三个区段：预热干燥段、燃烧段和燃烬段。④垃圾在炉排上着火，热量不仅来自炉膛的辐射和烟气对流，还来自垃圾层的内部。⑤炉排上已着火的垃圾通过炉排的往复运动，产生强烈的翻转和搅动，使底部垃圾燃烧。连续翻转和搅动也使垃圾层松动、透气性加强，有利于垃圾的干燥、着火、燃烧和燃尽。

截至 2020 年，我国能够进行生活垃圾协同处置的水泥窑有 68 条，年处理量达到 691.1 万 t。结合中国建筑材料联合会制定的到 2022 年末，水泥行业“具有水泥窑协同处置功能的生产线占比 25% 以上，有 25% 的生产线具有燃料替代功能，替代率达到 50% 以上”的目标，设定基准情景、政策情景和强化情景下水泥窑协同处置生活垃圾措施推广程度。

5.2.2.3　节能技术改造

新型干法水泥生产线核心技术和装备 - 预分解系统、熟料冷却系统和燃烧器是水泥生产节能研究的重要部分。为提高资源、能源利用效率，减少大气污染物排放，推动水泥工业结构调整和产业升级，实现水泥工业绿色制造，推广、应用高能效烧成技术是重点内容。水泥行业的节能技术包括先进烧成技术、高效粉磨技术和高效隔热保温材料及砌筑技术。

（1）先进烧成技术

通过提高预热器系统的换热效果，大幅度降低预热器出口废气温度，以降低熟料烧成热耗；同时，分解炉采用分级燃烧技术，可大幅度降低水泥熟料生产过程中的 NO_x 排放浓度，大大降低水泥窑尾烟气脱硝成本；采用第四代高效熟料冷却技术装备，可大幅度提高冷却机的热回收效率和熟料冷却效率，降低熟料烧成热耗。此外，采用节能环保高效换热系统、高效熟料冷却和热回收等技术装备，也可以大幅度降低熟料煅烧过程中的电耗。其关键技术是：新型高效低压损的六级预热预分解系统、第四代行进稳流式篦式冷却机、两档式短窑，以及高效低氮燃烧器。以日产 5 500 t 水泥熟料生产线为例，实施先进烧成技术，熟料烧成热耗降低 5 kgce/t 熟料以上，熟料烧成系统电耗降低约 3 kW · h/t。按每年运转 310 天计算，年节约标准煤 8 530 t，减排 CO_2 24 000 t。

（2）高效粉磨技术

包括辊压机、立磨、高细磨及各种磨组成的联合粉磨等先进设备和系统，以及高效选粉机、高性能水泥助磨剂等粉磨节能技术。国内应用的高效率料床粉磨设备辊压机（或外循环立磨）作为管磨机前预粉磨设备与管磨机和高效选粉机组成的水泥联合（半终）粉磨系统（开路或闭路），相对优秀的水泥粉磨电耗指标不大于 22 kW · h/t，极少数粉磨电耗甚至不大于 20 kW · h/t，较差粉磨电耗水平仍不小于 38 kW · h/t。

专栏　河南省同力水泥有限公司采用高效粉磨技术

河南省同力水泥有限公司现有两条水泥生产线，其中，2 号水泥粉磨系统采用 CLF140-65 辊压机 +Φ4.2 m×11 m 水泥闭路粉磨系统。该系统技改前，生产 PO42.5 水泥，产量 90～100 t/h，粉磨工序电耗约 42.5 kW·h/t。粉磨系统配置的辊压机处理能力较小，粉磨系统产量较低，工序电耗较高，无法充分利用谷峰电，水泥生产成本较高。采用 HFCG160-140 辊压机 +HFV4000 静态气流分级机 +Φ4.2 m×11 m 管磨机 +HFX4000 高效选粉机，形成开路联合粉磨系统，对其进行改造，还可切换为半终粉磨系统。改造后，PO42.5 水泥产量提高至 155 t/h，成品 45 μm 筛余 10%～11%，比表面积 340～370 m^2/kg，吨水泥粉磨电耗降到 31.5 kW·h。

（3）高效隔热保温材料及砌筑技术

通过提高窑衬砌筑技术及使用高性能隔热保温耐火材料，可有效降低窑筒体温度，相应减少筒体散热损失；使窑体能够承受高温热应力，确保物料在窑内煅烧。因此提高了隔热材料的隔热保温性能，降低筒体散热温度，减少散热损失。水泥窑表面散热损失占熟料热耗的 11% 左右，将水泥窑系统表面散热损失从 11% 降低到 6%，相当于吨熟料热耗降低 5%。按使用高性能隔热保温耐火材料烧成系统散热损失减少 10% 计算，2 500 t/d 级生产线可减少散热损失约 30.1 kJ/kg 熟料（7.2 kcal/kg 熟料），5 000 t/d 级生产线减少散热损失 22.2 kJ/kg 熟料（5.3 kcal/kg 熟料）左右。2 500～5 000 t/d 生产线，按每年运转 310 天计算，每年节约 800～1 200 tce。

依据各项节能技术应用现状、推广潜力及技术之间的制约关系，设置基准情景、政策情景和强化情景下的节能技术改造比例。

5.2.2.4　替代原料

替代原料主要有燃料渣（包括粉煤灰、煤矸石、炉渣等）、冶金渣（包括高炉矿渣、钢渣、赤泥等）、化工渣（包括碱渣、硫铁矿渣、电石渣）等。

利用 1 t 电石渣可节省 1.28 t 石灰石，减少 CO_2 气体排放 0.56 t。国内以电石渣作为水泥替代原料替代石灰石比例达到 60%～100%。如果以 60% 的替代率进行核算，单位熟料 CO_2 排放量约为 300 kg/t 熟料，比常规生产单位熟料碳排放量降低约 220 kg/t 熟料。

钢渣是炼钢过程中的副产品，每生产 1 t 钢材会产生 125～140 kg 钢渣。2018 年，我国钢渣产量 1.21 亿 t，而钢渣资源化利用率只有 30% 左右。从 20 世纪 90 年代初到 2018 年年末，我国钢渣尾渣累计堆存量超过 18 亿 t。生料中搭配使用约 4% 的钢渣，能够促使单位熟料工艺 CO_2 排放减少约 4.4 kg。同时，钢渣的使用明显改善了生料易烧性，吨熟料实物煤耗降低约 3 kg。

考虑到电石渣产量有限，本书原料替代措施主要针对钢渣替代。按照钢渣的替代率 4%/ 生产线，设定基准情景、政策情景和强化情景下采用原料替代生产线的比例。

5.2.2.5　末端捕集、利用与封存

末端捕集、利用与封存是指将对二氧化碳大型排放源所排放的二氧化碳进行捕集、压缩后输送并封存，或进行工业应用（如食品加工、离岸驱油及生产化学产品）的一种技术。CCUS 技术是水泥工业实现碳减排、碳达峰和碳中和最实用、最高效的方法，已被欧洲列入《2050 欧洲低碳发展技术路线图》。国家发改委也将其作为我国节能减排大力扶持的措施之一。

目前最成熟的 CO_2 捕获技术是 MEA（乙醇胺）化学吸收法，我国安徽海螺白马山水泥厂采用此工艺造成年产 5 万 t CO_2 捕集纯化生产示范线。国外水泥企业也有采用纯氧（O_2+CO_2，CO_2 为目标气体）燃烧法、冷却氨水法、膜分离法、分体式钙循环法和集成式钙循环法等多种 CO_2 捕获工艺。

专栏　安徽芜湖海螺水泥 CCUS 技术应用

海螺水泥集团在国内率先投资建设 CO_2 捕捉收集纯化项目，并于 2018 年投入运营。该项目年捕捉二氧化碳 50 000 t，占芜湖工厂总排放量的 0.5%。捕获提纯后的 CO_2 可用于碳酸饮料制造、化工原料、农业大棚等领域。与国际上一样，目前我国在水泥替代材料的研究上也没有更进一步的成果。

考虑到目前CCUS技术还不够成熟，末端捕集技术将主要应用在碳达峰到碳中和的过渡阶段。结合国内企业已有的CCUS规划，本书设定各情景下CCUS技术的应用程度见表5-5。

表5-5 不同情景下水泥行业控煤降碳措施参数设定

措施		2025年			2030年			2035年		
一级措施	二级措施	基准情景	政策情景	强化情景	基准情景	政策情景	强化情景	基准情景	政策情景	强化情景
能源结构调整	燃料替代/条	180	200	230	180	200	230	180	200	230
产业结构优化	产能置换	2∶1	2∶1	2∶1	2∶1	2∶1	2∶1	2∶1	2∶1	2∶1
节能技术改造	先进烧成技术/%	30	40	50	40	50	60	50	60	75
	高效粉磨技术/%	40	45	60	60	70	80	80	90	95
	高效保温技术/%	30	35	40	50	60	70	80	90	95
资源循环利用	原料替代/%	10	15	20	15	25	30	20	35	40
新增末端捕集封存	CCUS技术/万t	50	80	100	100	150	200	150	200	300

5.3 水泥行业煤炭消费与碳排放预测分析

5.3.1 煤炭消费与碳排放预测

不同情景下我国水泥行业煤炭消费量如图5-14所示。在基准情景下，我国水泥行业煤炭消费在“十四五”前期短暂增长，到2022年达到煤耗峰值，为1.83亿tce，随后开始下降。到2025年，煤炭消费总量相较峰值降低4%，2030年降低21%，2035年降低30%。在政策情景下，我国水泥行业煤炭消费在2021年达峰，峰值为1.78亿tce。到2025年，煤炭消费总量较峰值年下降9%，2030年下降23%，2035年下降31%。在强化情景下，我国水泥行业煤炭消费在2020年达峰（1.78亿tce）后，以更快速度下降，到2025年、2030年和2035年，煤炭消费总量分别比峰值年下降14%、26%和35%。

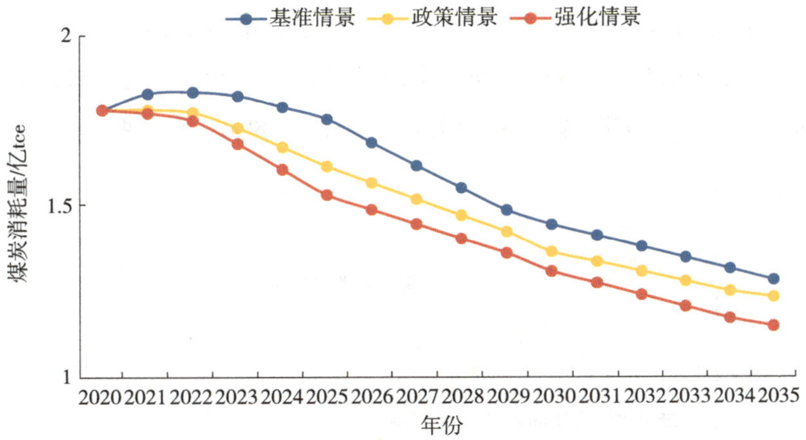

图 5-14　不同情景下水泥行业的煤炭消费量

不同情景下水泥行业的碳排放如图 5-15 所示。在三个情景下，水泥行业的碳排放在“十四五”前期达到峰值。基准情景下，2025 年水泥行业碳排放较峰值下降 3%。2030 年和 2035 年，较峰值分别下降 17% 和 25%。政策情景下，2025 年水泥行业碳排放较峰值下降 7%。2030 年和 2035 年，较峰值分别下降 18% 和 25%。强化情景下，2025 年水泥行业碳排放较峰值下降 9%。到 2030 年和 2035 年，较峰值分别下降 21% 和 29%。

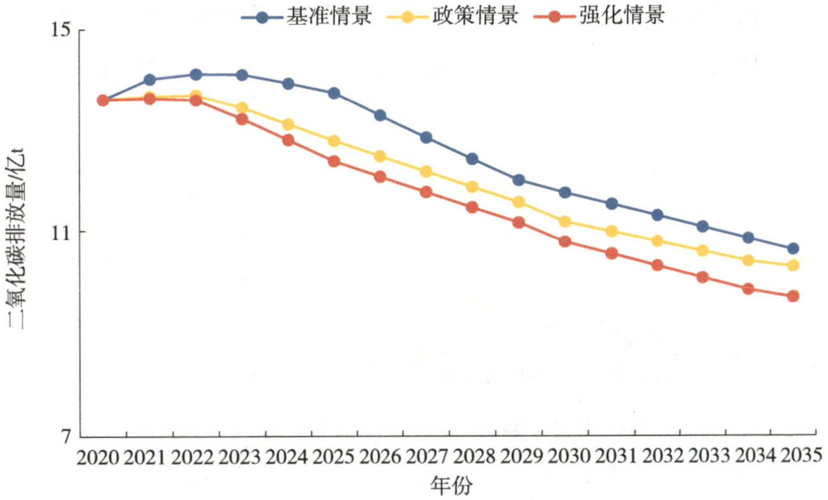

图 5-15　不同情景下水泥行业的碳排放量

5.3.2　各措施减煤贡献分析

本书的减煤量核算分为需求（即产量）带来的减煤贡献，以及各措施的减煤贡献两部分，计算相对于基准情景的减煤量。

相较基准情景，政策情景在2021—2035年累计减煤5.2%（图5-16）。其中，产量减少、淘汰落后产能和产能置换、水泥窑协同处置生活垃圾、水泥窑节能技术改造和钢渣替代石灰石的减煤量，分别占比约81%、8%、4%、4%和3%。

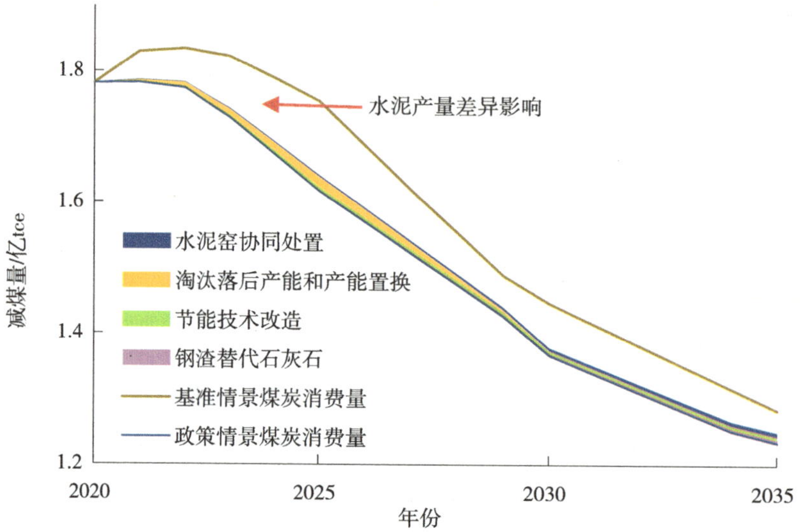

图5-16　2020—2035年政策情景下各项措施的减煤贡献

相较基准情景，强化情景在2021—2035年累计减煤9.2%（图5-17）。其中，产量减少、淘汰落后产能和产能置换、水泥窑协同处置生活垃圾、水泥窑节能技术改造和钢渣替代石灰石的减煤量分别占比约74%、14%、6%、3%和3%。

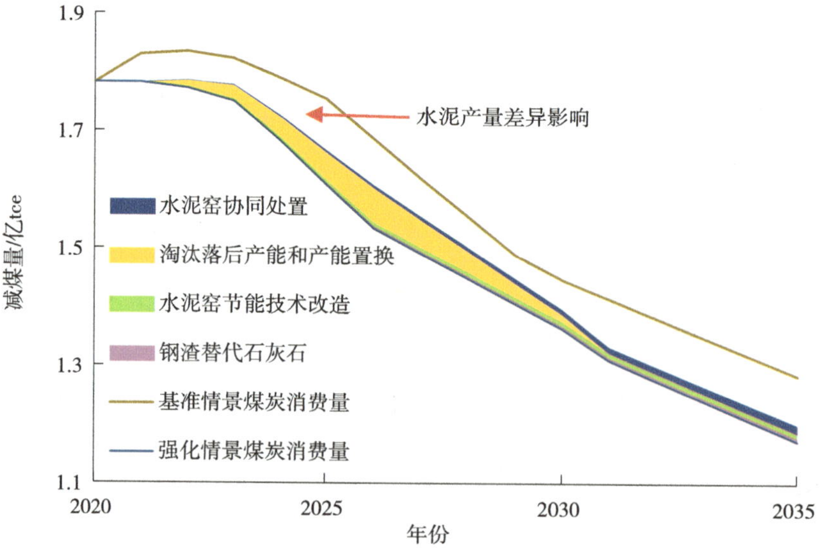

图5-17　2020—2035年强化情景下各项措施的减煤贡献

5.4 “双碳”约束下水泥行业煤炭消费总量控制路线图

5.4.1 水泥行业推荐情景与控煤目标

水泥行业是我国国民经济的重要基础产业，是实现绿色低碳发展的重要领域。“十三五”时期，我国水泥行业深入推进供给侧结构性改革，化解过剩产能取得显著成效。在我国“2030 年之前实现碳达峰，2060 年之前实现碳中和”的“双碳”背景下，水泥行业作为重要的二氧化碳排放源和耗煤行业，在控煤降碳方面面临巨大挑战。

对比三种情景各项指标（表 5-6），本研究推荐情景为政策情景，理由如下：

基准情景为现有政策发展的情景，未针对碳达峰、碳中和采取进一步的控煤降碳措施，因此有待提升；强化情景下产业结构优化措施力度大，需求侧管理措施较为激进，考虑到新冠肺炎疫情影响下我国“适度超前进行基础设施建设”的要求，本研究认为，水泥行业在强化情景下产量下降较快的情景难以在“十四五”期间实现。统筹考虑我国立足新发展阶段、贯彻新发展理念、构建新发展格局总体要求，在“双碳”背景约束下，综合考虑成本和社会经济影响，本研究推荐采用兼顾碳达峰、减煤和可行性的政策情景。

表 5-6　三种情景的各项指标对比

指标	基准情景	政策情景	强化情景
产品需求	水泥熟料产量在 2023 年达峰，在“十四五”后缓慢降低	水泥熟料产量在 2022 年达峰，在“十四五”后缓慢降低	水泥熟料产量在 2022 年达峰，在“十四五”后下降较快
碳排放	“十四五”初期达峰	“十四五”初期达峰	“十四五”初期达峰
煤耗	2022 年达峰，峰值为 1.83 亿 tce	2021 年达峰，峰值为 1.78 亿 tce	2020 年达峰
协同减排（相对于基准情景）		SO_2 减排 0.7 万 t/a NO_x 减排 5.0 万 t/a $PM_{2.5}$ 减排 1.6 万 t/a	SO_2 减排 1.2 万 t/a NO_x 减排 8.9 万 t/a $PM_{2.5}$ 减排 2.8 万 t/a
投资	合计 3 629 亿元（2021—2035 年）	合计 4 181 亿元（2021—2035 年）	合计 4 587 亿元（2021—2035 年）

在政策情景下，水泥行业煤炭消费在“十四五”初期略微增长（图 5-18、表 5-7），2021 年达到煤炭消费量峰值，2025 年、2030 年、2035 年较峰值分别下

降 0.17 亿 tce、0.42 亿 tce 和 0.55 亿 tce。在此情景下，碳排放将于“十四五”初期达峰。碳排放达峰前后，将保持 2～3 年的平台期。

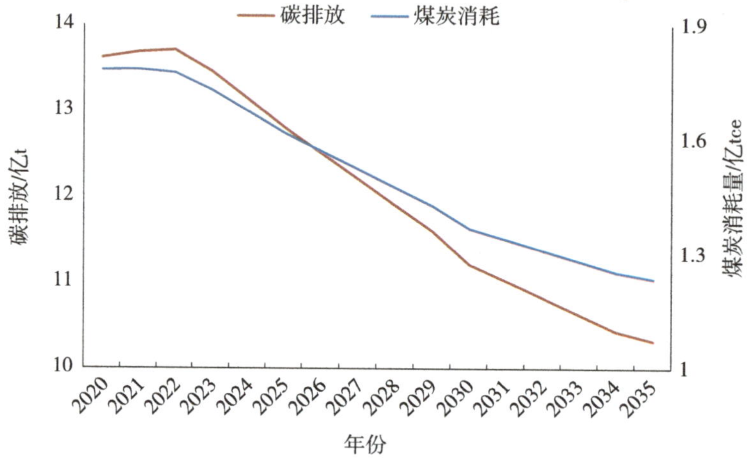

图 5-18　碳达峰、碳中和约束下水泥行业煤炭消费情况

表 5-7　碳达峰、碳中和约束下水泥行业控煤目标

指标	2020 年	2025 年	2030 年	2035 年
水泥产量 / 亿 t	23.8	21.4	18.5	17.3
水泥熟料产量 / 亿 t	15.8	15.2	13.6	12.7
煤炭消费总量 / 亿 tce	1.78	～1.6	～1.4	～1.2

5.4.2　水泥行业煤炭消费总量控制路线图

（1）“十四五”阶段（2021—2025 年）

在大中型城市积极发展装配式混凝土结构、钢结构和现代木结构等装配式建筑；在保证混凝土性能的基础上，对有关混凝土标准规范、建筑设计规范、施工规范等进行完善和修订，提升水泥产品使用效率。严格执行水泥熟料产能减量置换，新建线使用六级预热器或两档窑。对超过能耗限额标准的企业实行高效节能综合技术改造，到 2025 年，45% 的水泥熟料生产线使用第四代篦冷机（图 5-19），30% 的企业升级余热发电技术，采用高效粉磨技术的粉磨站企业提高到 45%。同时，积极研发低碳水泥，加大对粉煤灰、钢渣、硅钙渣、矿渣等氧化钙含量较高的大宗工业固体废物的规模化应用研究。到 2025 年，15% 的水泥熟料生产线使用钢渣替代，替代比例达到 4%。大力推进水泥窑协同处置，到 2025 年新增 200 条使用生活垃圾协同处置技术的生产线。鼓励水泥熟料产能前十的企业开展二氧化碳捕集、利用与

封存（CCUS）示范项目，到 2025 年，CCUS 技术部署新增 80 万 t。

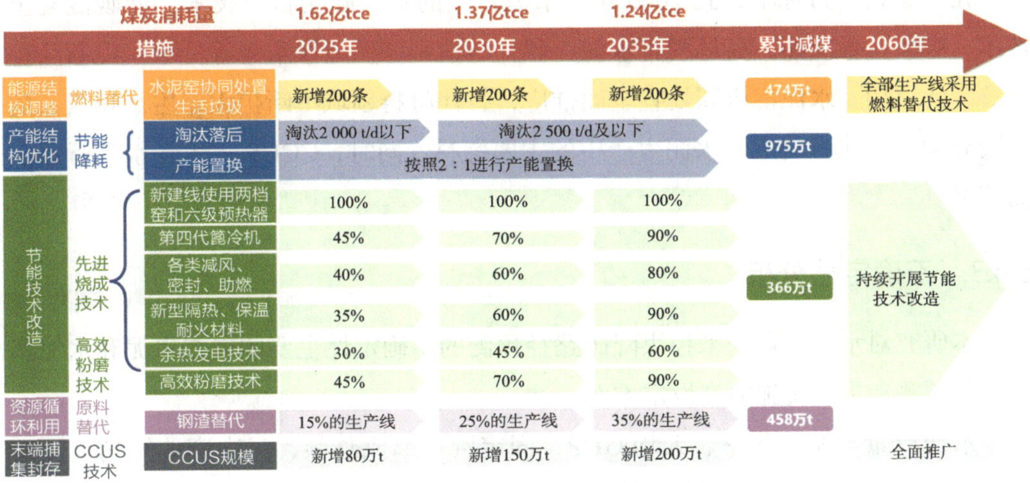

图 5-19　水泥行业控煤降碳措施路线图

（2）“十五五”阶段（2026—2030 年）

持续推进水泥需求侧管理，量化绿色建筑、低碳建筑水泥及混凝土消耗标准，通过更优、更细的工程管理，促使水泥用量科学合理下降。继续推进水泥企业高效节能技术改造，到 2030 年，70% 的水泥熟料生产线使用第四代篦冷机，45% 的企业升级余热发电技术，采用高效粉磨技术的粉磨站企业提高到 70%。同时，加快推广、示范高贝利特水泥和硫铝酸盐水泥等低碳水泥新产品的工程化应用。鼓励原料替代，到 2030 年，25% 的水泥熟料生产线使用钢渣替代，替代比例达到 4%。大力推进水泥窑协同处置，到 2030 年新增 200 条使用生活垃圾协同处置技术的生产线。推动有条件的水泥熟料企业使用二氧化碳捕集、利用与封存（CCUS）技术，到 2030 年，CCUS 技术部署新增 150 万 t。

（3）“十六五”阶段（2031—2035 年）

继续加强水泥需求侧管理，通过装配式建筑、施工标准、绿色建筑及混凝土消耗标准的实施，持续提升水泥产品利用效率，降低水泥用量。加大力度推进水泥企业高效节能技术改造，到 2035 年，90% 的水泥熟料生产线使用第四代篦冷机，60% 的企业升级余热发电技术，采用高效粉磨技术的粉磨站企业提高到 90%。加强水泥企业原料替代，到 2035 年，35% 的水泥熟料生产线使用钢渣替代。持续推进水泥窑协同处置，到 2035 年新增 200 条使用生活垃圾协同处置技术的生产线。持续推动水泥熟料企业使用二氧化碳捕集、利用与封存（CCUS）技术，到 2035 年，CCUS 技术部署新增 200 万 t。

（4）2060年碳中和目标展望

在“零碳”目标下，到2060年，水泥行业的新型胶凝材料技术、低碳混凝土技术、吸碳技术成熟，高贝利特水泥、硫铝酸盐水泥、地聚水泥等低碳水泥新品种能够广泛应用。水泥窑协同处置全面推广，替代材料领域不断扩大，生活垃圾、危险废弃物等替代燃料成为水泥生产中的主要燃料。同时，CCUS技术在水泥行业全面部署。

5.4.3 不确定性分析

本研究对水泥行业未来控煤降碳路径预测的不确定性主要体现在水泥和水泥熟料产量预测和措施实施力度设定方面。

水泥产量与城镇化率、人均GDP、固定资本形成总额、三次产业结构、固定资产投资结构、其他建筑材料应用及错峰生产政策等因素密切相关，各种影响因素会综合地反映在水泥产量随时间的变化上。在新冠肺炎疫情影响下，我国表示要适度超前开展基础设施投资，这对水泥消费也有影响。在进出口方面，2017年前，我国水泥出口远高于进口，而自2018年以来，我国从国外进口大量水泥，进口规模逐步上升，但由于新冠肺炎疫情、全球气候行动等不确定因素，水泥熟料的进口预测也存在不确定性。

对于措施实施力度设定，目前我国生活垃圾主要用于垃圾焚烧发电，尚未建立起生活垃圾作为水泥生产替代燃料的运作体系，水泥窑协同处置生活垃圾措施缺少政策支持。同时，我国的垃圾分类还处于起步阶段。这些因素都会影响协同处置措施的实施力度。此外，在整体经济下行影响下，企业的技术革新积极性将受到影响，节能技术改造、CCUS技术的研发和推广也存在一定的不确定性。

5.4.4 保障措施

（1）健全产业结构调整政策

研究修订《产业结构调整指导目录》，提高水泥行业熟料落后产能和过剩产能淘汰标准，将2 000 t/d及以下通用水泥熟料、1 000 t/d及以下硫铝酸盐水泥生产线列入“淘汰类”。对产能利用率较低地区，加大2 500 t/d及以下普通水泥熟料生产线淘汰力度。鼓励大型骨干水泥企业按照谁受益、谁付费的原则设立产业结构调整专项资金，通过以奖代补的方式促进水泥熟料产能的退出。严格执行减量置换政策，化解过剩产能，优化存量产能，严格控制新增产能。坚决执行错峰生产，以有效压减生产总量和碳排放量。鼓励建材企业开展资源整合和兼并重组，推进产业链、价值链向高附加值、高质高端迈进。

（2）完善水泥窑协同处置废弃物的保障政策

调整资源综合利用的增值税和企业所得税优惠政策，将生活垃圾或生活垃圾预处理可燃物纳入资源综合利用水泥产品的废渣目录范围。协同处置量占当期水泥熟料产量比例分别达到 5%、8%、10% 及以上的，分别享受增值税即征即退 50%、70%、80% 的优惠政策；对水泥窑协同处置工业固体废物企业减征所得税，推动提高行业燃料替代比例。完善生活垃圾管理体系，保障生活垃圾能够在水泥行业中应用。加强垃圾分类政策的实施落地。

（3）健全企业节能降耗奖惩机制

依据企业能效水平实施差别电价政策，单位水泥熟料生产煤耗大于 2 级但小于等于 3 级能耗限额的，用电每千瓦时加价 0.1 元。中央财政资金重点支持“领跑者”企业低碳技术研发和节能改造项目；固定资产投资项目优先选用低碳“领跑者”企业的产品。

（4）加强低碳技术研发推广

加快实施水泥企业绿色低碳改造升级，推动水泥低碳工艺技术研发及推广，进一步研发推广先进适用的节能减排技术，研发新型胶凝材料技术、低碳混凝土技术、吸碳技术，以及高贝利特水泥、硫铝酸盐水泥、地聚水泥等低碳水泥新品种。实行低碳技术试点示范及推广应用，优化生产工艺，推广碳捕集与碳贮存及利用等碳汇技术。

（5）完善碳排放总量控制、排放权分配、排放权交易制度

制定“十四五”“十五五”水泥行业碳排放总量控制目标，实施碳排放总量控制。发挥水泥行业协会的引领作用，探索对大型中央企业集团实行计划单列式目标责任管理模式，根据区域特点、产能集中度、能耗水平等，研究配额总量及分配方式，建立碳配额动态调整机制。研究水泥行业二氧化碳排放权初始分配方法与定价机制，提出基于产业优先发展程度、工艺技术水平和能源利用效率等综合因素的煤炭消费削减量与碳排放总量减排分配机制。2025 年，全面进入碳排放交易市场，根据国家碳排放控制目标分配企业碳排放配额，充分发挥市场机制，推进企业碳减排。

第 6 章　煤化工行业控煤降碳措施及情景分析

煤化工行业是以煤为原料，通过煤转化利用技术，用化学方法使煤转化为气体、液体、固体产品或半成品，而后加工成化工、能源产品的工业，主要包括焦化、气化、液化和合成化学品等过程。煤化工产品主要包括煤制合成氨、煤制焦、煤制半焦、煤制甲醇、煤制油（含直接液化和间接液化）、煤制天然气、煤制芳烃、煤制乙二醇等。本研究基于以上 8 种产品，计算 2019 年煤化工行业煤炭消耗和二氧化碳排放量，并基于节煤降碳措施的力度，预测不同情景下未来煤化工行业发展趋势及相应煤耗、碳排放量变化。

6.1　煤化工行业发展现状

6.1.1　煤化工主要产品介绍

（1）合成氨产量近年趋稳，工业领域消费有增长趋势

合成氨主要用于生产氮肥，而氮肥工业是关系我国农业和国民经济发展的重要行业。目前，我国已经成为世界上最大的氮肥生产国和消费国，其中合成氨的生产能力和产量已居世界第一。从近十年的变化来看，合成氨产量总体呈平稳状态（图 6-1），2010 年产量为 4 963 万 t，随后逐渐增加，2014 年达到产量峰值 6 198 万 t，然后开始降低，到 2019 年，产量降为 5 758 万 t。其中，2019 年煤制合成氨的产能占总产能的 75% 左右，以无烟块煤为原料的间歇煤气化合成氨占总产能的 33.7%，以烟煤、褐煤为原料的新型煤气化合成氨占总产能的 41.0%。

从消费领域看，合成氨主要用于农业和工业两方面，农业产品主要是尿素和碳酸氢铵。随着国家“减肥增效”政策的出台，消费量近年呈逐年下降趋势。工业产品主要是车用尿素，脲醛树脂、己内酰胺、三聚氰胺等化工新材料，消费量增长较快。其中，合成氨在车用尿素和电厂脱硫脱硝领域的消费量增长最快，在己内酰胺、三聚氰胺、脲醛树脂等化工新材料方面的应用也显著拉动了合成氨消费量的增长。

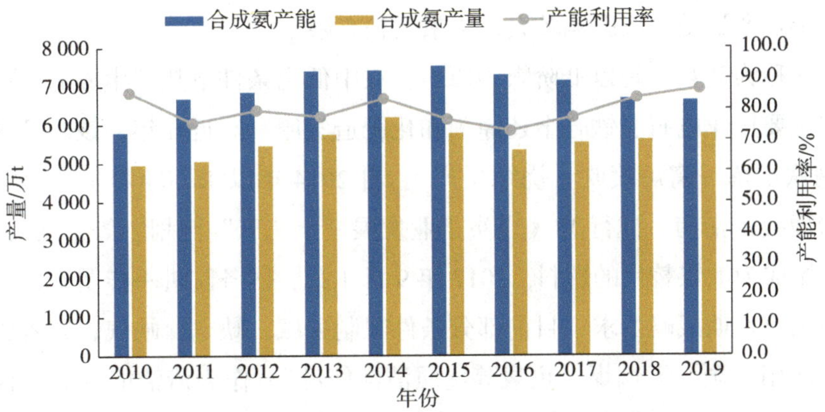

图 6-1　2010—2019 年我国合成氨产能、产量变化

（2）焦炭产量处于高位，未来“以钢定焦”将转向精细化发展

煤焦化是以煤为原料，在 950℃左右高温干馏下生产焦炭，同时获得煤气、煤焦油等产品的一种煤转化工艺。目前，我国是世界上最大的焦炭生产国。统计数据显示，2010 年，我国焦炭产量 3.9 亿 t，到 2020 年，达到 4.7 亿 t，（图 6-2）焦炭产量始终处于历史高位。

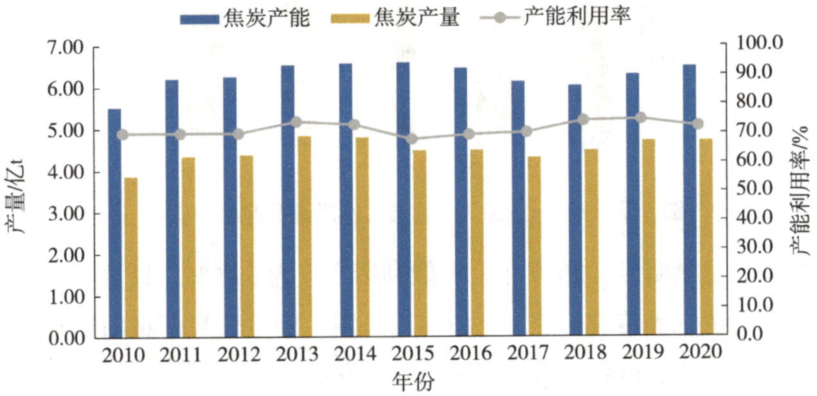

图 6-2　2010—2020 年我国焦炭产能、产量变化

从消费领域看，焦炭按用途可分为冶金焦（高炉焦、铸造焦和铁合金焦等）、气化焦和电石用焦，被广泛应用于钢铁、有色、化工、机械等行业。其中，冶金焦主要起还原剂、发热剂和料柱骨架等作用。钢铁企业高炉用冶金焦是焦炭最主要的应用，用量占焦炭消费总量的 85% 左右。其中，33% 的焦炭生产能力布局在钢铁联合企业，而 67% 为独立焦化生产企业。未来，随着我国粗钢产量的下降，焦炭产量也将随之下调。近些年，焦化行业正在经历清洁生产、焦炉大型化、产业节约化发展，焦化副产品回收和精细加工水平明显提高，一些焦炉煤气制甲醇、制液化天然气（LNG）、煤焦油加工等项目进展较快。

（3）半焦产量受政策影响较大，未来增长有限

半焦又称为兰炭，是以低阶煤为原料，在中低温条件下热解生成的固体炭质产品，最初主要用作电石、铁合金还原剂和化肥造气原料。近几年，该产品开始逐渐应用到钢铁冶炼（高炉喷吹、烧结生产）。自 2014 年以来，随着《民用煤燃烧污染综合治理技术指南（试行）》《煤炭工业发展“十三五”规划》等系列政策出台，兰炭也开始成为散煤替代的燃料。2017 年 9 月 1 日，国务院进一步明确，“煤改电、煤改气是国家长期战略要求，目前部分条件限制区域，缺电、缺气，或者成本较高区域，可使用兰炭、无烟煤、焦炭等优质清洁能源”。作为清洁能源的一种，兰炭在“十三五”期间得到了较大的政策支撑，产量逐年上升，到 2019 年，产量达到 3 890 万 t，且产销率保持在高位（图 6-3）。

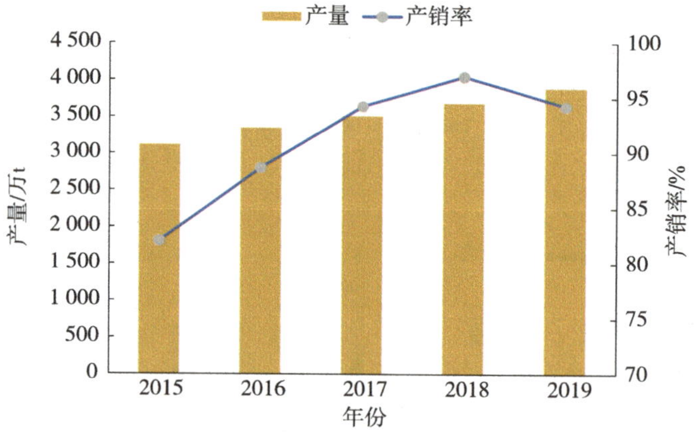

图 6-3　2015—2019 年我国兰炭产量及产销率变化

但兰炭产能过剩明显，2019 年，产能利用率仅为 39.9%。且兰炭主要应用于电石、冶金、化肥造气等传统行业，下游需求有限。随着兰炭产量的提升及市场需求的放缓，兰炭产能依然过剩，需谨慎对待兰炭发展。

（4）甲醇产量增长较快，受下游消费影响，未来可能增加

我国甲醇工业起步于 20 世纪 50 年代，70 年代自主开发了合成氨联产甲醇生产工艺。90 年代后，随着精脱硫工艺的成功研发和推广使用，甲醇工业进入以联醇工艺为主的第一个快速发展期。“十一五”期间，随着大型甲醇装置设计和制造技术的日益成熟以及下游消费领域的拓宽和增长，出现了以单醇工艺生产为主的第二个快速发展期，甲醇行业从合成氨行业中独立出来，并实现了高速增长。目前，我国是世界上最大的甲醇生产国和消费国，产能和产量分别占全球 70% 以上。2010—2019 年，我国甲醇产量从 1 752 万 t 增长到 6 997 万 t，产量增长了近 3 倍（图 6-4）。其中，2019 年煤制甲醇产量 5 857 万 t，占 2019 年甲醇总产量的 83.7%。

从消费领域看，我国甲醇需求主要来自三个领域：传统消费领域（2018 年约占 38%）、醇醚燃料领域（2018 年约占 18%）、甲醇制烯烃领域（2018 年约占 44%）。在传统消费领域中，甲醇主要用于生产甲醛、醋酸、甲胺、甲基叔丁基醚（MTBE）、甲烷氯化物等产品，市场发展已趋于成熟。总体而言，传统甲醇消费领域未来市场需求将保持相对稳定，不会出现大幅度的增长。醇醚燃料领域是用甲醇生产二甲醚，或者直接作为燃料和掺烧。甲醇用于醇醚燃料是在高能源价格背景下出现的甲醇消费方式，实质是将甲醇直接作为燃料使用，替代传统油气燃料。但由于甲醇（包括二甲醚）的性质不同于传统油气燃料，需要对既有的储运设施和利用终端加以改造，同时制定相应的标准规范。总体而言，目前甲醇在醇醚燃料领域的消费仍然处于局部试点阶段，相应的标准规范还需完善，尚未大规模推广。未来市场需求主要取决于能源价格水平和相关标准的制定，存在一定消费增长潜力。甲醇制烯烃（芳烃、汽油）领域是近年来甲醇消费发展最快的领域，以石油替代为目的，通过先进的甲醇转化技术，生产烯烃、芳烃等石化下游产品和油品，突破石油原料路线，实现以煤为原料生产石化下游产品，契合我国目前能源结构。其中，甲醇制烯烃（MTO）和甲醇制汽油（MTG）在“十二五”期间已经实现规模化发展，成为甲醇消费重要的增长点；甲醇制芳烃（MTA）尚处于工业示范阶段。与醇醚燃料行业不同，甲醇制烯烃（芳烃、汽油）的产品与石油路线产品没有性质的差异，不存在兼容性风险，这也是其快速发展的原因之一。从下游烯烃、芳烃等产品市场需求而言，未来甲醇制烯烃（芳烃、汽油）领域的增长空间较大，对甲醇需求的潜力也较大。此外，甲醇在溶剂、农药、医药以及有机合成等精细化工领域也有部分需求，发展较为稳定。因此，受甲醇制烯烃消费刺激，未来甲醇产量可能有所增加。

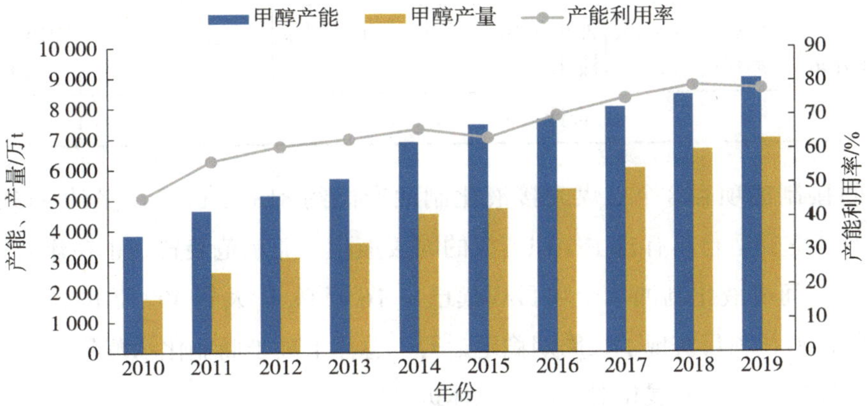

图 6-4 2010—2019 年我国甲醇产能、产量变化

（5）煤制油项目取决于国家需求，未来或有适度增长

煤制油行业分为煤炭直接液化制油和煤炭间接液化制油两类。截至目前，已建成示范及产业化推广项目 9 个（表 6-1），其中：煤直接制油项目 1 个：神华鄂尔多斯百万吨级煤直接液化制油（直接液化制油示范项目），已实现了长周期稳定运行，并在进一步优化，直接液化总体上处于商业化示范阶段。2019 年，煤直接液化制油的产能为 108 万 t，产量为 80 万 t。

表 6-1　煤制油项目分布

编号	企业名称	项目名称	省份	产能 /（万 t/a）	投产时间
1	中国神华煤制油化工有限公司	神华鄂尔多斯百万吨级煤直接液化制油（直接液化制油项目）	内蒙古	108	2008 年底
2	中国神华煤制油化工有限公司	神华鄂尔多斯 18 万 t 煤间接液化制油		18	2009 年底
3	内蒙古伊泰煤制油有限责任公司	伊泰 16 万 t/a 煤间接液化项目		16	2009 年 3 月
4	内蒙古伊泰化工有限公司	120 万 t/a 精细化学品项目		120	2017 年 7 月
5	山西潞安煤基合成油有限公司	潞安集团 16+5 万 t/a 煤间接液化项目	山西	21	2009 年 7 月
6	山西潞安矿业（集团）有限责任公司	山西长治高硫煤清洁利用油化电热一体化项目		108	2017 年 12 月 31 日
7	兖矿集团陕西未来能源化工有限公司	兖矿榆林 100 万 t 煤间接液化制油项目	陕西	115	2015 年 8 月
8	陕西延长石油榆林煤化有限公司	榆林煤化公司 15 万 t 煤间接液化制油		15	2015 年 9 月
9	神华宁夏煤业集团有限责任公司	神华宁煤宁东 400 万 t 煤间接液化制油	宁夏	400	2016 年 12 月 21 日
合计				921	

煤间接制油项目 8 个：煤间接液化制油产能约 813 万 t/a，产量约 645 万 t/a。我国已经建立和运行具有自主知识产权的间接液化工业示范装置，正在建立大型工业装置，煤间接液化制油单个项目规模已由 16 万 t/a 扩大到 400 万 t/a，伊泰、潞安等煤间接液化项目实现了长周期稳定运行，总体上处于商业化示范阶段。

（6）煤制天然气发展相对滞后，总体进展较慢

煤制天然气技术分为传统煤制天然气技术、催化蒸汽气化技术及加氢气化技

术三类。其中，传统煤制天然气技术最为成熟，目前国内已投产的煤制天然气项目均采用该技术；后两种技术尚处于研发阶段。2015 年年底，我国煤制天然气产能为 31.05 亿 m^3/a，2015 年产量 18.8 亿 m^3。“十三五”期间，相对于煤制油产业，我国煤制天然气产业进展相对滞后。2016 年合计产量 21 亿 m^3，2017 年合计产量 26.3 亿 m^3，2018 年合计产量 30.1 亿 m^3。截至 2019 年年底，我国已核准煤制天然气规模 251 亿 m^3/a，但仅建成煤制天然气项目 4 个，产能合计约 51.05 亿 m^3/a，产量 43.82 亿 m^3/a，产能利用率 85.8%（表 6-2）。

表 6-2　煤制天然气项目分布

编号	企业名称	项目名称	省份	产能 /（亿 m^3/a）	2019 年产量 /（亿 m^3/a）	投产时间
1	新疆庆华能源集团	新疆庆华伊犁 55 亿 m^3 煤制气（一期 13.75 亿 m^3）	新疆	13.75	10.5	2013 年 12 月
2	伊犁新天煤化工有限责任公司	新疆伊犁新天 20 亿 m^3 煤制天然气项目		20	16.37	2017 年 6 月
3	中新能化科技有限公司	大唐克旗 40 亿 m^3 煤制气（一期 13.3 亿 m^3）	内蒙古	13.3	12.58	2013 年 12 月
4	内蒙古汇能煤化工有限公司	内蒙古汇能 16 亿 m^3 煤制气（一期 4 亿 m^3）		4	4.37	2014 年 11 月
合计				51.05	43.82	

（7）煤制烯烃突破技术瓶颈，实现较快增长

2019 年，我国石油对外依存度达到了 70% 以上，煤（甲醇）制烯烃成为石化烯烃重要补充，能在一定程度上缓解对进口原油的依赖。煤制烯烃包括煤气化、合成气净化、甲醇合成及甲醇制烯烃 4 项核心技术，我国均拥有成熟的自主技术，并已实现商业化。国内外具有代表性的甲醇制烯烃技术包括以乙烯和丙烯为目标产品的 MTO 技术和以丙烯为目标产品的 MTP 技术。通过“六五”以来的持续攻关，我国第一代甲醇制烯烃工艺于 2006 年示范成功。2010 年，第二代技术面世，支撑了我国煤制烯烃规模快速增加。国内煤制烯烃项目均实现了长周期稳定运行，总体上处于商业化示范阶段。

截至 2019 年年底，我国煤制烯烃项目 17 个（表 6-3），产能 1 090 万 t/a、产量 908.2 万 t，产能利用率 83.3%。煤制烯烃产能占全国聚烯烃产能的 32%，为我国石化原料多元化发展提供了重要支撑。

表 6-3　煤制烯烃项目分布

编号	项目名称	省份	产能 /（万 t/a）
1	神华包头煤制烯烃项目（一期）	内蒙古	60
2	大唐多伦 46 万 t 煤制烯烃项目		46
3	中煤蒙大 60 万 t 煤制烯烃项目		60
4	中天合创鄂尔多斯煤炭深加工项目		137
5	山东久泰内蒙古甲醇制烯烃项目		60
6	大唐多伦 46 万 t 煤制烯烃项目		46
7	神华宁煤 100 万 t 煤制烯烃项目	宁夏	100
8	宁夏宝丰 60 万 t 焦炉煤气制烯烃项目		60
9	延长石油靖边 60 万 t/a 煤制烯烃项目	陕西	60
10	中煤榆林 240 万 t 甲醇醋酸系列深加工综合利用项目（一期 60 万 t）		60
11	陕西蒲城清洁能化 70 万 t 煤制烯烃项目		70
12	延安煤油气资源综合利用项目		70
13	神华榆林 180 万 t 甲醇制 60 万 t 烯烃项目		60
14	神华乌鲁木齐煤制烯烃项目	新疆	68
15	青海盐湖煤制烯烃项目	青海	33
16	中石化淮南中安联化煤制烯烃项目	安徽	70
17	阳煤山东恒通甲醇制烯烃项目	山东	30
合计			1 090

（8）煤制乙二醇过去几年有增长，但后劲不足

煤制乙二醇，即用煤制成合成气（CO 和 H_2），再制备乙二醇，可分为直接合成法和草酸酯等间接合成法。草酸酯间接合成法制乙二醇二代技术成熟并大规模产业化。其中，通辽金煤制乙二醇项目实现了长周期稳定运行，产品质量符合生产聚酯要求。河南煤化已投产 4 个项目，总体上来看，煤制乙二醇处于商业化示范阶段，具备推广应用条件。煤制乙二醇投资相对成本低，2019 年之前经受住了低油价考验，项目投资热度较高。在我国煤炭资源丰富的中西部地区，已建成或将建成一大批煤制乙二醇项目。但 2019 年之后，行业产品竞争力不佳，出现煤制乙二醇全线亏损情况。

2019 年，我国煤制乙二醇项目 23 个（表 6-4），产能 478 万 t/a，产量 316 万 t，产能利用率 66.1%。煤制乙二醇产能占全国乙二醇总产能的 43.2%。从地区分布来看，项目主要分布于煤炭资源相对丰富的内蒙古、新疆、河南、山东、山西等地区。

表 6-4　煤制乙二醇项目分布

编号	企业名称	项目名称	省份	产能 /（万 t/a）	投产时间
1	通辽金煤化工有限公司	通辽金煤 20+10 万 t 煤制乙二醇	内蒙古	30	2009 年 12 月
2	内蒙古荣信化工有限公司	内蒙古荣信化工 40 万 t/a 煤制乙二醇项目		40	2019 年
3	鄂尔多斯新杭能源有限公司	新杭能源鄂尔多斯 40 万 t 煤制乙二醇		40	2015 年 3 月
4	久泰能源有限公司	久泰能源 10 万 t 煤制乙二醇项目		10	2016 年
5	上海华谊集团	华谊集团万吨级煤制乙二醇	上海	1	2014 年
6	安阳永金化工有限公司	永金化工安阳 20 万 t 煤制乙二醇	河南	20	2012 年 12 月
7	濮阳永金化工有限公司	永金化工濮阳 20 万 t 煤制乙二醇		20	2012 年 8 月
8	新乡永金化工有限公司	永金化工新乡 20 万 t 煤制乙二醇		20	2012 年 7 月
9	永城永金化工有限公司	永金化工永城 20 万 t 煤制乙二醇		20	2013 年 5 月
10	洛阳永金化工有限公司	永金化工洛阳 20 万 t 煤制乙二醇		20	2015 年 1 月
11	河南鹤壁宝马集团	鹤壁宝马一期		5	2014 年
12	华鲁恒升化工股份有限公司	华鲁恒升 5 万 t 合成尾气制乙二醇	山东	5	2012 年 7 月
13	山东利华益集团	山东利华益集团 20 万 t/a 乙二醇项目		20	2018 年
14	华鲁恒升化工股份有限公司	华鲁恒升 50 万 t 合成气制乙二醇		50	2018 年
15	新疆天智辰业化工有限公司	新疆天业 5 万 t 电石炉尾气制乙二醇	新疆	5	2013 年 1 月
16	新疆天智辰业化工有限公司	新疆天业 20 万 t 合成气制乙二醇	新疆	20	2015 年 3 月
17	中石化湖北化肥分公司	中石化湖北 20 万 t/a 化肥合成气制乙二醇	湖北	20	2014 年 3 月
18	安徽合肥红四方有限公司	中盐安徽红四方股份有限公司年产 30 万 t 乙二醇项目	安徽	30	2018 年
19	皖北煤电安徽淮化集团有限公司	安徽淮化一期 10 万 t/a 煤制乙二醇项目		10	2015 年 5 月
20	阳煤集团深州化工有限公司	阳煤深州 22 万 t 煤制乙二醇	河北	22	2015 年 7 月
21	阳煤集团寿阳化工集团有限公司	阳煤寿阳化工 40 万 t 煤制乙二醇（一期 20 万 t）	山西	20	2016 年 11 月
22	阳泉煤业集团平定化工有限责任公司	阳煤平定 40 万 t 煤制乙二醇项目（一期 20 万 t）		20	2017 年 4 月 30 日
23	贵州黔希煤化工投资公司	贵州黔希煤化 30 万 t/a 煤制乙二醇项目	贵州	30	2018 年
合计				478	

6.1.2 煤化工煤耗及碳排放

2019 年，煤化工行业耗煤量为 9.0 亿 t（对应 6.4 亿 t 标准煤），其中，煤焦化耗煤量最大，达到 6.3 亿 t，占煤化工行业煤耗总量的 70.0%。其次是煤制合成氨和煤制甲醇，占比分别为 7.2% 和 6.7%。2019 年，各产品详细煤耗占比分布如图 6-5 所示。

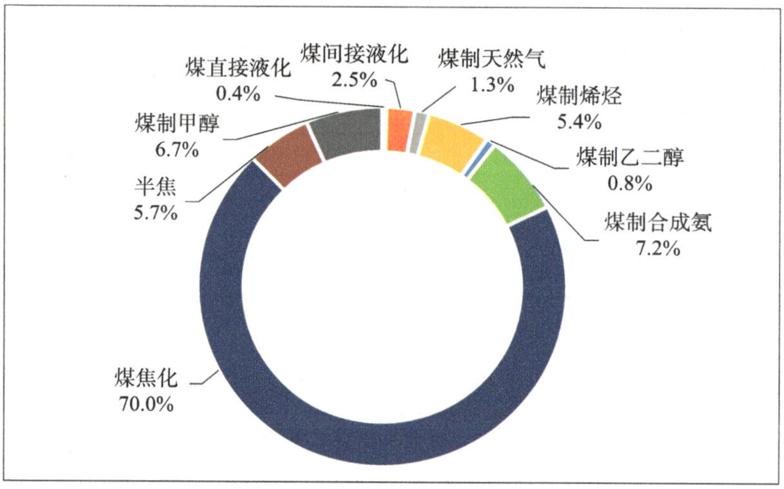

图 6-5　2019 年煤化工行业煤耗占比分布

2019 年，煤化工行业二氧化碳总排放量约为 5.39 亿 t。其中，煤制合成氨二氧化碳排放量最大，达到 1.42 亿 t，占煤化工行业二氧化碳总排放的 26.3%。其次是煤焦化和煤制甲醇，占比分别为 21.3% 和 18.5%。2019 年各产品二氧化碳排放分布如图 6-6 所示。

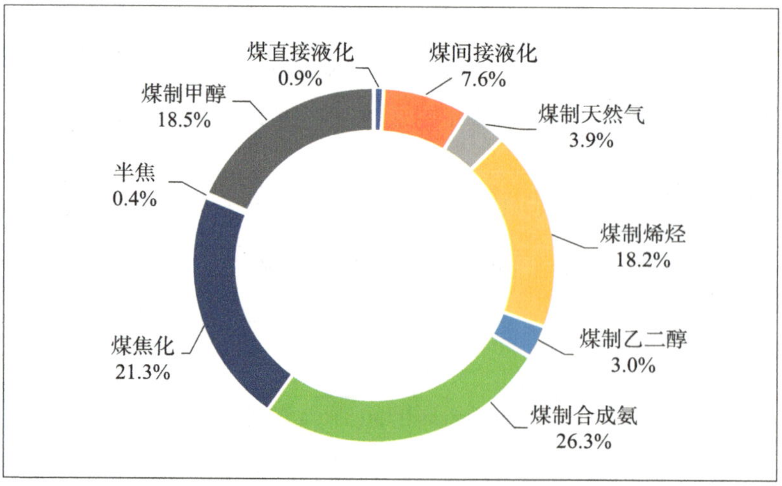

图 6-6　2019 年煤化工行业二氧化碳排放分布

6.2 煤化工行业控煤降碳情景分析

本研究采用 iCEM 对煤化工行业开展全口径、分阶段的发展情景、煤炭消费与碳排放趋势分析。

6.2.1 煤化工行业发展预测

煤化工行业发展预测是基于煤化工各子行业的不同特点，对影响子行业煤耗和碳排放的关键因素进行识别，结合生态环境治理要求、经济社会发展趋势判断行业发展趋势。

1）合成氨、焦化、半焦以及甲醇行业与下游产品市场需求密切相关，采用部门需求法预测，预测依据简述如下：

● 合成氨：到“十四五”期末，受肥效提高、有机肥替代以及环保、新材料和专用化学品等工业消费提高的影响，合成氨在农业领域的消费量将降至 3 600 万 t 左右，年均降速超过 2%；合成氨在工业领域的消费量将增至 2 100 万 t 左右，年均增速高于 5%。

● 焦化：受国家环保政策和下游产业技术进步（废钢利用技术发展，电炉钢占比增大）影响，焦化行业正在向产能压缩的方向发展。焦炭未来需求量的预测，根据“以钢定焦”原则及冶金工业经济发展研究中心对粗钢产量、电炉钢比例、冶金焦比的计算得出。

● 半焦（兰炭）：目前，兰炭主要应用于电石、冶金、化肥造气等传统行业，需求有限。近年来，兰炭作为散煤的主要替代品，产量略有提升。但采用兰炭替代散煤仅为权宜之计，未来仍将走向无煤的清洁能源路线。“十四五”期间，预计兰炭产量保持不变；到“十五五”“十六五”期间，兰炭产量将逐年减少。

● 煤制甲醇：我国甲醇需求主要来自传统消费、醇醚燃料、甲醇制烯烃这三个领域。①在传统消费领域中，甲醇主要用于生产甲醛、醋酸、甲胺等产品，市场发展已趋于成熟，未来市场需求将保持相对稳定，不会出现大幅度的增长。②在醇醚燃料领域，工业和信息化部、国家发展改革委等 8 部委在 2019 年 3 月发布《关于在部分地区开展甲醇汽车应用的指导意见》，重点在陕西等资源禀赋条件较好且具有甲醇汽车运行经验的地区，加快 M100 甲醇汽车的应用，未来甲醇作为燃料需求量或将增加。③甲醇制烯烃领域，随着技术的成熟，近几年增长势头较好。

2）煤制油、煤制天然气、煤制烯烃、煤制乙二醇行业主要为大型项目，尚处于工业示范阶段，项目建设、达产的周期较长，通常为5年以上。因此，采用项目法核算，分类统计试运行、在建和核准项目，在此基础上，综合考虑国内外产品市场竞争、能源安全和资源环境约束等因素，预测其发展趋势。预测依据简述如下：

● 煤制油：目前，国内煤直接液化制油项目只有神华鄂尔多斯煤直接液化制油项目，已建成一期的108万t/a生产线，二三期项目处于核准阶段，按照新建项目3年建设、3年达产的周期，2025年煤直接液化产能不会增加，预计在2030年形成142万t产能。国内在建的煤间接液化制油项目只有伊泰内蒙古200万t间接煤制油项目和伊泰伊犁100万t煤制油项目，预计2025年会投产运行、增加300万t产能；基于已核准项目清单，若全部投产运行，则2035年煤间接液化产能将达到1 700万t。

● 煤制天然气：目前国内在建的天然气项目有4个，其中，大唐阜新40亿m^3煤制气项目一期已经处于试车状态，预计2021年投产运行；大唐克旗煤制气二期、内蒙古汇能鄂尔多斯煤制气二期预计在“十四五”期间投产运行；北控京泰鄂尔多斯40亿m^3煤制气项目预计在“十五五”期间建成运行投产。但由于早期发展过快，煤制天然气产业目前陷入低迷状态，多数项目仍处于前期阶段，无实质性进展。预计到2030年，能再增加核准项目产能的10%。到2035年，煤制天然气产能保持不变。

● 煤制烯烃：目前国内核准、在建和试生产的煤制烯烃项目大约有11个（产能610万t）。假定核准项目不再建设，在建和试生产的煤制烯烃项目（产能530万t）在“十四五”期间40%左右投产运行（以预生产项目为主），“十五五”期间30%左右投产运行，“十六五”期间剩余30%左右投产运行。可以预测对应的煤制烯烃产能情况。

● 煤制乙二醇：目前国内核准、在建和试生产的煤制乙二醇项目大约有20个。一般煤制乙二醇新建项目是2年建设、1年试运行投产。预计在“十四五”期间，试生产、在建的煤制乙二醇项目50%投产运行，新增加约287万t产能；“十五五”期间，试生产和在建项目全部投产；预计核准项目在“十六五”期间转化成在建状态，按照发挥50%的产能计算，则2035年煤制乙二醇的产能将达到1 200万t。

煤化工行业产品需求及预测结果见表6-5。

表 6-5　煤化工行业产品需求及产能预测　　单位：万 t

领 域	2025 年	2030 年	2035 年
煤直接液化	108	250	250
煤间接液化	1 113	1 400	1 700
煤制天然气*	90	150	150
煤制烯烃	1 260	1 440	1 600
煤制乙二醇	765	1 053	1 200
煤制合成氨	5 700	5 300	5 000
煤焦化（焦炭）	48 000	38 000	30 000
半焦	4 085	2 600	1 100
煤制甲醇	3 863	4 125	4 288

注：煤制天然气的单位是亿 m^3

6.2.2　控煤降碳措施的分析及情景设定

6.2.2.1　控煤降碳措施分析

煤化工行业控煤降碳措施主要包括原料结构调整、燃料结构调整、节能技术改造、末端捕集利用和产业结构调整。根据研究目的，将未来煤化工行业分为基准、政策和强化三种发展情景，分别设定不同控煤降碳措施应用比例，表征煤化工行业未来可能的发展路径。

（1）原料结构调整

煤化工是以煤为原料生产合成氨、焦炭、半焦、甲醇、烯烃、乙二醇等化工产品。整个工艺过程对煤炭的消费和二氧化碳的排放主要来源于原料的使用。若能采用其他原料替代煤炭生产化工产品，将显著减少煤炭的使用和二氧化碳的排放。

合成氨和甲醇行业具备较好的原料替代应用前景。目前，我国煤制合成氨占合成氨总产能的 75%。其中，以无烟煤为原料的间歇煤气化合成氨产能占比 33.7%，以烟煤、褐煤为原料的新型煤气化合成氨产能占比 41.0%。而从世界范围来看，2000—2018 年，天然气在合成氨原料组合中处于支配地位，份额稳定在 70%；其次是煤炭，占比 28%；其他原料包括石脑油、氢、燃油和炼油副产物等，占比由 4% 缩小至 2%。受北美洲页岩气开发的影响，未来 5 年，以天然气为原料的合成氨产能占比将上升至74%，全部新增产能中的近94%将以天然气为原料，其中新增产能的45%来自印度和尼日利亚。而我国受制于天然气资源局限和市场制约，以天然气为原料的合成氨产能增长缓慢。但也可以采用焦炉煤气作为合成氨的原料，在促进炼焦生产资源综合利用的同时，减少合成氨煤耗及二氧化碳排放量。且随着光伏、风电等新能源发展，绿氢的生产成本得到进一步下降，未来可代替煤制合成气，用于合成氨、甲醇等下游产品。

情景设定中，预计到2035年，原料结构调整应用比例（煤制合成氨占比）在基准情景、政策情景、强化情景下分别达到75%、40%、20%。

（2）燃料结构调整

化石燃料燃烧排放的二氧化碳约占现代煤化工产业（主要指煤制油、煤制天然气、煤制烯烃、煤制乙二醇）二氧化碳排放量的30%，排放主要来自为煤化工装置提供动力蒸汽、热源和自发电而配套建设的锅炉装置。目前，大多数企业从经济性的角度选择蒸汽驱动工艺装置的大型压缩机，从而增大了燃煤消耗。实际上，工艺装置中此类压缩机可以选择电力驱动。将大型空分和中小型压缩机组由汽轮机驱动调整为电驱，进一步降低煤炭消耗；同时减少二氧化碳排放。

情景设定中，预计到2035年，燃料结构调整应用比例（现代煤化工电气化改造）在基准情景、政策情景、强化情景下分别达到0%、50%、90%。

（3）节能技术改造

1）低温余热发电技术

现阶段，我国工业余热的回收效率只有发达国家的80%左右，因此，提高能源利用效率是目前我国节能减排的工作重点。低温余热主要为温位在90～150℃的余热资源，包括热媒水、烟气、低压放散蒸汽、待冷却的工艺物流等。在化工、煤化工、冶金等众多行业，低温余热资源丰富，但由于缺乏相应的技术，长期以来，除少量用于制冷、供热外，大量低温余热白白浪费。在有些工艺中，甚至需要采用空冷、水冷等耗能的方式处理低温热。在此过程中，不但没有节能，反而损耗了大量的其他能源。低温余热发电技术就是利用工艺过程中产生的余热进行发电，将低温热能直接转化成高品质的电能。同时，低温余热发电技术具备十分明显的推广优势：其一，在无法直接利用的情况下，大部分工艺低温余热（＞100℃）都可以用于发电；其二，利用余热发电的同时，还可以停用原物流冷却用的空冷器和水冷器，既节电又节水；其三，余热发电最大的优势是发出的电能使用不受限制，不会因热阱条件的变化而影响装置的正常运行；其四，余热发电机组因事故停车，对化工产品生产流程的安全稳定运行基本没有影响。

煤化工行业工艺过程涉及热媒水、热驰放气、热尾气等多种余热资源，适合采用低温余热发电技术。如煤化工领域全部采用低温余热发电技术，单位产品能耗至少下降 10%；能够显著减少二氧化碳排放，同时节约煤炭等能源的消费。

专栏　燕山石化公司 2# S Zorb 装置低温余热发电项目

燕山石化公司 2# S Zorb 装置低温余热发电项目是中国石化股份有限公司（中石化）建立的第一套对汽油产品低温余热进行回收并发电的装置。该装置利用 130～140℃塔底油进行余热发电，配备了有机朗肯循环（ORC）发电机组，出油温度为 70℃。整个余热综合利用系统设计能力为 105 万 t/a，设计年运行时间为 8 400 h。自 2015 年 9 月 18 日开车并网运行至今，并无类似于装置修改、整体设备出现问题等情况出现，运行状态十分平稳，而且装置检修期间以及在预留接口的前提下，不停工也可实施。

该项目实现节省能量 168 万 tce/a，装置能耗降低约 5%，项目回收期为 5 年。2018 年及 2019 年机组年发电量分别为 5 252 735 kW 和 5 602 917 kW，折合小时发电量为 625 kW 及 667 kW，符合设计预期。该实践可推广到国内其他 S-Zorb 装置上，同时该实践所采用的余热利用技术可以进一步推广应用至石化行业具有类似低温余热资源的重整装置、柴油加氢装置等。

资料来源：https：//www.ndrc.gov.cn/xwdt/ztzl/qgjnxcz/jnjsyy/gyjesj/202006/t20200626_1232096_ext.html。

2）先进煤气化技术

目前，先进的煤气化技术主要有 GE 水煤浆加压气化技术、Shell 干煤粉加压气化技术、多元料浆加压气化技术、多喷嘴（四烧嘴）水煤浆加压气化技术等，主要应用在合成氨、甲醇行业。煤制合成氨的产能总体上已经达到高峰期，新的气化技术正在引进到合成氨生产中，并逐步淘汰落后煤气化技术，使我国的煤制合成氨工艺提高到新的技术水平。未来合成氨行业的发展必然是下游联产、综合利用装置结构多样化，装置的原料适应性强，低能耗、低压及大型化将是行业的主流方向。

我国合成氨煤气化工艺主要分为两类：常压的固定床间歇式和加压的气流床连续式。以无烟块煤为原料的大多采用固定床间歇式，以烟煤为原料的多采用气流床连续式。2019 年，以无烟块煤为原料的间歇式煤气化合成氨产能 2 238 万 t，占总产能的 33.7%，以烟煤、褐煤为原料的先进煤气化合成氨产能 2 718 万 t，占总产能的 41.0%。由于固定床间歇式气化炉的无组织废气排放量大、气化效率低，自“十三五”以来，固定床间歇式合成氨产能逐年降低，氮肥行业新旧产能更替加速。若更换为新型煤气化装置，将明显减少污染物排放，并节约单位产品能耗 5% 以上。

3）自动化控制技术

自动化或智能化控制技术已经成为工业领域未来发展的方向。煤化工行业，尤其是焦化行业，因其工艺环节稳定、产品量大，若采用自动化技术，能够有效地减少人力、物力，节约能耗。目前，焦化行业自动捣固、装煤、出焦 SCP 一体化技术已较为成熟，但仅在山东、山西等地有部分应用，占比不足焦化企业总数的 3%。

未来随着人力、物力价格的提升，以及产业节能降耗的政策要求，焦化行业自动化发展是必经之路。如采用自动捣固、装煤、出焦 SCP 一体化技术，预计每吨焦炭产品将减少能耗 10% 以上，减少二氧化碳排放 24 kg。

情景设定中，预计到 2035 年，低温余热发电技术应用比例在基准情景、政策情景、强化情景下分别达到 15%、90%、90%；先进煤气化技术应用比例在基准情景、政策情景、强化情景下分别达到 50%、100%、100%；自动化控制技术应用比例在基准情景、政策情景、强化情景下分别达到 15%、50%、100%。

专栏　新泰正大焦化有限公司 180 万 t 冶金焦项目

新泰正大焦化有限公司 180 万 t 冶金焦项目由中国三冶、五冶共同承建，1 号焦炉于 2019 年 4 月 15 日成功出焦，标志着新泰正大焦化 6.78 m 捣固焦炉输焦系统顺利投产运行。

该项目总投资 30 亿元，是世界上首座采用炭化室高 6.78 m 的特大型捣固焦炉，率先集成应用了多段加热、上升管余热回收利用、单孔炭化室压力调节、正压烘炉、焦炉自动加热、捣固、装煤、出焦 SCP 一体机等多项先进技术。

该项目在环保、安全、节能、工艺、设备等方面达到了国际、国内先进水平，形成"煤—焦—电—热—化"绿色循环经济发展模式，对增加地方财政收入、发展区域经济具有重要的促进作用。

（4）末端捕集技术

二氧化碳捕集、利用与封存（CCUS）是指将二氧化碳从排放源中分离后，直接加以利用或封存，以实现二氧化碳减排的工业过程。我国在 CCUS 等多个技术环节取得长足进步，关键技术实现了重大突破。经过工程示范推广，现已具备了技术工业化应用能力。目前，化工行业已建成神华鄂尔多斯 10 万 t/a 的 CCS 示范项目（2011 年）、延长石油 5 万 t/a 的二氧化碳捕集利用项目（2012 年）、新疆敦化 10 万 t/a 二氧化碳捕集项目（2016 年），共计 25 万 t/a 二氧化碳消纳能力，但仅占化工行业每年二氧化碳排放量的 0.05%。化工行业由于尾气中二氧化碳含量占 70% 以上，分离回收二氧化碳成本相对其他行业较低，CCUS 相关技术具有广阔的应用前景。

专栏　鄂尔多斯煤制油 CCS 项目

神华鄂尔多斯 CCS 示范项目于 2011 年建成落地，采用甲醇吸收法捕集煤气化制氢项目尾气中的 CO_2，生产出超临界状态液体 CO_2，后注入地下 2 243.6 m 深盐水层进行永久封存。该项目是国内第一个盐水层地质封存试验项目，年捕集能力达到 10 万 t。该项目于 2014 年年底超额完成封存 30 万 t 液态 CO_2 的生产任务后，处于停运状态，等待液态 CO_2 销售渠道确定后重启设备。

情景设定中，预计到 2035 年，末端捕集技术应用比例在基准情景、政策情景、强化情景下分别达到 0%、5%、10%。

（5）产业结构调整

目前现代煤化工（主要指煤制油、煤制天然气、煤制烯烃、煤制乙二醇）仍有大量的核准项目，如未来投产建设，将会对煤化工行业的耗煤量和二氧化碳排放量产生重大的影响。应统筹考虑国家能源安全、我国市场需求和碳达峰碳中和约束，适当控制现代煤化工发展规模，严格控制新增产能，有序开展相关建设。

情景设定中（表 6-6），预计到 2035 年，产业结构调整在基准情景、政策情景、强化情景下分别为如期建设、核准 50% 建设、核准不建设。

表 6-6　不同情景下减煤降碳措施应用比例

单位：%

措施		基准情景			政策情景			强化情景		
一级措施	二级措施	2025 年	2030 年	2035 年	2025 年	2030 年	2035 年	2025 年	2030 年	2035 年
原料结构调整	原料替代（煤制合成氨和甲醇占比）	75	75	75	70	55	40	60	40	20
燃料结构调整	现代煤化工电气化改造比例	0	0	0	10	30	50	30	60	90
节能技术改造	应用低温余热发电技术	5	10	15	30	60	90	30	60	90
	应用先进煤气化技术占比	10	30	50	20	60	100	20	60	100
	自动化改造占比	5	10	15	10	30	50	20	60	100
末端捕集利用	CCUS 技术占比	0	0	0	1	3	5	2	5	10
产业结构调整	新型煤化工（煤制油、煤制天然气、煤制烯烃、煤制乙二醇）在建、核准项目	如期进行	如期进行	如期进行	在建如期进行，核准 50% 建设	在建如期进行，核准 50% 建设	在建如期进行，核准 50% 建设	在建如期进行，核准不建设	在建如期进行，核准不建设	在建如期进行，核准不建设

6.2.2.2　产品产量预测

煤化工行业产品产量的预测是在当前现有的经济社会发展规划和行业政策发展之下，结合产品的进出口比例和市场需求预测，以及不同情景下的措施应用比例，综合计算得出的（表 6-7）。

表 6-7　不同情景下煤化工产品产量预测　　单位：万亿 t

煤化工产品产量预测	基准情景			政策情景			强化情景		
	2025 年	2030 年	2035 年	2025 年	2030 年	2035 年	2025 年	2030 年	2035 年
合成氨	4 275	3 975	3 750	3 990	2 915	2 000	3 420	2 120	1 000
焦炭	4.8	3.8	3	4.7	3.8	3	4.5	3.6	2.9
半焦	4 085	2 600	1 100	4 085	2 600	1 100	4 085	2 600	1 100
甲醇	6 937	7 929	8 616	6 121	5 130	4 054	4 897	3 731	2 027
煤直接制油	80	175	200	80	123	140	80	80	80
煤间接制油	890	1 120	1 360	890	1 000	1 120	890	890	890
煤制天然气	76.5 亿 m^3	135 亿 m^3	142.5 亿 m^3	76.5 亿 m^3	110 亿 m^3	119 亿 m^3	76.5 亿 m^3	110 亿 m^3	110 亿 m^3
煤制烯烃	1 045	1 224	1 360	1 045	1 162	1 287	1 045	1 162	1 162
煤制乙二醇	497	737	840	497	684	780	497	684	684

6.3　煤化工行业煤炭消费与碳排放预测分析

6.3.1　煤炭消费与碳排放

基于未来煤化工产品的产量预测，以及不同产品的单位煤耗和碳排放系数，计算得出不同情景下煤化工行业煤炭消费量及二氧化碳排放量。

根据核算结果，在基准情景下，到 2025 年、2030 年、2035 年，我国化工行业耗煤量将分别达到 9.6 亿 t、8.4 亿 t 和 7.0 亿 t（图 6-7）；煤炭消费量达峰年为 2025 年，达峰量为 9.6 亿 t。在政策情景下，到 2025 年、2030 年、2035 年，耗煤量分别达到 9.3 亿 t、7.7 亿 t 和 6.1 亿 t；煤炭消费量达峰年为 2024 年，达峰量为 9.3 亿 t。在强化情景下，到 2025 年、2030 年、2035 年，耗煤量分别达到 8.8 亿 t、7.1 亿 t 和 5.4 亿 t；煤炭消费量达峰年为 2021 年，达峰量为 9.1 亿 t。

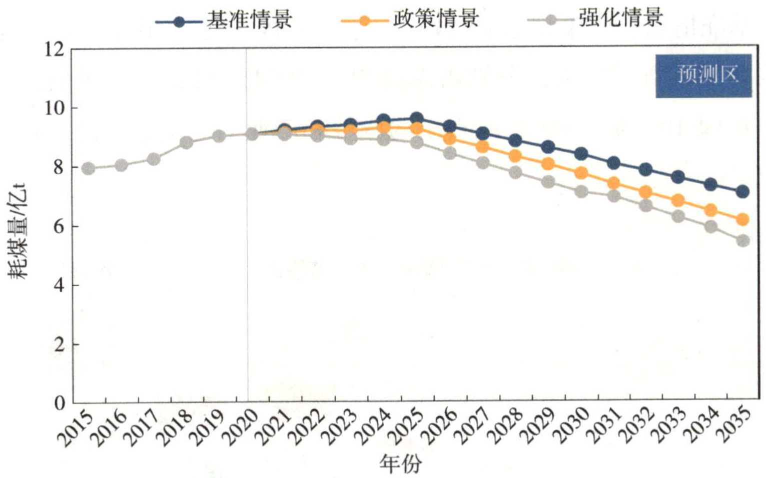

图 6-7 煤化工行业不同情景煤炭消费量

根据核算结果（图 6-8），在基准情景下，到 2025 年、2030 年、2035 年，我国化工行业二氧化碳排放量分别达到 6.0 亿 t、6.4 亿 t 和 6.3 亿 t，二氧化碳排放达峰年为 2030 年前后，达峰量为 6.4 亿 t；在政策情景下，到 2025 年、2030 年、2035 年，二氧化碳排放量分别达到 5.6 亿 t、5.2 亿 t 和 4.7 亿 t，二氧化碳排放达峰年为 2024 年前后，达峰量为 5.7 亿 t；在强化情景下，到 2025 年、2030 年、2035 年，二氧化碳排放量分别达到 5.3 亿 t、4.6 亿 t 和 3.7 亿 t，二氧化碳排放达峰年为 2021 年，达峰量为 5.5 亿 t。

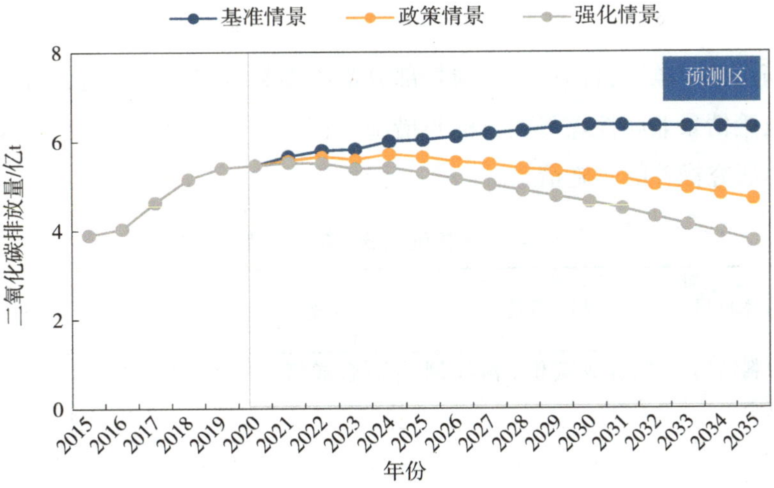

图 6-8 煤化工行业不同情景二氧化碳排放量

6.3.2 各项措施的减煤分析

煤化工行业各项措施在不同情景下的减煤量预测如图 6-9 所示。根据核算结果，相较于基准情景，政策情景到2035年累计减煤5.5%。其中，原料结构调整和产业结构调整减煤贡献较大，分别占总减煤量的54%和25%。在强化情景下，到2035年累计减煤10.6%。其中，原料结构调整和产业结构调整措施分别占总减煤量的53%和26%。

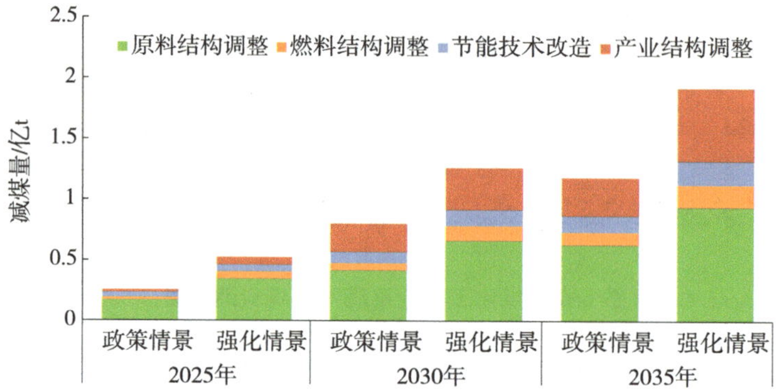

图6-9　煤化工行业不同情景不同措施减煤量

6.4 “双碳”约束下煤化工行业煤炭消费总量控制路线图

6.4.1 推荐情景

基于不同情景措施的技术、经济可行性，控煤降碳的效果，以及环境经济社会影响的对比（表6-8）进行预测，基准情景的政策实施力度较小，控煤降碳潜力有限，无法满足“双碳”目标；强化情景部分措施参数设置较为激进，可行性和经济性较差；政策情景兼顾控煤降碳目标与措施可行性，实施程度符合我国煤化工行业特点，是本研究推荐的实施情景。

表6-8　不同情景的措施、成本及影响对比

措施/预测结果	具体科目	基准情景	政策情景	强化情景
控煤降碳措施力度	原料结构调整	煤制合成氨和甲醇比例为75%	煤制合成氨和甲醇比例为75%	煤制合成氨和甲醇比例为75%
	燃料结构调整	电气化改造比例为0	电气化改造比例为50%	电气化改造比例为90%
	节能技术改造	应用低温余热发电技术比例达到15%，应用先进煤气化技术比例达到50%，应用自动化改造比例达到15%	应用低温余热发电技术比例达到90%，应用先进煤气化技术比例达到100%，应用自动化改造比例达到50%	应用低温余热发电技术比例达到90%，应用先进煤气化技术比例达到100%，应用自动化改造比例达到100%

续表

措施 / 预测结果	具体科目	基准情景	政策情景	强化情景
控煤降碳措施力度	末端捕集技术	应用 CCUS 技术比例达到 0%	应用 CCUS 技术比例达到 5%	应用 CCUS 技术比例达到 10%
	产业结构调整	煤制油、煤制天然气、煤制烯烃、煤制乙二醇在建、核准项目如期进行	煤制油、煤制天然气、煤制烯烃、煤制乙二醇在建、核准项目 50% 限产	煤制油、煤制天然气、煤制烯烃、煤制乙二醇核准项目不建设
控煤降碳效果	煤耗量达峰年及峰值	2025 年达峰，达峰量为 9.6 亿 t	2024 年达峰，达峰量为 9.3 亿 t	2021 年达峰，达峰量为 9.1 亿 t
	碳排放达峰年	2030 年前后达峰	2024 年前后达峰	2021 年前后达峰
协同减排（相对于基准情景）			SO_2 减排 0.24 万 t/a NO_x 减排 0.29 万 t/a PM 减排 0.08 万 t/a	SO_2 减排 0.38 万 t/a NO_x 减排 0.45 万 t/a PM 减排 0.11 万 t/a
控煤降碳投资		合计 734 亿元（2021—2035 年）	合计 3 010 亿元（2021—2035 年）	合计 3 864 亿元（2021—2035 年）

在政策情景下（图 6-10），到 2025 年、2030 年、2035 年，我国化工行业耗煤量分别达到 9.3 亿 t、7.7 亿 t 和 6.1 亿 t；煤炭消费量达峰年为 2024 年，达峰量为 9.3 亿 t。二氧化碳排放量达峰年为 2024 年，达峰量为 5.7 亿 t。

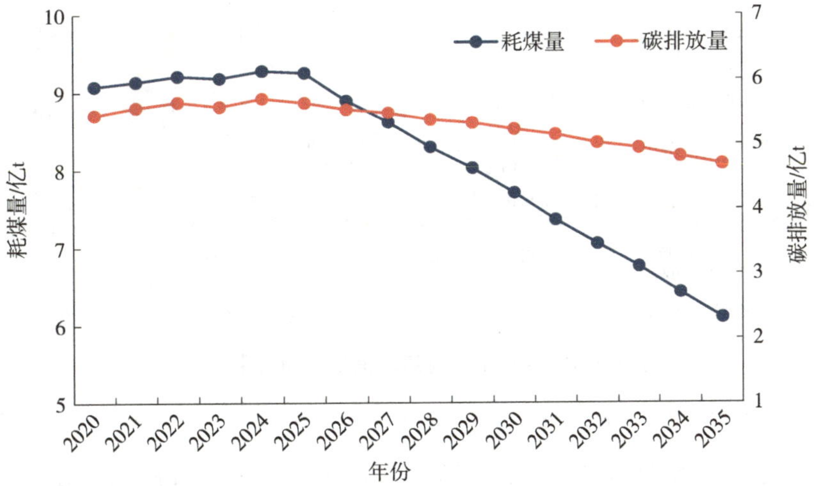

图 6-10　政策情景下煤炭消费和二氧化碳排放量变化

在政策情景下，提出碳达峰碳中和约束下煤化工行业的各产品煤炭控制产量及煤炭消费总量控制目标，见表 6-9。

表 6-9 碳达峰、碳中和约束下煤化工行业控煤目标

指标（产量）	2019 年	2025 年	2030 年	2035 年
合成氨 / 万 t	4 318	3 990	2 915	2 000
焦炭 / 亿 t	4.7	4.7	3.8	3.0
半焦 / 万 t	3 890	4 085	2 600	1 100
甲醇 / 万 t	5 857	6 121	5 130	4 054
煤直接制油 / 万 t	80	80	123	140
煤间接制油 / 万 t	645	890	1 000	1 120
煤制天然气 / 亿 m^3	43.8	76.5	110	119
煤制烯烃 / 万 t	908	1 045	1 162	1 287
煤制乙二醇 / 万 t	316	497	684	780
煤炭消费总量 / 亿 t	9.0	9.3	7.7	6.1

6.4.2 煤化工行业煤炭消费总量控制路线图

我国煤化工行业控煤降碳措施路线如图 6-11 所示。

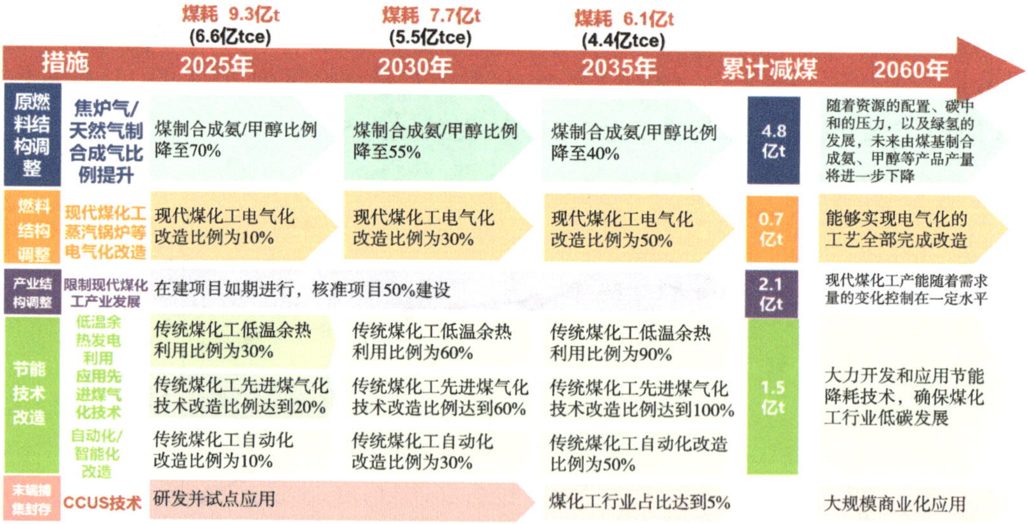

图 6-11 煤化工行业煤炭消费总量控制路径

（1）“十四五”阶段（2021—2025 年）

开展节能技术改造是“十四五”阶段煤化工行业控煤降碳的主要措施。推广余热发电技术，改善煤化工行业热量损耗及制冷带来的能源消费，到 2025 年，低温余热发电技术比例达到 30%；推广先进煤气化技术，逐步淘汰固定床间歇气化炉，实现合成氨和甲醇行业低碳发展。预计到 2025 年，固定床间歇气化炉淘汰比

例达到 20%；推广煤化工行业自动化、智能化改造，尤其针对有较好示范效果的应用（如焦化行业 SCP 一体化技术），宜大面积推广复制。到 2025 年，自动化、智能化技术在传统煤化工领域应用比例将达到 10%。在此基础上，积极推进原料结构调整，优先选用天然气或焦炉煤气制合成气，促进合成氨和甲醇低碳发展。预计到 2025 年，煤制合成氨和甲醇占合成氨和甲醇总产量的比例由 75% 降至 70%。同时，稳步推进燃料结构调整，实施现代煤化工蒸汽锅炉改造等电气化工程。预计到 2025 年，电气化改造比例达到 10% 以上。最后，研发并试点应用 CCUS 项目，为煤化工行业二氧化碳减排进行技术储备。“十四五”期间，累计新增投资 710 亿元，累计减少煤化工行业煤炭消费 8 034 万 t。

（2）“十五五”阶段（2026—2030 年）

全面推广节能改造技术，到 2030 年，低温余热发电技术覆盖比例达到 60%，现有固定床间歇气化炉淘汰比例达到 60%，自动化、智能化技术在传统煤化工领域应用比例达到 30%。积极推进原料结构调整，到 2030 年，煤制合成氨和甲醇占合成氨和甲醇总产量的比例降至 55%。稳步推进燃料结构调整，预计到 2030 年，电气化改造比例达到 30%。试点应用 CCUS 技术，预计到 2030 年，CCUS 技术覆盖比例达到 3% 以上。同时，严控现代煤化工发展速度，严格审批新的现代煤化工项目。“十五五”期间，累计新增投资 1 156 亿元，累计减少煤化工行业煤炭消费 30 613 万 t。

（3）“十六五”阶段（2031—2035 年）

深入推广节能改造技术，到 2035 年，低温余热发电技术覆盖比例达到 90%，现有固定床间歇气化炉淘汰比例达到 100%，自动化、智能化技术在传统煤化工领域应用比例达到 50%。深入推进原料结构调整，到 2035 年，煤制合成氨和甲醇占合成氨及甲醇总产量的比例降至 40%。稳步推进燃料结构调整，预计到 2035 年，电气化改造比例达到 50%。大力发展 CCUS 技术，预计到 2035 年，CCUS 技术覆盖比例达到 5% 以上。同时，原则上不再审批新的煤化工项目。“十六五”期间，累计新增投资 1 144 亿元，累计减少煤化工行业煤炭消费 52 779 万 t。

（4）2060 年碳中和目标展望

在“十六五”以后，我国煤化工行业在“零碳”目标下，生产工艺和技术均将发生较大变化。绿氢技术将在煤化工领域得到较好的应用，取代合成气生产合成氨、甲醇等产品；新型突破性技术得到大面积应用，CCUS 技术将成为煤化工行业碳中和的重要技术手段，捕集的二氧化碳将作为重要的原料，用于生产甲醇等化工产品。煤化工行业将逐步摆脱对煤炭的依赖，同时，二氧化碳排放量得到有效控制。

6.4.3 不确定性分析

现代煤化工产业（煤制油、煤制天然气、煤制烯烃、煤制乙二醇）的发展关乎国家能源安全，在受市场影响的同时，也受国家政策的影响。2021 年 9 月，习近平总书记视察榆林并发表重要讲话，强调煤化工产业潜力巨大、大有前途，要提高煤炭作为化工原料的综合利用效能，促进煤化工产业高端化、多元化、低碳化发展。国家近期出台的原料用能不纳入能源消费总量控制，是在一定程度上鼓励煤化工发展，煤化工耗煤量在“十四五”期间必然会有所增长。但“十五五”“十六五”期间煤化工行业如何发展，目前还存在一定的不确定性，将对未来煤化工行业煤耗和碳排放产生一定影响。本研究同时提到绿氢技术以及 CCUS 等先进技术的应用，但受制于技术的研发能力与开发速度，这些技术将对未来煤化工行业原料替代及碳捕集利用带来不确定性，影响煤化工行业的煤炭消费和二氧化碳排放。

6.4.4 保障措施

（1）加大煤化工领域突破性技术研发

组织专项经费开展煤化工领域一步法制烯烃技术、先进煤气化技术、绿氢制合成氨、甲醇等关键技术研究，开展煤化工领域减污降碳协同研究，加大煤炭在煤化工领域的清洁高效利用，促进煤化工行业高质量发展。

（2）加快煤化工行业节能标准体系建设

鼓励和支持控煤降碳技术创新，加快制订和实施促进煤化工行业控煤降碳的市场准入标准、强制性能效标准和环保标准等。建立煤化工行业原料替代、燃料替代等控煤降碳技术推广目录，编制低碳技术标准和规范，建立完善低碳技术、产品研发推广机制。优化完善煤化工行业清洁生产标准体系，在现有确定清洁生产等级的五项各类指标基础上，将“控煤降碳”相关指标充分纳入并体现。

（3）推进煤化工企业低碳技术创新和工程试点示范

积极开展煤化工行业二氧化碳捕集、利用与封存技术的研究和示范，实现二氧化碳的规模化捕集、利用与封存；鼓励现代煤化工企业与石油企业及相关行业合作，开展驱油、微藻吸收、地质封存等示范。示范利用可再生清洁能源太阳能发电，通过电解水制氢，氢气和火电捕集的二氧化碳反应，合成甲醇燃料。加强碳转化利用理论与关键技术、高效催化剂的研究攻关，推进二氧化碳综合利用，为实现碳中和提供科技支撑。通过财政资金支持、税收优惠和贷款优惠等措施，推动煤化工企业投入低碳技术的研发和推广使用。

第 7 章 “双碳”约束下重点行业煤炭消费总量控制路线图

7.1 重点行业煤炭消费总量控制情景分析

7.1.1 重点行业煤炭消费与碳排放预测

未来 10 年是我国基本实现现代化的关键阶段，工业化、城镇化、信息化等多重发展将带来煤炭消费与碳排放增长的刚性压力。基准情景下，四大行业煤炭消费量合计将于 2029 年达峰，峰值为 26.8 亿 tce；碳排放于 2030 年达峰，峰值为 85.6 亿 t。在采取积极措施的政策情景下，四大行业煤炭消费量合计将于 2025 年达峰，峰值为 24.9 亿 tce，达峰前后有 6 年的平台期（2021—2026 年）；碳排放于 2025 年达峰，峰值为 80.1 亿 t。在进一步加强措施力度的强化情景下，四大行业煤炭消费量合计可能已于 2020 年达峰，峰值为 24.4 亿 tce；碳排放将于 2022 年达峰，峰值为 78.1 亿 t（图 7-1）。

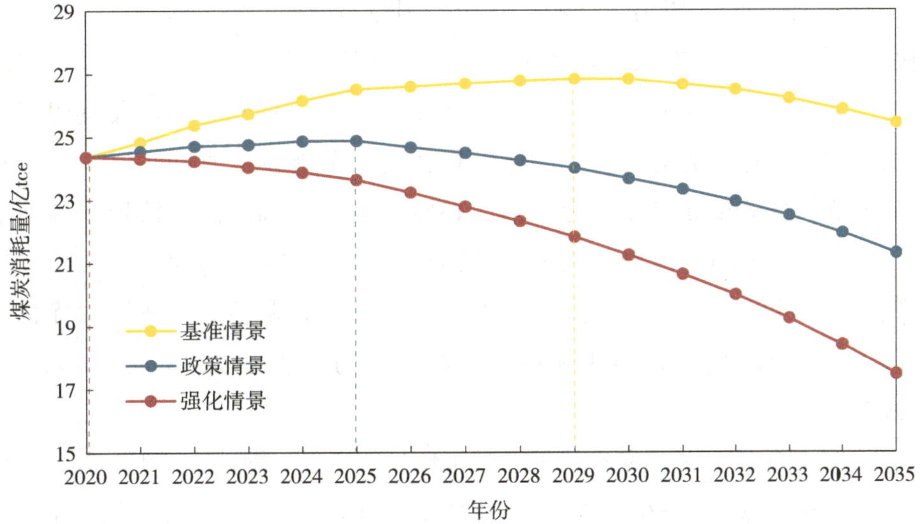

图 7-1 不同情景下四大行业煤炭消费总量

分行业看（图 7-2），在基准情景下，水泥和钢铁行业煤炭消费量率先达峰，煤化工将于“十四五”末期达峰，电力将在“十五五”末期达峰。在政策情景下，钢铁行业已于 2020 年达峰，水泥行业在 2021 年达峰，煤化工行业将于“十四五”中后期达峰，电力行业将于“十五五”中后期达峰。强化情景下，钢铁、水泥、煤化工行业加强措施力度，均已达峰，电力行业将于“十四五”末期达峰。

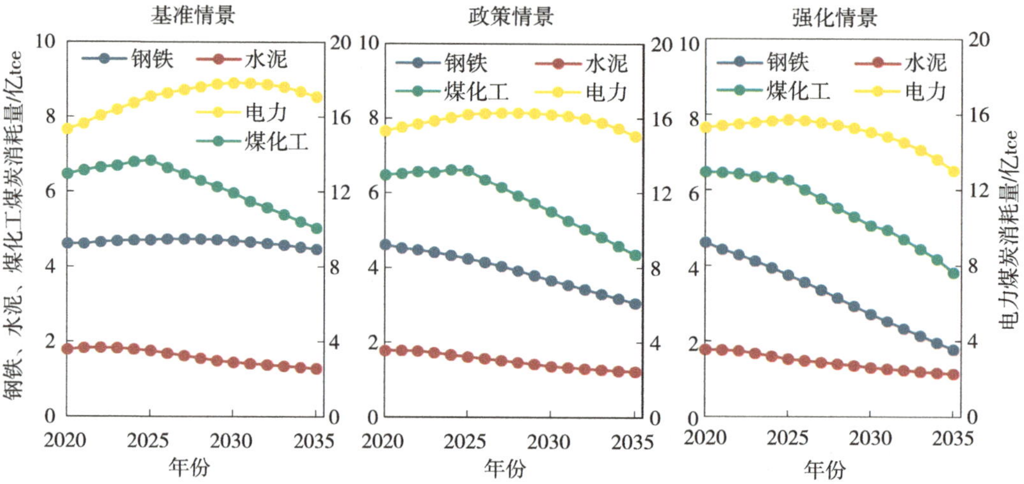

图 7-2　不同情景下电力、钢铁、水泥、煤化工（含焦炭）行业煤炭消费量对比

7.1.2　不同措施的减煤贡献

大力推进清洁能源使用，加强行业产能调控与结构调整，推广能效提升技术和加快循环体系构建是四大行业减少煤炭消费量的有效措施。相较基准情景，政策情景在 2021—2035 年减少煤炭消费 9.2%，其中，产品产量减少带动煤炭消费减少约占 17%，能源结构调整、产业结构优化、节能技术改造、资源循环利用四项措施带来的减煤贡献分别为 54%、13%、10%、6%；强化情景下各项措施力度增大，2021—2035 年累计减少煤耗 16.7%，年均减煤量 4.4 亿 tce。其中，产品产量减少带动煤炭消费减少约占 19%，能源结构调整、产业结构优化、节能技术改造、资源循环利用四项措施减煤贡献分别占比为 43%、13%、20%、5%（图 7-3）。

从行业贡献来看，相比基准情景，政策情景下电力、钢铁、水泥、煤化工减煤贡献分别为 50%、33%、3%、14%。强化情景下电力、钢铁、水泥、煤化工减煤贡献分别为 49%、35%、3%、13%。

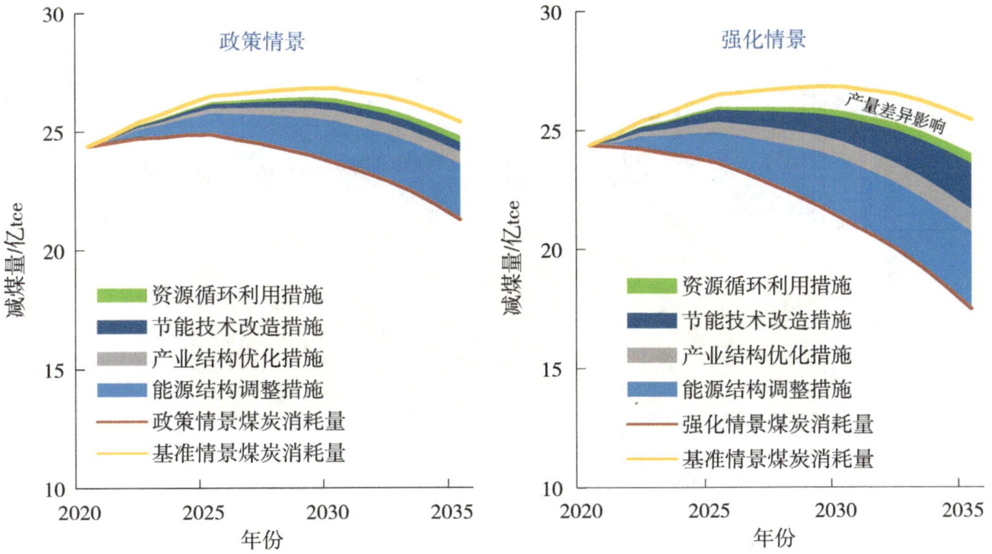

图 7-3 四大行业政策情景和强化情景较基准情景的减煤量

7.2 重点行业达峰路线图

7.2.1 重点行业推荐情景与控煤目标

对比三种情景各项指标，推荐情景为政策情景，理由如下：

基准情景为现有规划发展的情景，未针对碳达峰、碳中和采取进一步的控煤降碳措施，碳排放达峰时间未在 2030 年前。强化情景更多地考虑碳中和，未来减排压力相对较小，但面临措施力度大、投资要求高的问题，现阶段实现难度大。政策情景兼顾了碳达峰、减煤和措施可行性，因此，统筹考虑我国立足新发展阶段、贯彻新发展理念、构建新发展格局总体要求和 2030 年非化石能源占能源消费比重承诺，在“双碳”背景约束下，推荐政策情景。

政策情景下煤炭消费量将在“十四五”缓慢增长，2025 年达到峰值，峰值为 24.9 亿 tce，达峰前后有 5～6 年的平台期；碳排放将于同年达峰，峰值为 80.1 亿 t（图 7-4）。在此情景下，钢铁行业煤炭消费量或已达峰，水泥行业煤炭消费量于 2021 年达峰，煤化工行业煤炭消费量将于 2024 年达峰，电力行业煤炭消费量将于 2028 年达峰（图 7-5、表 7-1）。

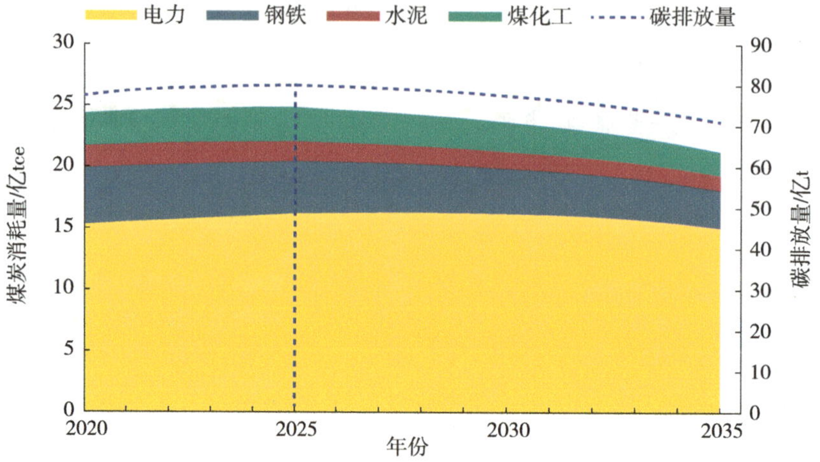

图 7-4　推荐情景下重点行业煤炭消费和二氧化碳排放

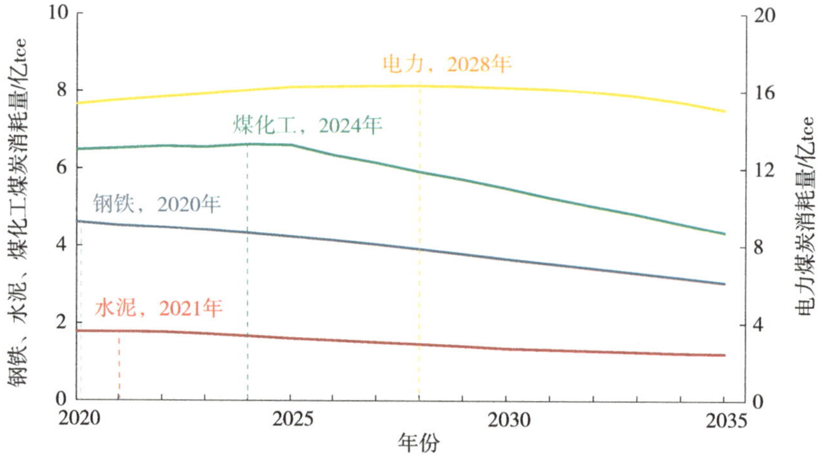

图 7-5　推荐情景下分行业煤炭消费量

表 7-1　推荐情景碳达峰碳中和约束下重点行业控煤目标

指标	2020 年	2025 年	2030 年	2035 年
煤炭消费总量 / 亿 tce	24.4	24.9	23.7	21.3
电力煤炭消费量 / 亿 tce	15.3	16.2	16.2	15.1
钢铁（含焦炭）煤炭消费量 / 亿 tce	4.6	4.2	3.7	3.1
水泥煤炭消费量 / 亿 tce	1.8	1.6	1.4	1.2
煤化工（含焦炭）煤炭消费量 / 亿 tce	6.5	6.6	5.5	4.4
煤化工（不含焦炭）煤炭消费量 / 亿 tce	2.7	2.8	2.4	1.9

图 7-6 所示为各重点行业煤耗变化对煤耗总量达峰的影响。到达峰年，电力行业和煤化工的煤耗增量将是煤耗增加的主要推动力，预计将分别增加煤耗 0.9 亿 tce 和 0.1 亿 tce。测算结果表明，钢铁行业是全国煤耗达峰前煤耗下降最快的行业，至达峰年，其煤耗将下降 0.4 亿 tce；此外，水泥行业的煤耗将下降 0.2 亿 tce。

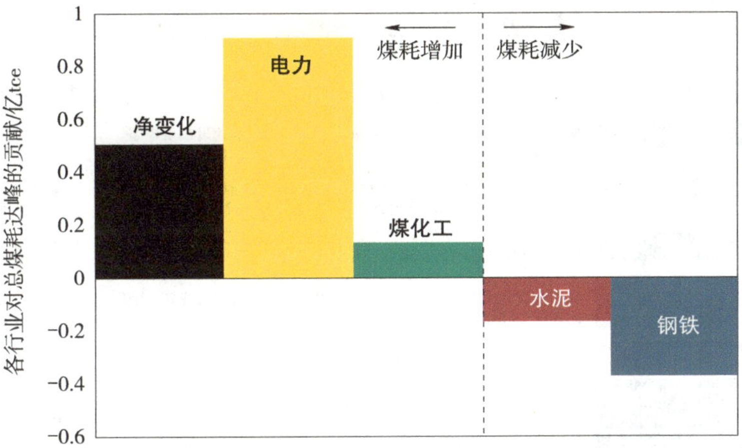

图 7-6 2020 年至达峰年各行业煤耗变化对总煤耗的影响

7.2.2 重点行业达峰路线图

重点行业达峰路线图如图 7-7 所示。

（1）“十四五”阶段（2021—2025 年）

煤电发展难以做到“急刹车”，仍会有一定增长，加大推进现役机组节能升级改造，持续降低发电煤耗。非化石能源发电加速发展，配套调峰抽水蓄能、新型储能大规模部署。全力推进全废钢电炉短流程，逐步提高电炉钢废钢利用率。严格执行水泥熟料产能减量置换，新建线使用先进烧成技术，实行高效节能综合技术改造。煤化工行业推广先进煤气化技术、自动化智能化改造，稳步推进燃料结构调整，钢铁、水泥、煤化工煤炭消费和碳排放达峰。同时，积极探索大规模储能技术、氢冶金技术和 CCUS 技术示范应用。

（2）“十五五”阶段（2026—2030 年）

这一阶段，煤电装机和煤炭消费量进入峰值平台期。2030 年前，对存量煤电机组大力实施灵活性改造，非化石能源持续加速替代，电力行业煤炭消费和碳排放达峰。加大废钢利用，废钢成为钢铁行业铁素原料的主要替代物，电炉钢占比进一步提升，继续提高球团矿配比和节能技术推广。工业行业持续推进余热发电技术改造，鼓励原料替代。有效降低储能、氢冶金、低碳水泥新产品和 CCUS 等技术成本。煤化工行业全面推广节能改造技术，稳步推进燃料结构调整，自动化、智能化技术在传统煤化工领域广泛应用。同时，严控现代煤化工发展速度，严格审批新的现代煤化工项目。

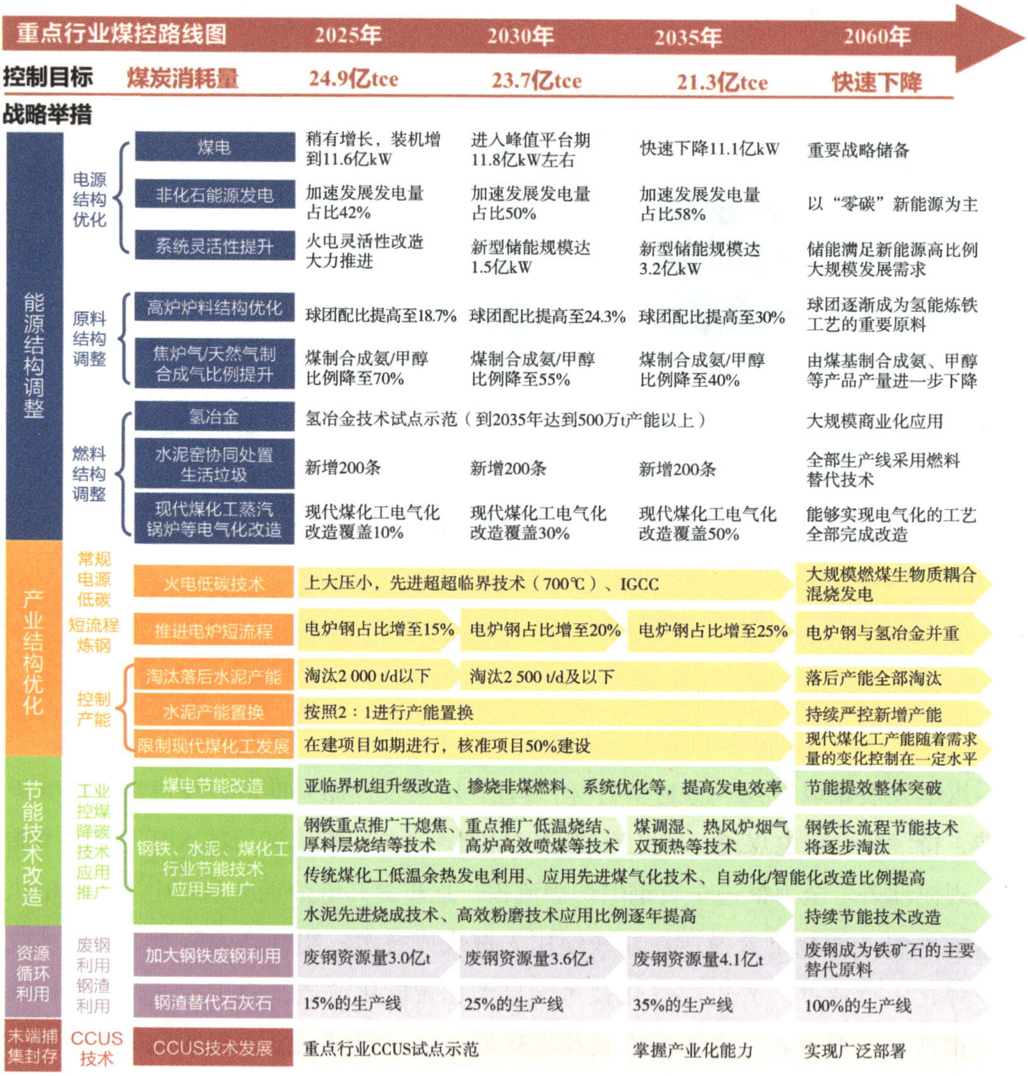

图 7-7　重点行业控煤降碳路线图

（3）“十六五”阶段（2031—2035 年）

2030 年后，不再新增煤电装机，部分煤电机组保持很低的利用小时数，但仍作为应急电源储备，风光等可再生能源持续加速发展。电炉钢占比高，废钢资源量进一步扩大。大规模储能、氢冶金和 CCUS 等技术逐步实现商业化应用。加大力度推进水泥企业高效节能技术改造，加强水泥企业原料替代，煤化工行业深入推广节能改造技术，稳步推进燃料结构调整。

（4）2060 年碳中和目标展望

2035—2060 年，煤电将有序退出，但仍将保留少量具有灵活性的、配备 CCUS 技术的煤电。低碳水泥新品种能够广泛应用，水泥窑协同处置全面推广，替代燃料成为水泥生产中的主要燃料。粗钢产量将随着需求降低而进一步下降，氢冶金技术发展成熟。绿氢技术将在煤化工领域得到较好的应用，BECCS、CCUS 技术将成为工业行业碳中和的重要技术手段。

7.3 行业间措施的协同分析

本研究以行业产业链上下游供需关系为核心，通过构建上下游关联映射函数关系，实现将单一行业的需求 / 产量预测与其余各行业的预测结果动态关联，形成给定的宏观社会经济预测条件下全局联动的行业需求 / 产量预测结果。体现在以下几个方面：

（1）钢铁行业和煤化工行业在焦炭方面实现了动态关联，钢铁行业的焦炭消费量占焦炭行业表观消费量比重高达 85% 左右。因此，钢铁行业的需求对焦炭消费总量起着决定性的作用。

（2）钢铁、水泥和煤化工的电力需求与电力行业电力需求实现了动态关联。加速电气化进程是工业行业碳达峰的主要措施之一，随着能耗指标的收紧，各方会加大对绿电需求。同时，绿电比例的提高也会对工业行业产生一定的影响。

此外，钢铁、水泥和煤化工测算间接碳排放时采用的电力碳排放因子，均与未来全国电力碳排放因子对接。

7.3.1 工业行业对电力需求的变化导致的煤耗与碳排放变化

为便于对比，本研究中电力行业分析中假设三种情景的需求是一致的，而钢铁、煤化工、水泥行业的用电量三种情景是不同的。政策情景（分部门需求）下，钢铁、水泥和煤化工的电力需求与电力行业电力需求保持了对接。而强化情景、基准情景并未进行用电量的对接。

若电力行业与钢铁、水泥、煤化工的用电量变化进行对接，即调整基准情景和强化情景下的用电量。模拟得到，煤炭消费和碳排放达峰时间不变，在基准情景下煤炭峰值和碳排放峰值将分别增加 0.30 亿 tce、0.61 亿 t。在强化情景下，煤炭峰值和碳排放峰值将分别减少 0.23 亿 tce（图 7-8）、0.12 亿 t。这是因为，基准情景下钢铁、水泥、煤化工的用电量是上升的，强化情景下钢铁、水泥、煤化工的用电量是下降的。

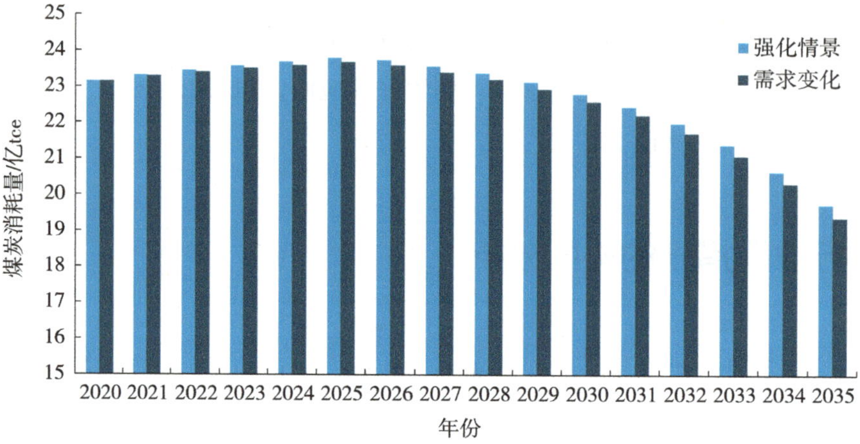

图 7-8　行业对电力需求的变化导致的煤炭变化

总的来说，钢铁、水泥、煤化工行业的煤炭控制使得三大行业的用能结构更加清洁，还使得用电需求减少。

节能已经成为国家战略，从政策发展看，经历了“十一五”期间的重点领域节能，到“十四五”期间的新兴领域节能。“十一五”期间，强调钢铁、有色、煤炭等行业的节能；“十二五”期间，开始关注合同能源管理、节能技术及产品的发展；“十三五”期间，重点实施锅炉（窑炉）、照明、电机系统升级改造及余热暖民等重点工程；到“十四五”期间，工业节能已经从传统领域扩大到5G、大数据中心等新兴行业的节能减排[①]。

未来，工业行业对电力需求的变化给碳达峰带来的影响并不大。钢铁、煤化工、水泥等产品产量的下降将对节能节电产生积极影响。

7.3.2　工业行业使用绿电对减煤降碳的贡献

长期来看，随着能耗指标的收紧，社会各方会加大对绿电的需求。政策情景下，若钢铁、水泥、煤化工有10%的用电量改为绿电，则每年将减少约0.30亿t的碳排放，对应减少煤炭消费约为0.16亿tce。高耗能企业加速进入绿色电力市场，将会提升绿电交易规模。电价将不仅在用电侧作为要素引导用户理性用电，同时在发电侧凸显不同电源的环境价值。溢价售电帮助提升新能源项目回报。

2022年2月，国家发展改革委、国家能源局发布《关于完善能源绿色低碳转

① https://baijiahao. baidu. com/s?id=1723816171781911583&wfr=spider&for=pc.

型体制机制和政策措施的意见》（以下简称《意见》）（发改能源〔2022〕206 号），提出推进统一的绿色产品认证与标识体系建设，建立绿色能源消费认证机制，推动各类社会组织采信认证结果。建立电能替代推广机制，通过完善相关标准等加强对电能替代的技术指导。完善和推广绿色电力证书交易，促进绿色电力消费。《意见》提出，推动完善能源相关的绿色消费机制，通过消费端优先使用绿色能源，带动能源生产供应端绿色低碳转型，包括建立绿色能源消费认证机制、电能替代推广机制，完善和推广绿色电力证书交易等举措，在全社会倡导节约用能、绿色用能。绿色能源消费促进机制将为追求零碳低碳的绿色工厂、绿色园区、绿色社区等提供实现途径，并使之得到社会广泛认可[①]。

《意见》与重点行业领域碳达峰实施方案相衔接，重点围绕工业、建筑、交通等行业领域，提出电价、分布式电力交易、国土空间保障等支持政策，推动提升终端用能低碳化和电气化水平，控制化石能源消费。在工业领域，推动企业形成低碳、零碳能源消费模式，鼓励通过创新电力输送及运行方式，实现可再生能源电力项目就近向产业园区或企业供电，以及企业等通过电力市场购买绿色电力。在建筑领域，推行绿色用能，推动超低能耗建筑、低碳建筑规模化发展，在具备条件的地区推进供热计量改革，支持建设可再生能源供应系统，鼓励光伏建筑一体化应用。在交通领域，推行大容量电气化公共交通和电动、氢能、先进生物液体燃料、天然气等清洁能源交通工具，完善充换电、加氢、加气（LNG）站点布局及服务设施，在土地空间等方面予以支持。

7.3.3 绿电比例的提高对工业行业的影响

以政策情景的 2030 年为例，非化石能源发电占比较 2020 年增加 16%，达到 50%，使得钢铁、水泥、煤化工的间接碳排放分别减少 0.60 亿 t、0.12 亿 t、0.21 亿 t，分别对应减少煤炭消费 0.31 亿 tce、0.06 亿 tce、0.11 亿 tce。由于行业达峰不同步，四大行业煤炭达峰前后将保持 5～6 年的峰值平台期。在平台期，四大行业年均减煤仅为一两千万吨标准煤的水平，降碳仅几千万吨的水平，仅相当于 1～2 个重大建设项目的煤耗和碳排放量。要高度警惕因重大项目集中建设布局而导致达峰延迟或反复冲高的现象发生。

如果仅从成本来看，新能源发电并网会导致电价上涨。要有效化解这部分成本，就必须深化电力体制改革，在体制机制和市场建设上做出探索创新。建议启动

① https://cj.sina.com.cn/articles/view/2343698037/8bb1fe75019010dzz.

绿电交易，将有意愿承担更多社会责任的一部分电力用户区分出来，与风电、光伏发电项目直接交易，以市场化方式引导绿色电力消费。一方面，可充分体现出绿色电力的环境价值；另一方面，绿电消费产生的收益可反哺绿电发展，更好地促进新型电力系统建设[①]。

采购绿色电力将成为企业清洁低碳转型的重要措施。按照国家发展改革委、国家能源局批复的《绿色电力交易试点工作方案》，风电及光伏发电企业、电力用户和售电公司、电网企业，均可参与绿电交易。不仅如此，绿色电力在电力市场交易和电网调度运行中优先组织、优先安排、优先执行、优先结算，用电侧购买绿色电力还将获得相关政策的激励[②]。

① http://www.gov.cn/xinwen/2021-09/09/content_5636363.htm.

② http://www.gov.cn/xinwen/2021-09/09/content_5636363.htm.

第 8 章　行业控煤成本效益综合分析

重点行业控煤降碳措施的实施需要政府、企业和公众投入大量资金，产生一定的大气污染物协同减排效益。同时在控煤降碳路径下我国的产业结构、能源结构加快绿色低碳转型。本章基于自下而上视角对重点行业控煤降碳措施的投资成本进行了测算，核算了控煤降碳措施实施过程中的大气污染物协同减排量，最后，基于可计算一般均衡模型（CGE 模型）评估了各项措施的实施对经济社会的影响。

8.1　重点行业控煤降碳措施投资成本分析

四大行业控煤降碳措施的投资成本基于各行业各个措施的投资得到，如图 8-1 所示。根据核算结果，在基准情景下，2021—2035 年四大行业控煤降碳措施投资成本为 17.1 万亿元，年均成本为 1.1 万亿元。“十五五”期间的投入成本最高（6.2 万亿元），其分别为“十四五”（5.5 万亿元）和“十六五”（5.4 万亿元）；分行业来看，电力行业占四大行业控煤降碳投资成本的绝大部分（16.5 万亿元，占比 96.5%），这是因为电力行业新能源装机投入等基础建设投入较高且量较大。其次为水泥（占比 2.1%）、钢铁（占比 1.0%）和煤化工（占比 0.4%）；分措施来看，原燃料结构调整为投资最大的措施，主要原因为电力行业新建风电、光伏发电等新能源发电机组的投资较大。其次为技术改造升级措施、产业结构优化和资源循环利用。末端捕集封存，由于技术成熟度不足，在研究期间处于试点示范阶段，投资最低。

在政策情景下，2021—2035 年四大行业控煤降碳措施投资成本为 19.6 万亿元，年均成本为 1.3 万亿元。“十五五”期间的投入成本最高（6.9 万亿元），依次为“十四五”（6.5 万亿元）和“十六五”（6.2 万亿元）；行业投资分配与基准情景一致，电力行业占四大行业控煤降碳投资成本的绝大部分（18.6 万亿元），其次为水泥（0.42 万亿元）、煤化工（0.30 万亿元）和钢铁（0.26 万亿元）；各措施的投资占比排序与基准情景一致。

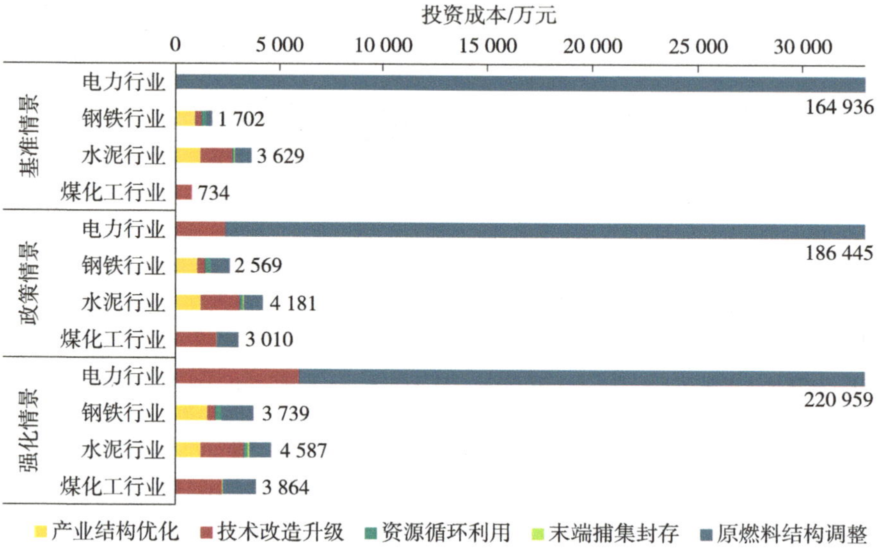

图 8-1　2021—2035 年四大行业控煤降碳措施投资成本

在强化情景下，2021—2035 年四大行业控煤降碳措施投资成本为 23.3 万亿元，年均成本为 1.6 万亿元，“十四五”、“十五五” 和 “十六五” 的投资成本依次降低；行业投资分配与基准情景一致，电力行业占四大行业控煤降碳投资成本的绝大部分（22.1 万亿元），其次为水泥（0.46 万亿元）、煤化工（0.39 万亿元）和钢铁（0.37 万亿元）；各措施的投资占比排序与基准情景一致。

8.1.1　电力行业控煤降碳措施投资成本

电力行业投资成本包括电源结构优化、系统调峰灵活性提升、节能改造、电网升级改造等。其中，电源结构优化投资包含水电、风电、核电、光伏发电、生物质发电、气电的投资成本；系统灵活性提升包含纯凝机组改造，热电联产机组灵活性改造，新型储能、抽水蓄能等配套设施建设投资；节能措施包含 “上大压小”、现役机组节能升级改造的投资；电网升级改造投资包含特高压、智能电网等新建电网投资及接网投资成本等。

不同情景下电力行业投资成本，如图 8-2 所示。在基准情景下，2021—2035 年电力行业控煤降碳措施投资成本为 16.5 万亿元，年均成本为 1.1 万亿元。在 “十五五” 期间投入成本最高（5.9 万亿元），依次为 “十四五”（5.3 万亿元）和 “十六五”（5.2 万亿元）；分措施来看，基准情景下电力行业投资均集中于电源结构优化及其配套措施（灵活性提升，电网升级）。在政策情景下，2021—2035 年电力行业控煤降碳措施投资成本为 18.6 万亿元，年均成本为 1.2 万亿元。在 “十五五” 期间投入成本最高（6.6 万亿元），依次为 “十四五”（6.2 万亿元）和 “十六五”

（5.9 万亿元）；在强化情景下，2021—2035 年电力行业控煤降碳措施投资成本为 22.1 万亿元，年均成本为 1.5 万亿元。“十四五”至“十六五”投资额依次降低，分别为 7.8 万亿元、7.2 万亿元和 7.1 万亿元。

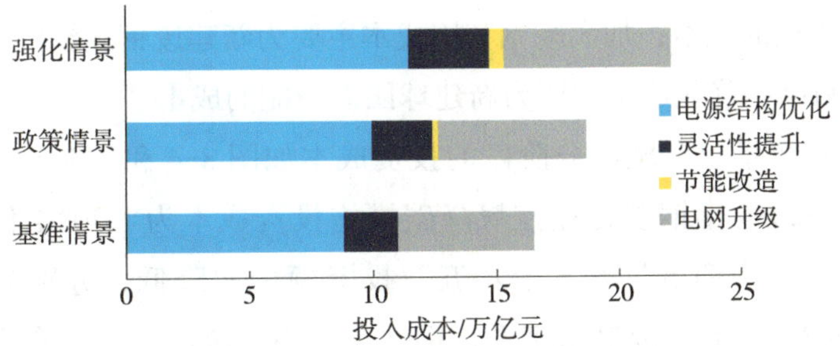

图 8-2　2021—2035 年电力行业各情景控煤降碳成本

作为推荐情景的政策情景分措施投资成本测算结果，如图 8-3 所示。在政策情景下，我国电力行业“十四五”“十五五”“十六五”期间总投资分别为 6.2 万亿元、6.6 万亿元、5.9 万亿元。其中，2030 年前气电、水电、核电、生物质发电、风电、光伏发电等累计新增装机投资 6.4 万亿元；系统灵活性提升和节能改造措施的投资为 1.5 万亿元；电网升级改造投资为 4.8 万亿元。分措施来看，电源结构优化是投资最高的一级措施，占比 53.3%。其次为电网升级，占比 32.4%，灵活性提升 13.1%；二级措施中，投资最高的措施（除电网升级）为风电，占总投资的 22.4%，其次为太阳能、核电，分别占 13.2%、9.6%。

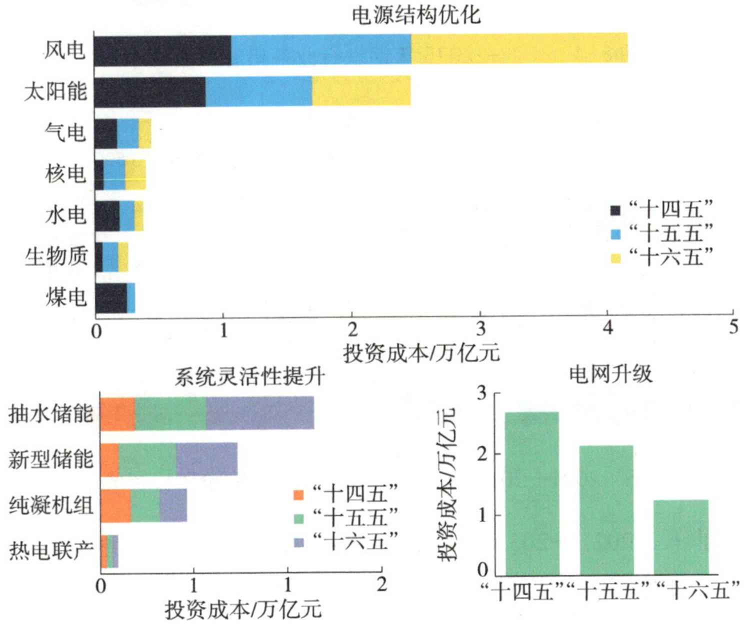

图 8-3　2021—2035 年政策情景下电力行业分措施投资占比

8.1.2 钢铁行业控煤降碳措施投资成本

钢铁行业的投资包括推进全废钢电炉短流程、加大废钢利用、节能技术改造和高炉炉料结构优化的相关新增投资。其中，推进全废钢电炉短流程的投资成本主要为新建电炉短流程的成本；加大废钢利用成本主要为新建废钢废铁回收利用中心的成本；高炉炉料结构优化成本主要为新建球团矿产能的成本。

钢铁行业各情景分措施和分阶段的投资成本如图 8-4 和图 8-5 所示。在基准情景下，2021—2035 年钢铁行业控煤降碳措施投资成本为 1 702.2 亿元，年均成本为 113.5 亿元。"十四五" 至 "十六五" 投资额依次降低，分别为 582.3 亿元、576.6 亿元和 543.3 亿元；分措施来看，钢铁行业控煤降碳措施投资主要集中在推进全废钢电炉短流程，属于产业结构优化类措施，占 53.1%。节能技术改造、高炉炉料结构优化和加大废钢利用的总投资均在 200 亿～300 亿元区间内，占比依次为 17.5%、16.5% 和 12.8%。

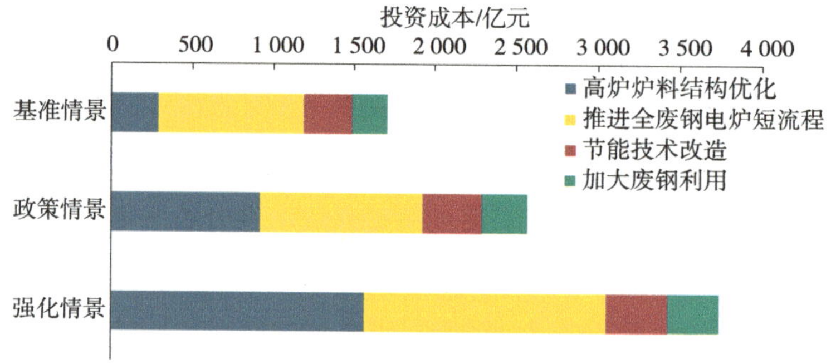

图 8-4　2021—2035 年钢铁行业各措施投资成本

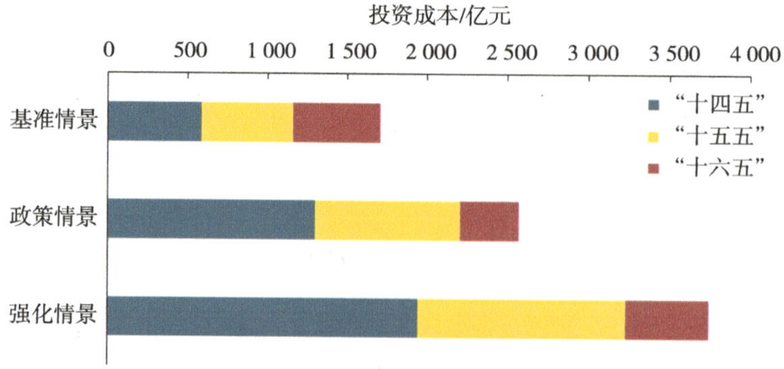

图 8-5　2021—2035 年钢铁行业各情景不同阶段投资成本

在政策情景下，2021—2035 年钢铁行业控煤降碳措施投资成本为 2 568.7 亿元，年均成本为 171.2 亿元，"十四五" 至 "十六五" 投资额依次降低，分别为 582.3 亿元、576.6 亿元和 543.3 亿元；分措施来看，政策情景下钢铁行业控煤降碳投资主要集中在推进全废钢电炉短流程和高炉炉料结构优化上，总投资分别为 1 011.7 亿元和 912.0 亿元。节能技术改造和加大废钢利用投资相对较少，分别为 361.7 亿元和 283.1 亿元。

在强化情景下，2021—2035 年钢铁行业控煤降碳措施投资成本为 3 738.8 亿元，年均成本为 249.3 亿元。“十四五”至“十六五”投资额依次降低，分别为 1 943.3 亿元、1 284.9 亿元和 510.6 亿元；分措施来看，强化情景下高炉炉料结构优化的投资最高，属于原燃料结构调整类措施，总投资 1 561.0 亿元，占比 41.8%。其次为推进全废钢电炉短流程，总投资 1 489.0 亿元，占比 39.8%。节能技术改造和加大废钢利用的投资相对较少。

8.1.3　水泥行业控煤降碳措施投资成本

水泥行业的投资包括五项控煤降碳措施（产业结构优化、能源结构调整、节能技术改造、资源循环利用和末端捕集封存）的相关新增投资或补贴。其中，淘汰落后产能投入为淘汰规模 2 000 t/d 以下硅酸盐水泥熟料线的财政补贴成本；水泥熟料先进烧成系统技术改造投入包含升级六级预热器或者两档窑建设，第四代冷却机建设，各类高效减风、密封、助燃等提高热效率、减少能耗的技术配备，新型隔热、保温耐火材料更换，余热发电技术升级改造的投资等五项节能措施的投资；高效粉磨技术应用投入包括立磨、辊压机终粉磨以及联合粉磨等高效粉磨技术的投资；原燃料替代投入包含钢渣等废渣废料替代石灰石、水泥窑协同处置生活垃圾等技术改造的投资。

水泥行业各情景分措施和分阶段的投资成本分别如图 8-6 和图 8-7 所示。在基准情景下，我国水泥行业“十四五”“十五五”“十六五”期间资金总投入分别为 1 308 亿元、1 480 亿元和 841 亿元，累计投入 3 629 亿元。

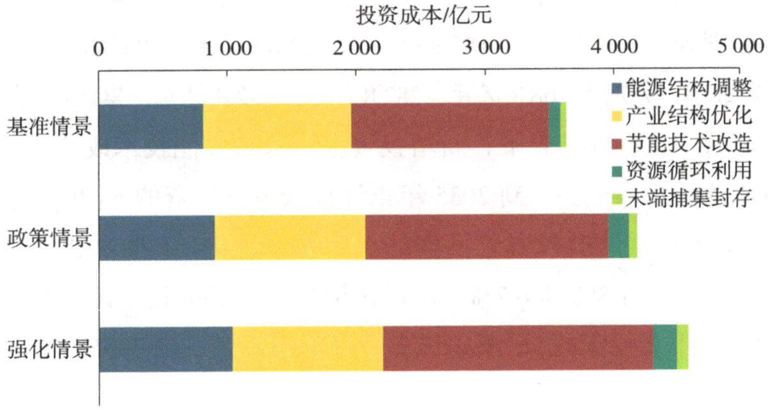

图 8-6　2021—2035 年水泥行业各措施投资成本

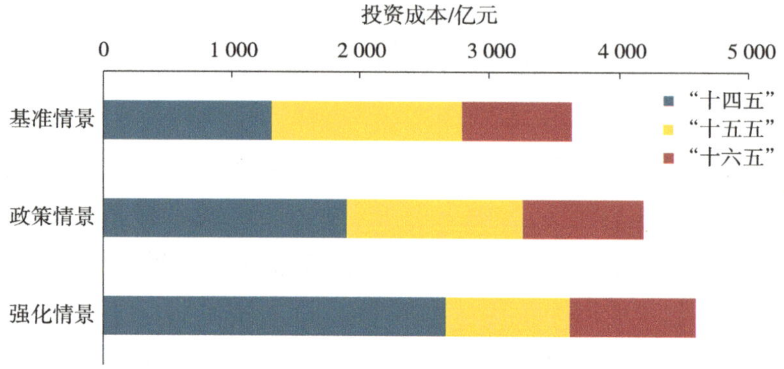

图 8-7　2021—2035 年水泥行业各情景不同阶段投资成本

在政策情景下，我国水泥行业“十四五”“十五五”“十六五”期间资金总投入分别为 1 898 亿元、1 358 亿元和 925 亿元，累计投入 4 181 亿元。

在强化情景下，我国水泥行业“十四五”“十五五”“十六五”期间资金总投入分别为 2 664 亿元、953 亿元和 971 亿元，累计投入 4 588 亿元。

分措施来看，节能技术改造为投资最大的措施，然后依次为产业结构优化投资、能源结构调整投资、资源循环利用投资和 CCUS 投资。

8.1.4　煤化工行业控煤降碳措施投资成本

煤化工行业，重点对产业结构优化、能源结构调整、节能技术改造、资源循环利用、末端捕集封存等关键控煤降碳措施进行投资成本分析。末端捕集技术费用是二氧化碳捕集量与单位二氧化碳捕集利用投资的乘积，其余措施费用以产品产量乘以单位产品改造投资计算。

煤化工行业各情景分措施和分阶段的投资成本分别如图 8-8 和图 8-9 所示。根据测算结果，强化情景投资最高，“十四五”“十五五”“十六五”期间资金总投入分别为 1 046.6 亿元、1 406.5 亿元、1 411.1 亿元，累计投入 3 864.2 亿元；政策情景投资次之，分别为 709.9 亿元、1 155.9 亿元、1 144.2 亿元，累计投入 3 010.0 亿元；基准情景投资最小，分别为 168.8 亿元、282.8 亿元、282.8 亿元，累计投入 734.4 亿元。

分措施来看，在基准情景下，新增投资全部来自节能技术改造。在政策情景下，节能技术改造投入最多，到 2035 年累计投入占总投资的 63.3%；能源结构调整次之，到 2035 年累计投入占总投资的 34.7%；末端捕集技术和能源结构调整投入分别占总投资的 1.3% 和 0.7%。在强化情景下，节能技术改造投入最多，到 2035 年累计投入占总投资的 56.4%；能源结构调整次之，到 2035 年累计投入占总投资的 40.6%。

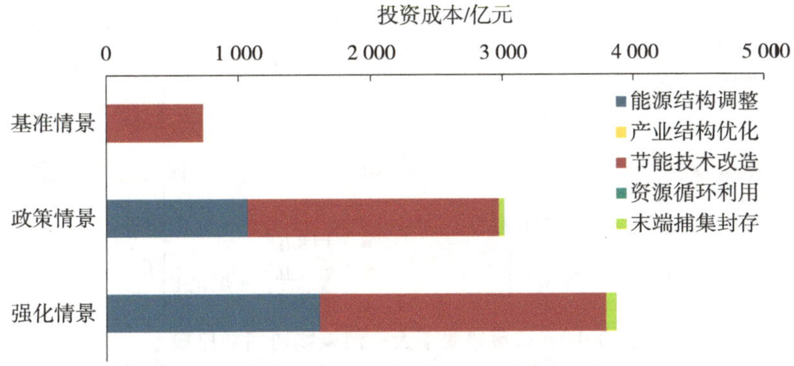

图 8-8　2021—2035 年煤化工行业各措施投资成本

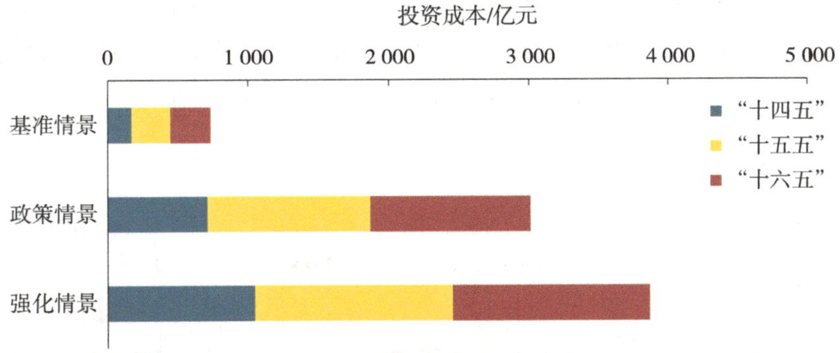

图 8-9　2021—2035 年煤化工行业各情景不同阶段投资成本

8.2　重点行业控煤降碳措施大气污染物协同减排分析

四大重点行业大气污染物和二氧化碳的排放大多来自化石燃料的燃烧，二者的“同源性、同时性”使大气污染控制和碳减排之间相互交织和影响。本研究采取的控煤降碳的若干措施，在降低碳排放的同时，也具有削减大气污染物排放的协同作用。由此，测算了政策情景和强化情景针对基准情景的主要大气污染物二氧化硫、氮氧化物、颗粒物（SO_2、NO_x、PM）的协同减排量。

政策情景下四大行业大气污染物协同减排量如图 8-10 所示。在政策情景下，四大行业 2021—2035 年 SO_2 减排量之和为 430.96 万 t，NO_x 为 977.77 万 t，PM 为 151.31 万 t；SO_2、NO_x 和 PM 的年均减排量分别为 28.73 万 t、65.18 万 t 和 10.09 万 t；随着控煤降碳措施的持续深入，“十四五”至“十六五”的污染物协同减排量持续增加；分行业来看，钢铁和电力为协同减排量最多的行业，尤其是钢铁行业对 NO_x 和 PM 的协同减排；水泥和煤化工行业的协同减排量相对较小。

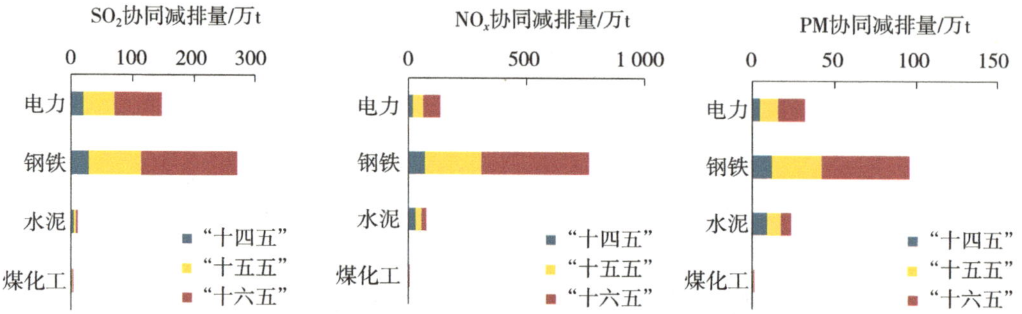

图 8-10　政策情景下大气污染物协同减排量

强化情景下四大行业大气污染物协同减排量如图 8-11 所示。在强化情景下，四大行业 2021—2035 年 SO_2 减排量之和为 607.24 万 t，NO_x 为 1 250.32 万 t，PM 为 221.71 万 t；SO_2、NO_x 和 PM 的年均减排量分别为 40.48 万 t、83.35 万 t 和 14.78 万 t；分行业来看，钢铁和电力为协同减排量最多的行业，水泥和煤化工行业的协同减排量相对较小。

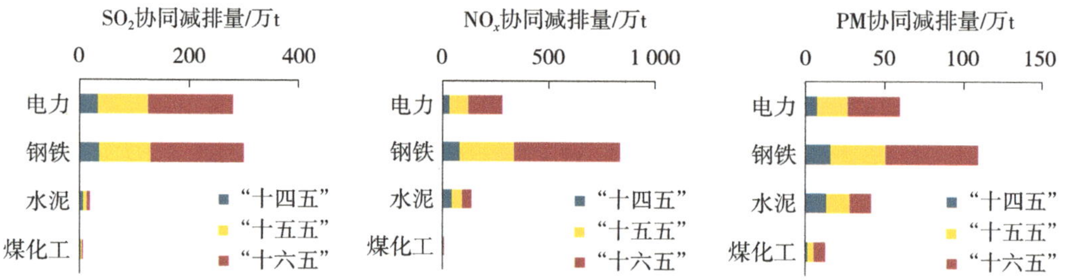

图 8-11　强化情景下大气污染物协同减排量

8.2.1　电力行业控煤降碳大气污染物协同减排

根据煤炭消费量的减少计算大气污染物的协同减排量，采用 2019 年全国火电绩效反推单位煤耗的污染物协同减排系数，其中 SO_2、NO_x、PM 单位煤炭消耗的污染物排放量分别为 1.32 t/ 万 t、6.48 t/ 万 t 和 6.76 t/ 万 t，假设系数随着时间不变化。

（1）强化情景污染物协同减排量比政策情景高 14%，比基准情景高 31%

不同情景下电力行业控煤年均污染物减排量如图 8-12 所示。政策情景下，SO_2、NO_x、PM 的协同减排量分别比基准情景下平均每年多减排 9.7 万 t、9.0 万 t 和 2.1 万 t；强化情景下，SO_2、NO_x、PM 的协同减排量分别比基准情景平均每年多减排 18.8 万 t、18.4 万 t 和 3.9 万 t。强化情景下污染物协同减排量最高，比政策情景高 28%，比基准情景高 32%。

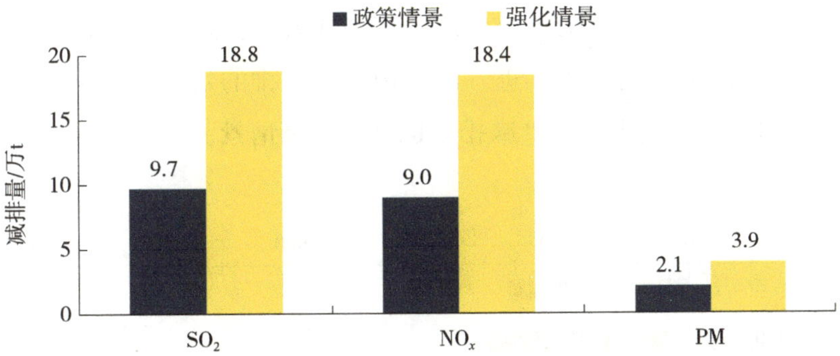

图 8-12　不同情景电力行业控煤年均协同减排效应

（2）新增风电、太阳能发电协同减排贡献约 2/3

政策情景下电力行业各措施污染物协同减排量如图 8-13 所示。在政策情景下，风电、太阳能协同减排量最高，节能改造协同减排量最低，前端结构调整的协同减排量高于末端污染治理措施的协同减排量。风电、太阳能、节能改造协同减排贡献分别占比 20%、54%、21%。气电对 NO_x 的减排贡献是负值，即气电可增加 NO_x 排放量。

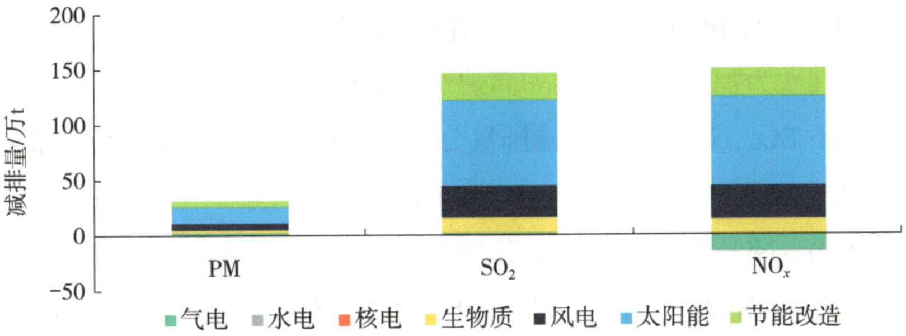

图 8-13　2021—2035 年政策情景下电力行业控煤措施协同减排量

8.2.2　钢铁行业控煤降碳大气污染物协同减排

由于钢铁行业 2019 年开始推广超低排放，本研究将钢铁产能分为普通（未超低排放改造）和超低排放改造两部分。设定 2020 年超低排放覆盖率 60%，2030 年全部完成超低排放改造，分别对其在碳减排过程中的大气污染物协同减排量进行测算。对于未完成超低排放改造的长流程产能，其协同减排效应根据相关研究成果，得到 SO_2、NO_x 和 PM 的协同减排系数；对于完成超低排放改造的长流程产能，其大气污染物排放系数通过单位产品废气产生量和超低排放标准共同确定。

钢铁行业控煤降碳污染物协同减排量如图 8-14 所示。相对于基准情景，政策情景 SO_2、NO_x 和 PM 年均协同减排量分别为 18.1 万 t、50.8 万 t 和 6.4 万 t，强化情景年均减排量分别为 20.1 万 t、55.6 万 t 和 7.3 万 t（考虑不同情景下产量的差异）。随着控煤降碳措施的深入推进，污染物协同减排的效果也将愈加明显。强化情景由于措施的实施力度更强，其减排量也高于政策情景。

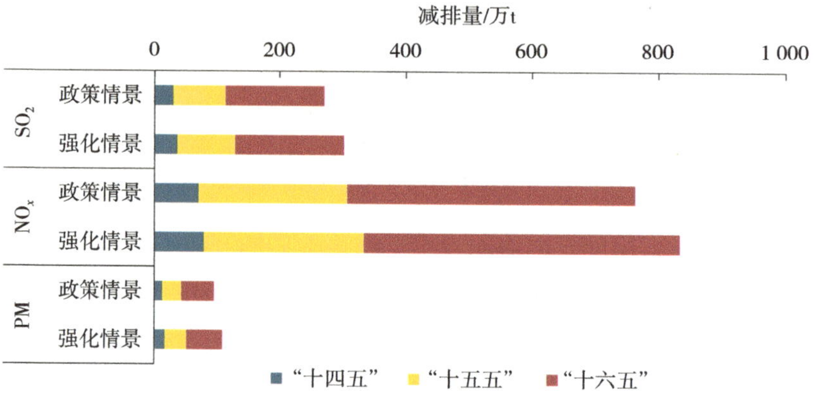

图 8-14　钢铁行业控煤降碳污染物协同减排量

钢铁行业分措施污染物协同减排量如图 8-15 所示。钢铁行业推进全废钢电炉短流程措施的污染物协同减排量最多，政策情景下 SO_2、NO_x 和 PM 减排量分别为 61.40 万 t、171.50 万 t 和 21.85 万 t，强化情景下减排量分别为 147.13 万 t、412.70 万 t 和 52.06 万 t。其次为加大废钢利用和高炉炉料结构优化两项措施，其中，加大废钢利用政策情景下 SO_2、NO_x 和 PM 减排量分别为 40.47 万 t、115.57 万 t 和 13.99 万 t，强化情景下减排量分别为 50.90 万 t、145.86 万 t 和 17.51 万 t；高炉炉料结构优化政策情景下 SO_2、NO_x 和 PM 减排量分别为 34.63 万 t、96.23 万 t 和 12.41 万 t，强化情景下减排量分别为 52.88 万 t、147.58 万 t 和 18.83 万 t。节能技术改造对污染物协同减排贡献相对较小。

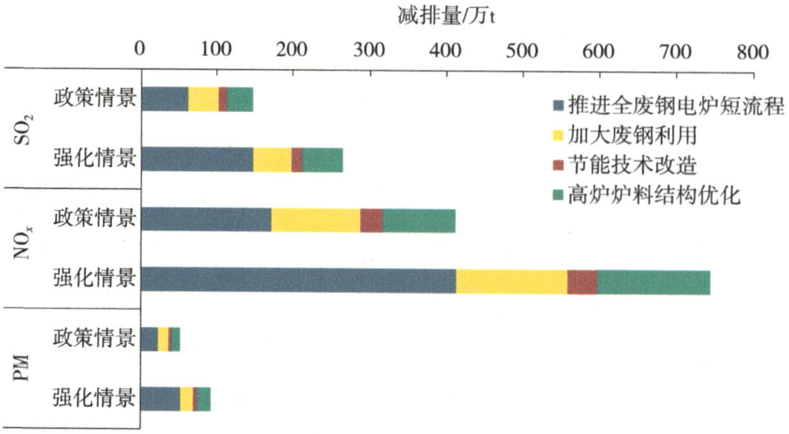

图 8-15　2021—2035 年钢铁行业控煤措施污染物协同减排量

8.2.3 水泥行业控煤降碳大气污染物协同减排

根据《水泥工业大气污染物排放标准》以及 2019 年水泥行业单位产品的大气污染物排放量确定本书的协同减排系数，假设系数随着时间不变化。水泥行业各情景污染物协同减排量如图 8-16 所示。在政策情景下，SO_2、NO_x 和 PM 2021—2035 年分别累计协同减排 10 万 t、76 万 t 和 23 万 t；在强化情景下，SO_2、NO_x 和 PM 分别 15 年累计协同减排 18 万 t、134 万 t 和 41 万 t。

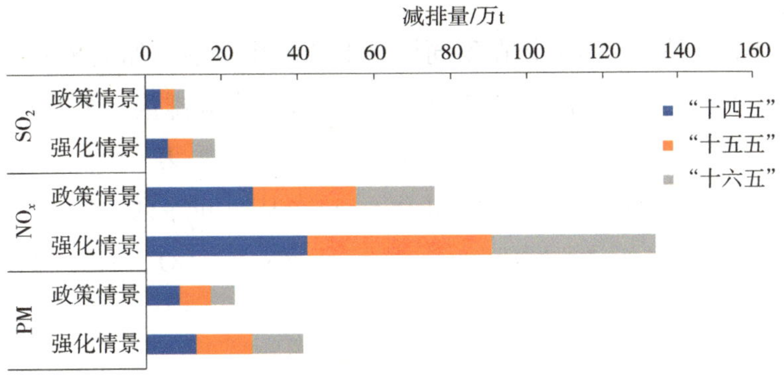

图 8-16　2021—2035 年水泥行业各情景污染物协同减排效应

各措施污染物协同减排量如图 8-17 所示。产能结构优化是水泥行业污染物协同减排贡献最大的措施，在政策情景下，对 SO_2、NO_x 和 PM 的减排量分别为 0.82 万 t、6.02 万 t 和 1.85 万 t，强化情景下减排量分别为 2.60 万 t、19.13 万 t 和 5.89 万 t；其次为能源结构调整措施，政策情景下对 SO_2、NO_x 和 PM 的减排量分别为 0.40 万 t、2.93 万 t 和 0.90 万 t，强化情景下减排量分别为 0.99 万 t、7.31 万 t 和 2.25 万 t；资源循环利用和节能技术改造的污染物协同减排贡献相对较少。

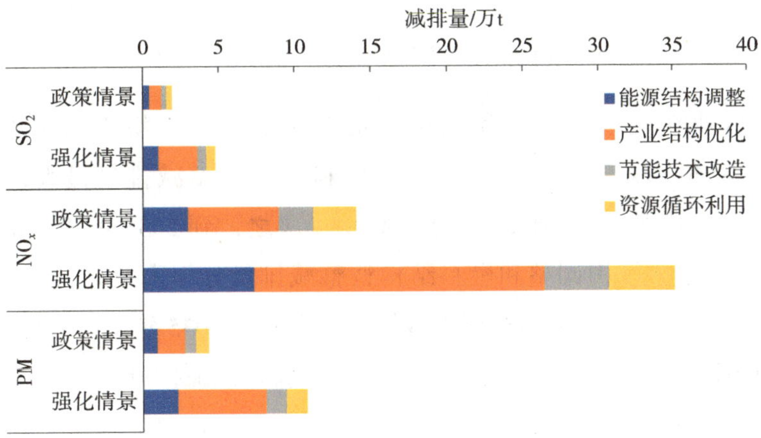

图 8-17　2021—2035 年水泥行业各措施污染物协同减排量

8.2.4 煤化工行业控煤降碳大气污染物协同减排

由于煤化工行业采取原料结构调整、燃料结构调整、节能技术改造、产业结构调整等措施，减少了煤炭的使用，从而带来大气污染物 SO_2、NO_x、PM、挥发性有机物（VOCs）的协同减排效应。不同措施的大气污染物减排量是产品产量 / 煤耗量的变化与单位产品 / 煤耗的大气污染物排放系数的乘积；其中，系数源自 2021 年生态环境部发布的《第二次全国污染源普查工业行业产排污系数手册》。

煤化工行业不同大气污染物在不同情景下的减排量预测如图 8-18 所示。在基准情景下，到 2025 年、2030 年、2035 年，大气污染物减排量将分别达到 0.2 万 t、0.5 万 t 和 0.7 万 t；在政策情景下，分别达到 2.5 万 t、7.9 万 t 和 11.8 万 t；在强化情景下，分别达到 4.8 万 t、12.1 万 t 和 18.9 万 t。从时间序列来看，“十五五”期间减排效果最明显；从污染物减排量来看，除 VOCs 外，SO_2、NO_x、PM 均有大幅度削减。

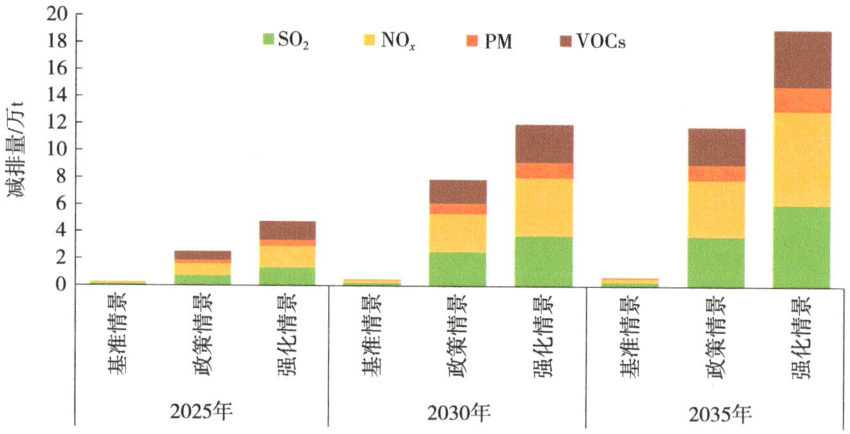

图 8-18　煤化工行业不同情景大气污染物协同减排量

煤化工行业在政策情景下和强化情景下各措施污染物协同减排量分别如图 8-19 和图 8-20 所示。在政策情景下，原料结构调整减排量最大，到 2035 年累计减排占总减排量的 47.9%；节能技术改造次之，到 2035 年累计减排占总减排量的 22.9%；产业结构调整和燃料结构调整减排量分别占总减排量的 16.7% 和 12.6%。在强化情景下，原料结构调整减排量最大，到 2035 年累计减排占总减排量的 44.6%；产业结构调整次之，到 2035 年累计减排占总减排量的 20.8%；节能技术改造和燃料结构调整减排量分别占总减排量的 19.0% 和 15.6%。

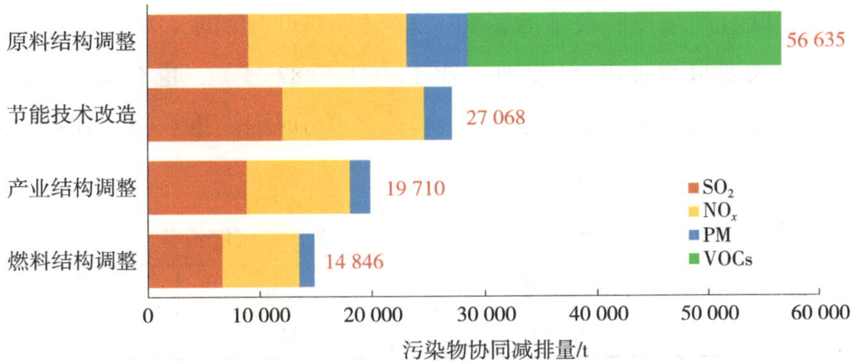

图 8-19　煤化工行业政策情景下到 2035 年累计大气污染物协同减排量

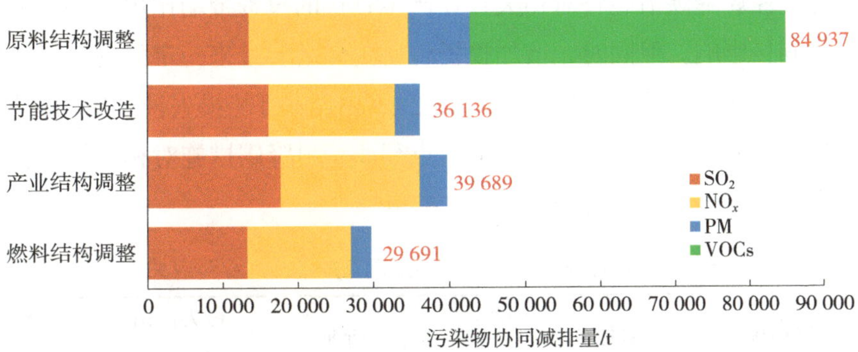

图 8-20　煤化工行业强化情景下到 2035 年累计大气污染物协同减排量

8.3　重点行业控煤降碳措施社会经济影响分析

本研究采用可计算一般均衡模型（Computable General Equilibrium，CGE）模拟重点行业控煤降碳措施实施后的潜在宏观社会经济影响。CGE 模型建立在瓦尔拉斯一般均衡理论和投入产出理论基础之上，主要用于分析涉及多部门的政策宏观影响研究。基于国家统计局发布的 2017 年中国投入产出表中的 149 个部门相互关系构建数据库，包括生产、投资、居民、政府、国外、库存等 6 个经济主体，每个部门具有若干投入要素（劳动力、资本、土地资源等）并生产多种产品。

8.3.1　冲击设定

本研究将重点行业控煤降碳措施对社会经济有影响的冲击概括为以下几类：

（1）重点行业的产量变动影响

在推荐情景下，钢铁、水泥和煤化工行业未来产量将在达峰后呈现逐步下降趋势。其中，既有产量控制政策的影响［如钢铁行业出台的《关于 2021 年粗钢产量压减工作有关要求的通知》（发改产业〔2021〕887 号）］，也有我国已逐渐进入工业化和城镇化发展中后期、下游需求自然下降的原因。重点行业在推荐情景下 2021—2035 年产量的平均增长率见表 8-1。

表 8-1　重点行业 2021—2035 年产量的平均增长率

重点行业	钢铁行业	水泥行业	煤化工行业
产量年均增长率 /%	−0.703	−1.43	−2.753

（2）重点行业控煤降碳措施投资成本影响

重点行业控煤降碳措施将对相关行业产生直接的投资带动作用，并对关联行业造成一定的间接影响。但同时，增加投资将提高价格，带来一定的资源稀缺性。此外，这部分资金也有一定的机会成本，用于控煤降碳可能损失掉一定的预期利润，进而造成生产效率的损失。推荐情景下重点行业控煤降碳措施对相关行业直接带动作用的对应关系和投资额见表 8-2。

表 8-2　重点行业控煤降碳措施投资直接带动行业对应关系

<table>
<tr><th>重点行业</th><th>一级措施</th><th>二级措施</th><th>直接带动行业</th><th>投入产出表行业代码</th><th>总投资额 / 亿元</th></tr>
<tr><td rowspan="17">电力行业</td><td rowspan="17">电源结构优化与灵活性提升</td><td rowspan="5">煤电 / 气电 / 生物质 / 核电 / 灵活性提升</td><td>土木工程建筑</td><td>102 CiviEngi</td><td>10 578.0</td></tr>
<tr><td>锅炉及原动设备</td><td>67 Boilers</td><td>28 109.3</td></tr>
<tr><td>其他电气机械和器材</td><td>87 EleMachNec</td><td>8 074.3</td></tr>
<tr><td>仪器仪表</td><td>94 Meters</td><td>3 529.3</td></tr>
<tr><td>通信设备</td><td>89 ElecCommsEqp</td><td>157.5</td></tr>
<tr><td rowspan="6">水电</td><td>土木工程建筑</td><td>102 CiviEngi</td><td>5 885.9</td></tr>
<tr><td>电线、电缆、光缆及电工器材</td><td>84 EleWireEqp</td><td>981.0</td></tr>
<tr><td>电机</td><td>82 Genratrs</td><td>1 716.7</td></tr>
<tr><td>通信设备</td><td>89 ElecCommsEqp</td><td>245.2</td></tr>
<tr><td>专业技术服务</td><td>133 TechSrvc</td><td>981.0</td></tr>
<tr><td rowspan="6">太阳能 / 风能</td><td>土木工程建筑</td><td>102 CiviEngi</td><td>9 067.9</td></tr>
<tr><td>建筑安装</td><td>103 BuildInsta</td><td>3 487.6</td></tr>
<tr><td>输配电及控制设备</td><td>83 PTDContrlEqp</td><td>46 734.5</td></tr>
<tr><td>电线、电缆、光缆及电工器材</td><td>84 EleWireEqp</td><td>5 580.2</td></tr>
<tr><td>通信设备</td><td>89 ElecCommsEqp</td><td>1 395.1</td></tr>
<tr><td>专业技术服务</td><td>133 TechSrvc</td><td>3 487.6</td></tr>
</table>

续表

重点行业	一级措施	二级措施	直接带动行业	投入产出表行业代码	总投资额 / 亿元
电力行业	节能改造	电力行业节能改造	土木工程建筑	102 CiviEngi	4 725.5
	电网投资	电网投资	输配电及控制设备	83 PTDContrlEqp	32 426.7
			电线、电缆、光缆及电工器材	84 EleWireEqp	40 533.4
			建筑安装	103 BuildInsta	8 106.7
钢铁行业	高炉炉料结构优化		采矿、冶金、建筑专用设备	73 MineSpeclMch	275.6
	氢冶金		采矿、冶金、建筑专用设备	73 MineSpeclMch	55.0
	推进全废钢电炉短流程		采矿、冶金、建筑专用设备	73 MineSpeclMch	500.9
	加大废钢利用		采矿、冶金、建筑专用设备	73 MineSpeclMch	283.1
	钢铁行业节能改造		采矿、冶金、建筑专用设备	73 MineSpeclMch	347.7
水泥行业	先进烧成系统技术改造	新建线使用六级预热预分解系统	锅炉及原动设备	67 Boilers	98.4
		新建线使用两档窑	锅炉及原动设备	67 Boilers	52.5
		第四代冷却机	其他通用设备	72 GenerlEqpNEC	371.1
		配备各类减风、密封、助燃设备	化工、木材、非金属加工专用设备	74 ChemSpeclMch	375.2
		新型隔热、保温耐火材料	耐火材料制品	59 Fireproof	42.2
		余热发电技术升级改造	锅炉及原动设备	67 Boilers	175.9
		高效粉磨技术	化工、木材、非金属加工专用设备	74 ChemSpeclMch	294.4
	原燃料替代	燃料替代	化工、木材、非金属加工专用设备	74 ChemSpeclMch	600.0
		原料替代	化工、木材、非金属加工专用设备	74 ChemSpeclMch	121.2
	末端治理	水泥行业 CCUS	其他通用设备	72 GenerlEqpNEC	15.0

续表

重点行业	一级措施	二级措施	直接带动行业	投入产出表行业代码	总投资额 / 亿元
煤化工行业	原料替代		化工、木材、非金属加工专用设备	74 ChemSpeclMch	1 045.2
	电气化改造		化工、木材、非金属加工专用设备	74 ChemSpeclMch	19.6
	余热利用		化工、木材、非金属加工专用设备	74 ChemSpeclMch	1 906.2
	先进煤气化技术				
	自动化改造				
	煤化工行业 CCUS		化工、木材、非金属加工专用设备	74 ChemSpeclMch	38.9

（3）重点行业控煤降碳措施对上下游供需关系的影响

重点行业控煤降碳措施将改变其对原燃料需求的结构，最直接的影响体现在对煤炭行业的需求下降，对铁矿开采、非金属矿物开采、废弃资源利用等上游行业的需求也将有不同程度的变动。另一方面，钢铁、水泥和煤化工控煤降碳路径均包含电气化类措施（如钢铁行业的推进全废钢电炉短流程），因此，重点行业间的投入产出关系也将受到影响。推荐情景下重点行业对其他行业投入产出比的直接影响，见表 8-3。

表 8-3　重点行业控煤降碳措施对其他行业投入产出结构影响

重点行业	影响行业	投入产出表行业代码	对应原（燃）料	2021—2035 年年均影响比例 /%
电力行业	煤炭开采和洗选	6 CoaMinPro	煤炭	−3.5
	石油和天然气开采产品	7 CrudeOilGas	石油、天然气	7.5
钢铁行业	煤炭开采和洗选	6 CoaMinPro	煤炭	−2.637
	煤炭加工品	42 Coalmanu	焦炭	−1.203
	黑色金属矿采选产品	8 FerrOre	铁矿石	−0.282
	废弃资源和废旧材料回收加工品	96 Scrap	废钢	4.537
	电力、热力生产和供应	98 ElecSteam	电力	1.056
水泥行业	煤炭开采和洗选	6 CoaMinPro	煤炭	−2.4
	非金属矿采选产品	10 NMtlMine	石灰石	−4.7
	电力、热力生产和供应	98 ElecSteam	电力	−1.4
煤化工行业	煤炭开采和洗选	6 CoaMinPro	煤炭	−0.52
	电力、热力生产和供应	98 ElecSteam	电力	1

8.3.2　宏观社会经济影响

将以上冲击纳入 CGE 模型，得到重点行业控煤降碳措施的社会经济影响，宏观指标见表 8-4。根据模拟结果，控煤降碳措施对经济的带动作用大于其负面影响，对 GDP 的总体贡献率为 0.357%，以 2020 年 GDP 为基准，年均带动 GDP 3 627 亿元；对进口和出口分别有较大的带动和抑制作用，将较大幅度提高我国的贸易逆差。

表 8-4　宏观社会经济影响模拟结果

宏观指标	年均变化百分比 /%	绝对值（2020 年水平）	年均变化值
GDP	0.357	101.6 万亿元	3 627 亿元
就业	−0.042	75 064 万人	−31.34 万人
进口	4.511	17.9 万亿元	0.81 万亿元
出口	−4.607	−14.2 万亿元	−0.66 万亿元
消费者价格指数	1.1	—	—

我国年均消费者价格指数（CPI）将上涨 1.1%。各类消费品可按其影响方式不同划分为三大类，共同带动 CPI 上行：第一类是直接受到需求提高冲击的电线电缆光缆及电工器械、锅炉及原动设备、输配电及控制设备等部门，其产品价格涨幅较大；第二类是间接受到冲击的金融、房地产、卫生和社会工作等服务业，这类消费品并没有直接受到需求变动的影响，但由于其初始要素投入较大，在经济上行时，上升的融资成本和劳动力成本带动 CPI 上升；第三类为钢铁行业、煤炭加工品（对应煤化工行业）等重点行业，在推荐情景下重点行业产量在政策情景和下游需求影响下呈下降趋势，导致其稀缺度提高，因此，价格将有所上升。

出口大幅下降，整体贸易逆差增至 3.7 万亿元。进口年均增长 4.5%，以 2020 年为基准，年均进口额增长 0.81 万亿元。由于国内整体物价上升，企业倾向于选择进口产品替代国内产品；年均出口大幅下降 4.6%，以 2020 年为基准，年均出口额降低 0.66 万亿元。除了重点行业产品价格提高对出口的负面影响外，其关联较为紧密的有色金属压延加工业、设备制造业等行业的价格上升幅度较大，丧失出口价格优势。

总体失业率小幅上涨，根据模拟结果，重点行业控煤降碳措施实施期间年均就业人数将下降 0.042%。以 2020 年就业人数为基准，年均减少就业人数 31.34 万人。控煤降碳措施对不同部门的就业影响差异较大。电线电缆光缆及电工器材、锅炉及原动设备、输配电及控制设备、有色金属压延加工品等受到控煤降碳措施直接带动的行业就业人口提升比例较高。此外，卫生、教育、居民服务等第三产业就业人口也有小幅提升；煤炭开采和洗选、基础化学原料、非金属矿采选等在控煤措施实施过程中需求降低较大的行业，以及绝大多数制造业，就业人口均有所下降。

8.3.3 产业层面影响

根据模拟结果，重点行业控煤降碳措施对我国行业产出总体有提升作用，但不同行业的表现差异较大。模型显示，149 个行业产出整体在 −5.54%～19.35% 范围内波动。一方面，锅炉及原动设备、建筑安装和有色金属压延加工等 30 个行业产出呈上升趋势，平均涨幅为 2.08 个百分点；另一方面，非金属矿采选、煤炭开采和洗选等 119 个行业产出呈下降趋势，下降幅度整体小于上涨幅度，平均降幅为 0.82 个百分点。

在产出增长行业中，锅炉及原动设备（产出增长 19.35%）、电线电缆光缆及电工器材（11.84%）、输配电及控制设备（11.51%）等，是由于重点行业（主要为电力行业）控煤降碳措施的投资拉动产出增加；有色金属压延加工（如电解铝）、砖瓦石材等建筑材料、建筑装饰装修和其他建筑服务等部门的产出增长由中间需求增长拉动；卫生、教育、社会工作、居民服务、公共管理和社会组织等第三产业部门是由于居民消费和政府支出增加，相应增加了对服务业的需求，导致其产出扩张。

在产出下降行业中，电力、钢铁、水泥和煤化工行业未来产出在 2021—2035 年整体上均有所下降（年均分别下降 1.34%、0.70%、1.43% 和 2.57%）；四大重点行业由于未来产出下降和控煤降碳措施实施对中间投入需求下降，将对上游部门产生显著的负向影响，包括煤炭开采和洗选（−2.78%）、非金属矿采选（−5.54%）、基础化学原料（−1.31%）和黑色金属矿采选（−0.48%）等部门；此外，国内产品的相对价格上涨，导致出口下降，橡胶制品（−0.69%）、农林牧渔专用机械（−0.97%）、造船业（−2.34%）、皮革制造业（−1.30%）等出口导向型部门产出也有所下降。

重点行业控煤降碳措施的实施对煤炭行业（煤炭开采与洗选业）有较强的负面效应，根据核算结果，煤炭行业产出在 2021—2035 年年均下降 2.57%。以下游重点用煤行业中间需求的下降影响最大，库存和出口也将造成一定的产出下降，居民消费上涨对煤炭行业有小幅的提振作用，但不足以抵消整体的产出下降。

此外，重点行业实施控煤降碳措施，在一定程度上还将优化我国的产业结构，降低单位 GDP 煤耗和能耗强度。以 2017 年中国投入产出表各行业增加值和能耗为基准，假设其他行业单位产出煤耗和能耗不随技术进步而降低，在重点行业控煤降碳措施实施后对各产业、部门的直接和间接影响下，我国产业结构将向低碳化、绿色化转变，单位 GDP 煤耗年均下降 0.922%，单位 GDP 能耗年均下降 0.323%。

8.3.4　社会经济影响贡献分解

将四大行业对宏观经济影响贡献进行分解如图 8-21 和图 8-22 所示。可以看出，电力行业对 GDP、进口和价格指数的贡献最大，并对出口带来较大的负面影响；其次为煤化工行业，其对就业的负面影响超过其他行业的带动作用，并对进口有一定的负面作用。钢铁和水泥行业的控煤降碳措施影响相对较小。

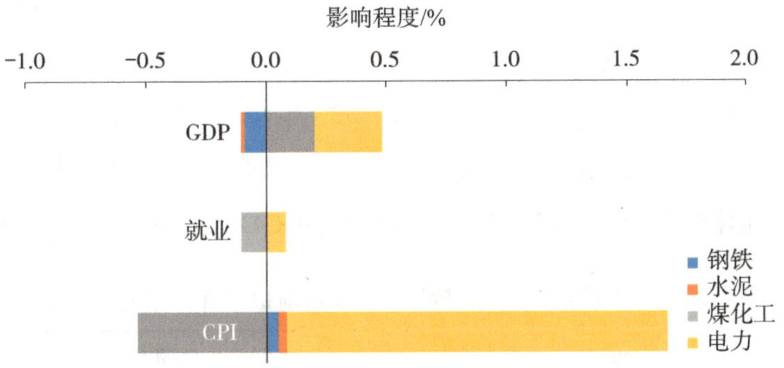

图 8-21　四大重点行业对宏观经济影响贡献

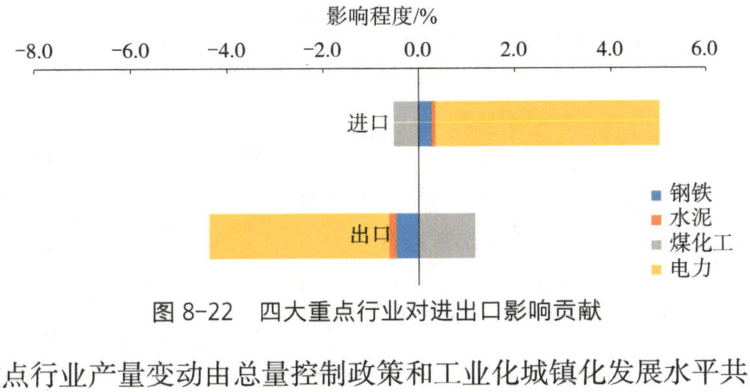

图 8-22　四大重点行业对进出口影响贡献

由于重点行业产量变动由总量控制政策和工业化城镇化发展水平共同决定，将其对宏观经济影响进行单独分析。四大重点行业的产量在 2021—2035 年呈现总体下降趋势，对社会经济具有普遍的负面作用，但影响相对有限。产量下降对 GDP、就业、进口、出口和价格指数的年均影响分别为 0.051%、-0.131%、-0.332%、0.803% 和 -0.55%。

8.4 重点行业控煤对《2030 年前碳达峰行动方案》达标贡献

2021 年 10 月 26 日，国务院印发《2030 年前碳达峰行动方案》（以下简称《行动方案》）。《行动方案》明确，到 2025 年，非化石能源消费比重达到 20% 左右，单位国内生产总值能源消耗比 2020 年下降 13.5%，单位国内生产总值二氧化碳排放比 2020 年下降 18%，为实现碳达峰奠定坚实基础。到 2030 年，非化石能源消费比重达到 25% 左右，单位国内生产总值二氧化碳排放比 2005 年下降 65% 以上，顺利实现 2030 年前碳达峰目标。

按四大行业煤耗占全国煤耗的比例不变计算，得到全国煤耗，同时预测未来石油、天然气消耗量，加和得到能源消耗总量，进一步得到单位 GDP 能耗下降率，见表 8-5。在政策情景下，到 2025 年，全国单位 GDP 能耗将下降 13.7%，比规划值 13.5% 高出 0.2 个百分点。到 2030 年，将比 2020 年单位 GDP 能耗下降 25.6%，比 2025 年下降 13.9%。到 2035 年，将比 2020 年单位 GDP 能耗下降 34.8%，比 2030 年下降 12.4%。基准情景下，到 2025 年，全国单位 GDP 能耗将下降 11.4%，比规划值低。强化情景下，到 2025 年，全国单位 GDP 能耗将下降 15.1%。

表 8-5 不同情景下重点行业控煤对《2030 年前碳达峰行动方案》达标贡献

规划指标	规划值	基准情景	政策情景	强化情景
到 2025 年，非化石能源消费比重达到 20% 左右	20%	19%（不可达）	20%	21%
到 2025 年，单位国内生产总值能源消耗比 2020 年下降 13.5%	13.5%	11.4%（不可达）	13.7%	15.1%
到 2025 年，单位国内生产总值二氧化碳排放比 2020 年下降 18%	18%	15%（不可达）	19%	22%
到 2030 年，非化石能源消费比重达到 25% 左右	25%	23%（不可达）	25%	27%
到 2030 年，单位国内生产总值二氧化碳排放比 2005 年下降 65% 以上	65%	64%（不可达）	67%	69%

按照发电煤耗法计算非化石能源发电的（水电、核电、风电、太阳能发电、生物质发电）消费量（折标准量），除以能源消费总量，得到非化石能源消费比重。计算得出，在政策情景下，到 2025 年，全国非化石能源消费比重达到 20%；到 2030 年，全国非化石能源消费比重达到 25%，与规划值相当；到 2035 年，全国非

化石能源消费比重达到 30%。在基准情景下，到 2025 年，全国非化石能源消费比重达到 19%；到 2030 年，全国非化石能源消费比重达到 23%，均比规划值低。在强化情景下，到 2025 年，全国非化石能源消费比重达到 21%；到 2030 年，全国非化石能源消费比重达到 27%。

按四大行业碳排放占全国碳排放的比例不变计算，得到全国二氧化碳排放量，进一步得到单位 GDP 二氧化碳排放下降率。计算得出，在政策情景下，由于电力、钢铁、水泥、煤化工煤控带来的碳排放强度变化将使 2025 年全国单位 GDP 二氧化碳排放较 2020 年下降 19%，比规划值 18% 高出 1 个百分点。到 2030 年，将比 2020 年单位 GDP 二氧化碳排放下降 36%，比 2025 年下降 21%。到 2035 年，将比 2020 年单位 GDP 二氧化碳排放下降 49%，比 2030 年下降 20%。根据 2020 年全国单位 GDP 二氧化碳排放较 2005 年降低约 48.4% 计算，到 2030 年，将比 2005 年单位 GDP 二氧化碳排放下降 67%。在基准情景下，到 2030 年，将比 2005 年单位 GDP 二氧化碳排放下降 64%。在强化情景下，到 2030 年，将比 2005 年单位 GDP 二氧化碳排放下降 69%。

第9章　政策建议

为有效推动碳达峰、碳中和目标约束下重点行业煤炭消费总量控制路径与关键举措的顺利落地，应加强重大政策的引导激励，坚持节能优先战略，形成系统完善的总量控制与碳交易市场机制、行业准入及产业结构政策、煤电退出和新能源发展政策、控煤降碳标准体系、价格财税及投融资机制等，推动重点行业控煤降碳措施的政策效应明显提升。

9.1　坚持节能优先发展战略

统筹做好节能降碳总体设计。研究制定“十四五”“十五五”节能减排综合工作方案，明确节能工作的总体思路、重点工程、重大政策和保障措施。制订印发加强全社会节约用能、促进碳达峰实施方案，以能源产出率为重要依据，将“十四五”“十五五”节能目标分解落实到各地区，压紧压实目标任务。做好产业布局、结构调整、节能审查与能耗双控的衔接，健全能源管理体系，强化重点用能单位节能管理和目标责任。

大力推动重点领域节能降碳。电力领域，加大现有机组的节能改造，积极推进高效、清洁火电技术研发，持续降低发电煤耗。工业领域，加大重点行业节能低碳技术的推广应用与创新，提前部署碳中和相关革命技术，加快构建循环工业体系。同时，在用户侧利用高标准约束新兴基础设施能耗强度、提升用电技术等手段，推动电网节能减排，全面实施电网节能管理，强化节能，降低用电需求。

9.2　完善产业结构调整政策

坚决执行钢铁、水泥等产能置换政策。落实高耗能行业有序用电工作，严控增量、优化存量，建立以区域环境质量改善和碳达峰目标为导向的产业准入及退出清单制度。落实钢铁产能置换、超低排放、清洁运输、煤炭消费总量替代、污染物排放减量替代等政策要求。严控传统煤化工新增产能，出台国家层面的煤制合成氨和焦化行业产能置换办法，实行等量或减量置换。控制现代煤化工发展规模，制定煤化工行业高碳 / 低碳产业或产品名录，并将高碳产业或产品纳入限制类或淘汰类。研究出台自备电厂参与电力系统辅助服务的指导意见，明确自备电厂可再生能源消纳责任。在考虑清洁能源富集地区生态承载力的前提下，鼓励产业布局向清洁能源地区转移，推动其用电由自备电厂向网电转化。

9.3　推动循环经济发展政策

加大废钢资源回收利用，支持钢铁企业牵头成立大型废钢回收加工配送企业，推进废钢回收、拆解、加工、分类、配送一体化发展，提升优质废钢资源保障能力。有序放开废钢资源进口，充分发挥进口废钢的市场调节作用，降低铁矿石的对外依存度。推动废钢现货、期货平台建设，促进形成公开透明有序的废钢定价机制。在废钢铁回收行业范围内统一所得税核定方法，推行简易征税办法试点。优化钢铁行业原燃料结构，提高炼铁炉料球团矿配比，加大对“大比例使用球团矿”企业的政策支持，减少球团矿生产设备的限产比例，给予国内球团用铁精粉生产企业金融和税收等方面优惠政策。

完善水泥窑协同处置废弃物的保障政策。调整资源综合利用税，将生活垃圾或生活垃圾预处理可燃物纳入资源综合利用水泥产品的废渣目录范围。对水泥窑协同处置工业固体废物企业减征所得税，推动提高行业燃料替代比例。完善生活垃圾管理体系，保障生活垃圾能够在水泥行业中应用。

9.4　完善煤电退出和新能源发展政策

充分发挥煤电的电力平衡保障作用，建立完善电力容量市场、辅助服务市场等电力市场机制，建立煤电容量回收机制，对承担调峰任务的煤电机组、非供暖季停发的背压机组给予合理补偿。推动制定新能源大规模开发布局政策。统筹推进新能源推广应用与生态环境保护协调发展，做好新能源发展规划与自然资源、生态环境、林业草原和海洋海事等相关规划的有机对接。推动电价政策改革，深化燃煤机组上网电价形成机制改革，研究制定煤电两部制电价机制。深化钢铁、煤化工、水泥等重点行业差异化阶梯电价政策，针对不同碳绩效的企业实施不同的电价标准。对全废钢电炉炼钢等企业实施用电价格补贴，推动废钢现货、期货平台建设。研究出台储能设施成本疏导机制。

9.5 健全重点行业控煤降碳标准体系

完善重点行业控煤降碳标准体系。研究建立以碳达峰、碳中和为发展目标的电力、钢铁、水泥、煤化工等重点行业控煤降碳标准体系，优化完善重点行业清洁生产标准体系，充分纳入“控煤降碳”相关指标并实施。鼓励和支持控煤降碳技术创新，加快制订和实施促进重点行业控煤降碳的碳排放限额标准、市场准入标准，以及低碳改造技术指南。发布重点行业碳排放分级绩效评价标准，并将低碳绩效评价结果与差别电价、停限产等地方政策挂钩。研究适应新一代电力系统构建的体制机制和标准规范。制定低碳“领跑者”企业评选标准，树立行业标杆，引领行业低碳发展。开展碳排放管理标准化顶层设计研究，制定保障碳市场顺利推进的重点行业核算、报告与核查标准，制定重点行业碳排放和技术基准值标准，制定低碳城市、园区、社区等不同尺度的评价标准、建设指南和技术规范。

9.6 建立以总量控制为核心的碳交易市场

建立以碳排放总量控制为核心的低碳政策体系，分解落实碳排放总量指标，推动重点行业梯次实施总量控制。设定区域、行业总量控制目标，加快确定工业企业碳排放配额总量与制定分配方案。完善监测、统计、核查等总量控制的配套管理机制，推进重点行业企业编制温室气体排放自行监测方案，组织开展火电、钢铁等重点行业温室气体排放与排污许可管理相关试点研究。

以电力、钢铁、水泥、煤化工等行业为重点，加快建立覆盖所有重点行业的全国碳交易市场，启动全国工业源碳交易市场，强化企业碳排放配额管理。建设全国用能权交易市场，统筹推进碳排放权、用能权、电力交易等市场建设，将碳排放权、用能权交易纳入公共资源交易平台。推动建立碳达峰碳中和目标约束下的总量控制－交易市场，以落实行业总量控制目标为出发点，确定企业排放配额并建立交易机制。鼓励积极开发与碳排放权相关的金融产品和服务，推动开展重点行业建设项目碳排放环评试点。

9.7　健全财税激励和绿色金融政策

建立健全财税激励政策，加大对控煤降碳项目的资金支持，对开发利用可再生能源与清洁能源、积极参与碳排放市场交易、践行低碳设备更新换代的企业给予财税政策倾斜。增加对低碳企业在税收、碳配额、信贷等政策方面优惠力度；中央财政资金重点支持“领跑者”企业低碳技术研发和节能改造项目，固定资产投资项目优先选用低碳“领跑者”企业的产品。积极发展绿色金融，充分发挥政府投资引导作用，构建与“控煤降碳”相适应的投融资体系。完善支持社会资本参与政策，探索开展碳排放权抵押贷款、碳排放配额交易抵押贷款等绿色信贷业务，引导金融机构探索设立市场化的碳基金，支持符合条件的节能减排企业上市融资和再融资。研究设立国家控煤降碳基金，支持传统产业和资源富集地区绿色转型。鼓励社会资本以市场化方式设立绿色低碳产业投资基金。

名词解释

碳达峰：指某个地区或行业年度二氧化碳排放量达到历史最高值，然后经历平台期进入持续下降的过程，是二氧化碳排放量由增转降的历史拐点，标志着碳排放与经济发展实现脱钩。

碳中和：指某个地区在一定时间内人为活动直接和间接排放的二氧化碳，与通过植树造林、农业和碳移除等吸收的二氧化碳相互抵消，实现二氧化碳“净零排放”。

直接碳排放：指化石燃料燃烧、工业生产过程和废弃物处理中直接产生的排放。

间接碳排放：指电力热力等二次能源消耗所隐含的化石燃料燃烧导致的排放。

能源活动碳排放：指化石燃料燃烧直接产生的碳排放。

过程碳排放：原材料在工业生产过程中除燃料燃烧排放之外的物理或化学变化造成的温室气体排放，主要发生在钢铁和水泥行业。

iCEM：碳排放－能源集成模型（Integrated Carbon and Energy Model），由生态环境部环境规划院国家环境保护环境规划与政策模拟重点实验室开发。

非化石能源：除煤炭、石油、天然气等经长时间地质变化形成、只供一次性使用的能源类型之外的能源，包括新能源及可再生能源，如核能、风能、太阳能、水能、生物质能、地热能、海洋能等。本研究主要计算的是核能、风能、太阳能、水能、生物质能。

新能源：又称非常规能源，是指传统能源之外的各种能源形式，是刚开始开发利用或正在积极研究、有待推广的能源，如太阳能、地热能、风能、海洋能和核聚变能等。本研究主要计算的是太阳能和风能。

灵活性改造：包括运行灵活性、燃料灵活性。运行灵活性指电力系统能进行深度调峰（低负荷运行）和快速启停，爬坡能力强，对于热电机组能实现热电解耦；燃料灵活性指煤种适应力强，掺烧生物质，如秸秆、木屑等。提高电力系统的灵活性，包括改善机组调峰能力、爬坡速度、启停时间等多个方面。

储能技术：主要是指电能的储存。储存的能量可以用作应急能源，也可以在电网负荷低的时候储能，在电网高负荷的时候输出能量，用于削峰填谷，减轻电网波动。

能量有多种形式，包括辐射能、化学能、重力势能、电势能、电力、高温、潜热和动力等。能量储存主要是将难以储存的能量形式转换成更便利、经济、可储存的形式。

单位供电煤耗：是发电厂每向外提供 1 kW·h 电能平均耗用的标准煤量［单位为 gce/（kW·h）］。它是按照电厂最终产品供电量计算的消耗指示，是国家对火电厂的重要考核指标之一。

单位发电煤耗：发电企业每发 1 kW·h 电能所消耗的标准煤量，等于发电厂的燃料消费量与发电量之比，是考核发电企业能源利用效率的主要指标。

源网荷储一体化：指的是电源、电网、负荷、储能整体解决方案的运营模式。执行一体化的模式，可精准控制社会可中断的用电负荷和储能资源，提高电网安全运行水平。提升可再生能源电量消费比重，促进能源领域与生态环境协调可持续发展。

需求响应：电力需求响应的简称，指当电力批发市场价格升高或系统可靠性受到威胁时，电力用户接收到供电方发出的诱导性减少负荷的直接补偿通知，或者电力价格上升信号后，改变其固有的习惯用电模式，达到减少或者推移某时段的用电负荷而响应电力供应，从而保障电网稳定，并抑制电价上升的短期行为。它是需求侧管理的解决方案之一。

绿电：指的是在生产电力的过程中，二氧化碳排放量为零或趋近于零。相较于其他方式（如火力发电）所生产的电力，对于环境影响相对较低。

CCUS：即二氧化碳捕集、利用与封存，指将 CO_2 从工业过程、能源利用或大气中分离出来，直接加以利用或注入地层，以实现 CO_2 永久减排的过程。CCUS 在二氧化碳捕集与封存（CCS）的基础上增加了“利用”（Utilization），这一理念是随着 CCS 技术的发展和对 CCS 技术认识的不断深化，在中美两国的大力倡导下形成的，目前已经获得了国际上的普遍认同。CCUS 按技术流程分为捕集、输送、利用与封存等环节。

氢冶金：即用氢气取代碳作为还原剂和能量源炼铁，还原产物为水，可实现零碳排放（基本反应式为 $Fe_2O_3+3H_2 \longrightarrow 2Fe+3H_2O$，还原剂为氢气，产物为铁和水）。目前主流的氢冶金技术路线为高炉富氢冶炼与气基直接还原竖炉炼铁两种：①高炉富氢还原即通过喷吹天然气、焦炉煤气等富氢气体，参与炼铁过程；②气基直接还原竖炉即使用氢气与一氧化碳混合气体作为还原剂，将铁矿石转化为直接还原铁，再将其投入电炉进一步冶炼。

短流程：短流程炼钢生产流程的原材料是废钢，电弧炉是短流程炼钢的关键设备。废钢经简单加工破碎或剪切、打包后装入电弧炉中，利用石墨电极与铁料之间产生电弧所发生的热量来熔炼铁料，并配以精炼炉，完成脱气、调成分、调温度等功能，得到合格钢水，后续轧制工序与长流程基本相同。

长流程：长流程炼钢生产流程的源头是从矿石原料开始的，高炉和转炉是长流程关键设备。主要的矿物原料有三种：铁矿、炼焦煤、石灰石。铁矿经选矿工序，先选成铁精矿，然后进一步制成烧结矿或球团矿；炼焦煤经过洗煤、配煤工序后经过焦炉干馏，释放出挥发成分，而后得到焦炭；石灰石可直接用于高炉炼铁的造渣熔剂。以上三种主要原料进入现代炼铁高炉冶炼，得到碳的质量分数在 4% 以上的液态铁水。高炉铁水经过氧气转炉吹炼配以精炼炉，得到合格钢水。钢水经过连续浇铸或模铸成为钢坯或钢锭，再经过轧制工序最后成为钢材。

球团矿：球团是将准备好的原料（细磨精矿和添加剂等），按一定比例经过干配混匀后，进入造球系统，制成直径 10～20 mm 的生球，然后经干燥、高温焙烧、冷却制成。高温焙烧最重要，决定球团矿性能和产量。球团对铁料原料要求较严格，要求铁精粉粒度较细。

烧结矿：烧结是将粉铁矿、各类助熔剂及细焦炭经混拌、造粒后，经布料系统加入烧结机，由点火炉点燃细焦炭，经由抽气风车抽风完成烧结反应。烧结矿经破碎、冷却、筛选后，送往高炉，作为冶炼铁水的主要原料。烧结原料有各种富铁矿粉、焦粉、钢铁厂粉尘和粉粒状含铁废料等。

水泥：粉状水硬性无机胶凝材料。加水搅拌后成浆体，能在空气中硬化或者在水中硬化，并能把砂、石等材料牢固地胶结在一起。

水泥熟料：以石灰石和黏土、铁质原料为主要原料，按适当比例配制成生料，烧至部分或全部熔融，并经冷却而获得的半成品。

通用水泥：土木建筑工程通常采用的水泥。通用水泥主要是指《通用硅酸盐水泥》（GB 175—2007）规定的六大类水泥，即硅酸盐水泥、普通硅酸盐水泥、矿渣硅酸盐水泥、火山灰质硅酸盐水泥、粉煤灰硅酸盐水泥和复合硅酸盐水泥。

水泥窑协同处置：水泥工业提出的一种新的废弃物处置手段，指将满足或经过预处理后满足入窑要求的固体废物投入水泥窑，在进行水泥熟料生产的同时实现对固体废物的无害化处置过程。

余热发电：利用生产过程中多余的热能转换为电能的技术。

传统煤化工：主要指煤制合成氨、煤制焦炭 / 半焦、煤制甲醇。

新型煤化工：即现代煤化工，主要指煤制油、煤制天然气、煤制烯烃、煤制乙二醇。

电气化改造：是指将原来的以煤为动力的锅炉等设备改造为由电力驱动。

参考文献

[1] 生态环境部环境规划院 . 基于重点行业 / 领域国家碳达峰路径研究报告 [R]. 2021.

[2] 国家统计局 . 中国统计年鉴 2021[M]. 北京：中国统计出版社，2022.

[3] BP, Statistical Review of World Energy 2021[R/OL]. https://www.bp.com/content/dam/bp/business-sites/en/global/corporate/pdfs/energy-economics/statistical-review/bp-stats-review-2021-full-report.pdf.

[4] WHO, Ambient (outdoor) Air Pollution[EB/OL]. https://www.who.int/zh/news-room/fact-sheets/detail/ambient-(outdoor)-air-quality-and-health.

[5] 全球能源互联网发展合作组织 . 新发展理念的中国能源变革转型研究 [M]. 北京：中国电力出版社，2020.

[6] 全球能源互联网发展合作组织 . 中国 2060 年前碳中和研究报告 [M]. 北京：中国电力出版社，2021.

[7] 袁亮 . 我国煤炭工业高质量发展面临的挑战与对策 [J]. 中国煤炭，2020，46(1)：6-12.

[8] 电力规划设计院 . 碳达峰下煤电发展路径探讨 [R]. 2021.

[9] 国网能源研究院有限公司 . 中国能源电力发展展望 2020[M]. 北京：中国电力出版社，2020.

[10] 戴剑锋，吴婧，邱健，等 . 考虑风光联合消纳模型的中长期电源规划方法研究 [J]. 电力勘测设计，2020(1)：1-8.

[11] 张宁，汤芳，代红才 . “十四五”能源电力发展重大问题展望 [J]. 能源，2020(1)：27-31.

[12] 杜祥琬，冯丽妃 . 碳达峰与碳中和引领能源革命 [N]. 中国科学报，2020-12-22(001).

[13] 杜祥琬 . 推动能源转型，需在六大观念上创新 [J]. 能源，2020(5)：27-30.

[14] 王志轩 . 中国电力需求侧管理变革 [J]. 新能源经贸观察，2018(9)：27-34.

[15] 朱法华，王玉山，徐振，等 . 中国电力行业碳达峰、碳中和的发展路径研究 [J].

电力科技与环保，2121，37(3)：9–16.
[16] 全球能源互联网发展合作组织 . 中国 2030 年能源电力发展规划研究及 2060 年展望 [M]. 北京：中国电力出版社，2021.
[17] 全球能源互联网发展合作组织 . 用电技术发展与展望 [M]. 北京：中国电力出版社，2021.
[18] 全球能源互联网发展合作组织 . 清洁能源发电技术发展与展望 [M]. 北京：中国电力出版社，2021.
[19] 林伯强 .“十三五”时期中国电力发展成就及“十四五”展望 [J]. 中国电业，2020(12)：22–23.
[20] 林伯强 . 中国将如何迈向“碳中和”？ [N]. 21 世纪经济报道，2020-12-25(004).
[21] 王圣 . 我国“十四五”煤电发展趋势及环保重点分析 [J]. 环境保护，2020，48(Z2)：61–64.
[22] 中国电力企业联合会 . 中国电力行业年度发展报告 2020[M]. 北京：中国建筑材料工业出版社，2020.
[23] 张静 . 基于环境绩效的中国电力行业绿色发展路线图优化设计 [D]. 北京师范大学，2019.
[24] 王丽娟，等 . 基于可计算一般均衡模型的中国碳税政策模拟 [J]. 生态经济，2014，30(4)：29–32，176.
[25] 国际可再生能源署 IRENA，2020 年可再生能源发电成本 [R]. 2021.
[26] 王金龙，李侃 . 2021—2050 年全球电力市场分析及展望 [J]. 中国工程咨询，2021(4)：28–33.
[27] Energy Intelligence, The Energy Cost Report Renewable Cost Trend Unstoppable[R]. 2020.
[28] 袁家海，徐燕，雷琪 . 电力行业煤炭消费总量控制方案和政策研究 [M]. 北京：中国水力水电出版社，2019.
[29] 袁家海，等 . 持续推进电力改革提高可再生能源消纳 [R]. 2018.
[30] 康俊杰，杨富强，吴迪 . 碳达峰目标下的“十四五”煤电发展 [R]. 电力决策与舆情参考，2021(32)：23–37.
[31] 陈宗法 .“双碳”背景下如何统筹保障用能等三大目标 [R]. 电力决策与舆情参考，2021(32)：3–10.
[32] 陈俊杰 . 提升新能源发展中的电力支撑保障能力 [R]. 电力决策与舆情参考，2021(32)：19–22.

[33] 张美珍 . 中国煤炭清洁发电技术扩散及其驱动政策研究 [D]. 中国矿业大学，2020.
[34] 陈怡，田川，曹颖，等 . 中国电力行业碳排放达峰及减排潜力分析 [J]. 气候变化研究进展，2020，16(5)：632-640.
[35] 李政，陈思源，董文娟，等 . 现实可行且成本可负担的中国电力低碳转型路径 [J]. 洁净煤技术，2021(2).
[36] 何建坤 . 强化实现碳达峰目标的雄心和举措 [N]. 中国财经报，2020-11-17(002).
[37] 华志刚 . 储能关键技术及商业运营模式 [M]. 北京：中国电力出版社，2019.
[38] 康艳兵，张建国，张扬 . 我国热电联产集中供热的发展现状、问题与建议 [J]. 中国能源，2008(10)：12-17.
[39] 袁志刚 . 碳达峰碳中和：国家战略行动路线图 [M]. 北京：中国经济出版社，2021.
[40] 齐绍洲，程思 . 美国电力行业碳市场建设的主要经验借鉴 [J]. 电力决策与舆情参考，2017(47).
[41] 窦真兰，张春雁，韩冬，等 . 全国碳市场背景下电力行业碳价传导机制研究 [J]. 上海节能，2021(3)：240-244.
[42] 华北电力大学 ."十四五" 电力行业控煤规划与政策研究 [R]. 2020.
[43] 张翔，陈政，马子明，等 . 适应可再生能源配额制的电力市场交易体系研究 [J]. 电网技术，2019，43(8)：2682-2690.
[44] International Energy Agency. Iron and Steel Technology Roadmap[R]. 2020.
[45] Ren L, Zhou S, Peng TD, et al. A Review of CO_2 Emissions Reduction Technologies and Low-Carbon Development in the Iron and Steel Industry Focusing on China[J]. Renewable and Sustainable Energy Reviews, 2021, 143：110846.
[46] Ren M, Lu PT, Liu XR, et al. Decarbonizing China's Iron and Steel Industry from the Supply and Demand Sides for Carbon Neutrality[J]. Applied Energy, 2021, 298: 117209.
[47] Tan XC, Li H, Guo JX, et al. Energy-saving and Emission-reduction Technology Selection and CO_2 Emission Reduction Potential of China's Iron and Steel Industry Under Energy Substitution Policy[J]. Journal of Cleaner Production, 2019, 222：823-834.
[48] Xuan YN, Yue Q. Forecast of Steel Demand and the Availability of Depreciated

Steel Scrap in China[J]. Resources, Conservation and Recycling, 2016, 109: 1-12.
［49］卜庆才，吕江波，李品芳，等．2020—2030 年中国废钢资源量预测 [J]. 中国冶金，2016，26(10)：45-49.
［50］陈程，管志杰，刘琦，等．我国钢材需求预测研究 [J]. 冶金经济与管理，2019(2)：12-16.
［51］高玉冰，邢有凯，何峰，等．中国钢铁行业节能减排措施的协同控制效应评估研究 [J]. 气候变化研究进展，2021，17(4)：388-399.
［52］工业和信息化部．钢铁行业产能置换实施办法（工信部原〔2021〕46 号）[Z]. 2021-04-27.
［53］黑色金属矿产资源强国战略研究专题组．黑色金属矿产资源强国战略研究 [M]. 北京：科学出版社，2019.
［54］李新创，李冰，霍咚梅，等．推进中国钢铁行业低碳发展的碳排放标准思考 [J]. 中国冶金，2021，31(6)：1-6.
［55］郦秀萍，上官方钦，周继程，等．钢铁制造流程中碳素流运行与碳减排途径 [M]. 北京：冶金工业出版社，2020.
［56］上官方钦，郦秀萍，周继程，等．中国废钢资源发展战略研究 [J]. 钢铁，2020，55(6)：8-14.
［57］生态环境部．排放源统计调查产排污核算方法和系数手册 [Z]. 北京：2021.
［58］徐建伟，计晶韵，郁环．全球钢铁企业布局的新特点及城市钢厂发展启示 [J]. 开发研究，2017(6)：41-48.
［59］冶金工业规划研究院．钢铁行业煤炭消费总量控制方案和政策研究 [R]. 北京：2020.
［60］冶金科技发展中心．钢铁行业“十四五”煤炭消费总量控制规划 [R]. 北京：2020.
［61］中国废钢铁应用协会．废钢铁产业“十四五”发展规划 [R]. 北京：2021.
［62］Liu X B, Fan Y B, Li C. Carbon Pricing for Low Carbon Technology Diffusion: A Survey Analysis of China's Cement Industry[J]. Energy, 2016, 106: 73-86.
［63］符冠云，田智宇．节能和提高能效对控制煤炭消费总量的贡献分析 [J]. 中国能源，2017，39(5)：26-28，40.
［64］付立娟，杨勇，卢静华．水泥工业碳达峰与碳中和前景分析 [J]. 中国建材科技，2021，30(4)：80-84.
［65］高旭东，范永斌，王郁涛．水泥行业“十三五”科技发展报告 [J]. 中国水泥，

2021(7)：28-39.
[66] 高旭东，范永斌，曾学敏 . 水泥工业“十三五”煤控形势分析及后期展望 [J]. 中国水泥，2019(9)：36-42.
[67] 何峰，刘峥延，邢有凯，等 . 中国水泥行业节能减排措施的协同控制效应评估研究 [J]. 气候变化研究进展，2021，17(4)：400-409.
[68] 何捷 . 中国水泥工业大气污染物排放现状、核查和监管趋势 [J]. 中国水泥，2014(6)：65-67.
[69] 何捷，李叶青，萧瑛，等 . 水泥窑协同处置生活垃圾的碳减排效应分析 [J]. 中国水泥，2014(9)：69-71.
[70] 李琛 . 中国水泥行业可提前实现碳达峰去产能是关键 [J]. 江苏建材，2021(2)：54-55.
[71] 刘晶，汪澜 . 应用替代原料减少水泥行业 CO_2 排放实例分析 [J]. 新型建筑材料，2017，44(7)：97-99.
[72] 刘作毅 . 谈水泥行业碳减排路径 [J]. 中国建材，2021(7)：98-99.
[73] 马现奇，高旭东，范永斌，等 . 国内水泥行业氮氧化物治理及氨排放浅议 [J]. 中国水泥，2019(5)：78-80.
[74] 茅正东，李光耀 . 某 5 000 t/d 水泥熟料生产线窑头余热锅炉的升级改造 [J]. 水泥技术，2018(2)：100-104.
[75] 王志敏，王林 . 建材企业开展碳达峰及碳中和探讨 [J]. 建材发展导向，2021，19(8)：9-11.
[76] 赵金兰，闫浩春，刘韬，等 . 论水泥企业碳中和的路径 [J]. 新世纪水泥导报，2021，27(2)：1-6，67.
[77] 周颖，张宏伟，蔡博峰，等 . 水泥行业常规污染物和二氧化碳协同减排研究 [J]. 环境科学与技术，2013，36(12)：164-168，180.
[78] 刘殿栋，王钰 . 现代煤化工产业碳减排、碳中和方案探讨 [J]. 煤炭加工与综合利用，2021(5)：67-72.
[79] 自然资源保护协会 . 煤化工产业煤炭消费量控制及其政策研究 [R/OL]. 2016. [2021-03-15]. https://max.book118.com/html/2019/0323/7022110162002014.shtm.
[80] 中国煤炭加工利用协会 . 现代煤化工“十三五”煤控评估总结及“十四五”煤控规划研究 [R]. 2021. [2021-03-15].
[81] 闵楠，黄昊英 .“碳达峰·碳中和”背景下的煤化工产业发展 [J]. 化工管理，2021(11)：83-84.

［82］韩红梅．煤化工生产和消费过程的碳利用分析［J］．煤化工，2020，48(1)：1-4，14.
［83］赵晓飞．碳中和框架之下，能化行业的机遇与变革［J］．中国石油和化工，2021(4)：12-15.
［84］张鸿宇，周丽，张希良．我国现代煤化工产业现状及政策综述［J］．现代化工，2018，38(5)：1-5.
［85］张媛媛．现代煤化工的碳排放及其对经济性影响研究［D］．中国矿业大学（北京），2017.
［86］韩红梅，朱彬彬，龚华俊，等．现代煤化工行业“十三五”回顾和“十四五”发展展望（一）［J］．化学工业，2020，38(4)：27-30.
［87］韩红梅，朱彬彬，龚华俊，等．现代煤化工行业“十三五”回顾和“十四五”发展展望（二）［J］．化学工业，2021，39(1)：17-20.
［88］联合国环境规划署．2020 年排放差距报告 - 执行摘要［R］．内罗毕，2020.
［89］Crivellari A., Casson Moreno V., Cozzani V., et al. Multi-Criteria Sustainability Assessment of Potential Methanol Production Processes[J]. Journal of Cleaner Production, 2021, 293, 126226.
［90］Dong Xiang, Peng Li, Xiaoyou Yuan, et al. Energy Consumption and Greenhouse Gas Emissions of Shale Gas Chemical Looping Reforming Process Integrated With Coal Gasification for Methanol Production[J].Applied Thermal Engineering, 2021, 193, 116990.
［91］BP 集团．BP 世界能源统计年鉴 2021[R]．伦敦，2021.
［92］Chen X M, Liang Q M, Liu L C, et al. Critical Structural Adjustment for Controlling China's Coal Demand[J]. Journal of Cleaner Production, 2019, 235: 317-327.
［93］Ren M, Lu P T, Hossain M S, et al. Decarbonizing China's iron and Steel Industry From the Supply and Demand Sides for Carbon Neutrality[J]. Applied Energy, 2021, 298, 117209.
［94］余碧莹，赵光普，安润颖，等．碳中和目标下中国碳排放路径研究［J］．北京理工大学学报（社会科学版），2021，23(2)：17-24.
［95］李新创，李冰．全球温控目标下中国钢铁工业低碳转型路径［J］．钢铁，2019，54(8)：224-231.
［96］Shen J L, Zhang Q, Xu L S, et al. Future CO_2 Emission Trends and Radical Decarbonization Path of iron and Steel Industry in China[J]. Journal of Cleaner Production, 2021, 326, 129354.

[97] 吴凡，谢文秀 . 低碳约束下的中国钢铁行业能耗情景分析 [J]. 现代化工，2019，39(1)：12-17.

[98] 上官方钦，刘正东，殷瑞钰 . 钢铁行业“碳达峰”“碳中和”实施路径研究 [J]. 中国冶金，2021，31(9)：15-20.

[99] Tan X C, Li H, Guo J X，et al. Energy-Saving and Emission-Reduction Technology Selection and CO_2 Emission Reduction Potential of China’s iron and Steel Industry Under Energy Substitution Policy[J]. Journal of Cleaner Production, 2019, 222: 823-834.

[100] Ren L, Zhou S, Peng T D, et al. A review of CO_2 Emissions Reduction Technologies and Low-Carbon Development in the iron and Steel Industry Focusing on China[J]. Renewable and Sustainable Energy Reviews, 2021, 143, 110846.

[101] Li Z L, Dai H C, Song J N, et al. Assessment of the Carbon Emissions Reduction Potential of China’s iron and Steel Industry Based on a Simulation Analysis[J]. Energy, 2019, 183: 279-290.

[102] 张琦，沈佳林，许立松 . 中国钢铁工业碳达峰及低碳转型路径 [J]. 钢铁，2021，56(10)：152-163.

[103] 黑色金属矿产资源强国战略研究专题组 . 黑色金属矿产资源强国战略研究 [M]. 北京：科学出版社，2019.

[104] 郭学益，陈远林，田庆华，等 . 氢冶金理论与方法研究进展 [J]. 中国有色金属学报，2021，31(7)：1891-1906.

[105] 董金池，汪旭颖，蔡博峰，等 . 中国钢铁行业 CO_2 减排技术及成本研究 [J]. 环境工程，2021，39(10)：23-31.

[106] 国家统计局 . 中国统计年鉴 2020[M]. 北京：中国统计出版社，2021.

[107] 中国钢铁工业协会 . 中国钢铁工业年鉴 2020[M]. 北京：中国冶金出版社，2021.

[108] 全国人民代表大会 . 中华人民共和国国民经济和社会发展第十四个五年规划和 2035 年远景目标纲要 [EB/OL]. http://www.npc.gov.cn/npc/kgfb/202103/bf13037b5d2d4a398652ed253cea8eb1.shtml, 2021-03-13.

[109] 国务院 . 国务院关于印发《中国制造 2025》的通知 [EB/OL]. http://www.gov.cn/zhengce/content/2015-05/19/content_9784. htm, 2015-05-18.

[110] 中共中央，国务院 . 国家新型城镇化规划 (2014—2020 年) [EB/OL]. http://www.gov.cn/gongbao/content/2014/content_2644805.htm，2014-03-16.

[111] 冶金工业规划研究院．钢铁行业煤炭消费总量控制方案和政策研究 [R]. 北京：冶金工业规划研究院，2020.

[112] 冶金工业经济发展中心．钢铁行业“十四五”煤炭消费总量控制规划 [R]. 北京：冶金工业经济发展中心，2020.

[113] World Steel Association. Steel Statistical Yearbook 2021[EB/OL]. https://www.worldsteel.org/zh/steel-by-topic/statistics/steel-statistical-yearbook.html, 2021-12-14.

[114] 工业和信息化部．关于推动钢铁工业高质量发展的指导意见（征求意见稿）[EB/OL] https://www.cnstock.com/image/202012/31/20201231155427129.pdf, 2020-12-31.

[115] 上官方钦，郦秀萍，周继程，等．中国废钢资源发展战略研究 [J]. 钢铁，2020，55(6)：8-14.

[116] 国家发展改革委．国家发展改革委关于印发“十四五”循环经济发展规划的通知 [EB/OL]. http://www.gov.cn/zhengce/zhengceku/2021-07/07/content_5623077.htm, 2021-07-01.

[117] 王维兴．提高高炉炉料中球团矿配比，促进节能减排 [J]. 冶金管理，2018(9)：53-58.

[118] Bai K K, Liu L C, Pan Y Z, et al. A Review: Research Progress of Flux Pellets and Their Application in China[J]. Ironmaking & Steelmaking, 48(9): 1048-1063.

[119] Chen W Y, Yin X, Ma D. A Bottom-up Analysis of China's Iron and Steel Industrial Energy Consumption and CO_2 Emissions[J]. Applied Energy, 2014, 136: 1174-1183.

[120] Wen Z G, Wang Y H, Li H F, et al. Quantitative Analysis of the Precise Energy Conservation and Emission Reduction Path in China's Iron and Steel Industry[J]. Journal of Environmental Management, 2019, 246: 717-729.

[121] An R Y, Yu B Y, Li R, et al. Potential of Energy Savings and CO_2 Emission Reduction in China's Iron and Steel Industry[J]. Applied Energy, 2018, 226: 862-880.

[122] 陈济，李抒苡，李相宜，等．碳中和目标下的中国钢铁零碳之路 [R]. 北京：落基山研究所，2021.

[123] 上官方钦，殷瑞钰，李煜，等．论中国发展全废钢电炉流程的战略意义 [J]. 钢铁，2021，56(8)：86-92.

[124] Zhou K L, Yang S L. Emission Reduction of China's Steel Industry: Progress and

Challenges[J]. Renewable & Sustainable Energy Reviews, 2016, 61: 319-327.

[125] 冶金工业规划研究院 . 2021 年中国和全球钢铁需求预测成果 [R]. 北京：冶金工业规划研究院，2020.

[126] 国务院办公厅 . 关于促进建筑业持续健康发展的意见 [EB/OL]. http://www.gov.cn/zhengce/content/2017-02/24/content_5170625.htm, 2017-02-24.

[127] 尹虹潘 . 中国工业化水平的重新测度 [J]. 经济学家，2019(3)：35-42.

[128] 乔文怡，李玏，管卫华，等 . 2016—2050 年中国城镇化水平预测 [J]. 经济地理，2018，38(2)：51-58.

[129] Zhang X, Fan JL, Wei YM. Technology Roadmap Study on Carbon Capture, Utilization and Storage in China[J]. Energy, 2013, 59: 536-550.

[130] Ding H, Zheng H R, Liang X, et al. Getting Ready for Carbon Capture and Storage in the Iron and Steel Sector in China: Assessing the Value of Capture Readiness[J]. Journal of Cleaner Production, 2020, 244, 118953.

[131] Tonomura S, Kikuchi N, Ishiwata N, et al. Concept and Current State of CO_2 Ultimate Reduction in the Steelmaking Process (COURSE 50) Aimed at Sustainability in the Japanese Steel Industry[J]. Journal of Sustainable Metallurgy, 2016, 2: 191-199.

[132] 徐建伟，计晶韵，郇环 . 全球钢铁企业布局的新特点及城市钢厂发展启示 [J]. 开发研究，2017(6)：41-48.

[133] Karakaya E, Nuur C, Assbring L. Potential Transitions in the iron and Steel Industry in Sweden: Towards a Hydrogen-Based Future? [J]. Journal of Cleaner Prodution, 2018, 195: 651-663.

[134] Yilmaz C, Turek T. Modeling and Simulation of the use of Direct Reduced iron in a Blast Furnace to Reduce Carbon Dioxide Emissions[J]. Journal of Cleaner Production, 2017, 164: 1519-1530.

[135] 李少飞，顾华志，黄奥 . 钢铁行业氢冶金技术的发展初探 [J]. 耐火材料，2021，55(4)：360-363.

[136] Gielen D, Saygin D, Taibi E, et al. Renewables-Based Decarbonization and Relocation of iron and Steel Making: A Case Study[J]. Journal of Industrial Ecology, 2020, 24(5): 1113-1125.

[137] 张真，杜宪军 . 碳中和目标下氢冶金减碳经济性研究 [J]. 价格理论与实践，2021(5)：65-68.

[138] Valentin V, Max A, Lars J N. Assessment of Hydrogen Direct Reduction for Fossil-Free Steelmaking[J]. Journal of Cleaner Production, 2018, 203: 736-745.

[139] 王志平，等 . 火电厂灵活深度调峰改造技术及应用 [M]. 北京：中国电力出版社，2020.

[140] 齐渊洪，钱晖，周渝生，等 . 中国直接还原铁技术发展的现状及方向 [J]. 中国冶金，2013，23（1）：9.

[141] 卜庆才 . 物质流分析及其在钢铁工业中的应用 [D]. 沈阳：东北大学，2005.

[142] 徐文青 . 钢铁行业碳捕集利用及封存（CCUS）发展战略研究 [R]. 北京：中国科学院过程工程研究所，2021.